Te estás jodiendo la vida

Vivir Mejor

Buenaventura del Charco Olea

Te estás jodiendo la vida

Olvídate de tu mejor versión y sé tú mismo

mr · ediciones

PEFC Certificado

Este libro procede de
bosques gestionados
de forma sostenible

PEFC

PEFC/14-38-00305 www.pefc.es

Ediciones Martínez Roca, un sello editorial de Editorial Planeta, S. A.
Avda. Diagonal, 662-664, 08034 Barcelona (España)
www.mrediciones.com
www.planetadelibros.com

Adaptación de la cubierta: Booket / Área Editorial Grupo Planeta
Ilustración de la cubierta: © Ed Carosia
Primera edición en Colección Booket: mayo de 2025

Depósito legal: B. 7184-2025
ISBN: 978-84-270-5394-6
Impreso en España

Biografía

Buenaventura del Charco Olea es psicólogo sanitario y psicoterapeuta. Combina la actividad docente en distintas instituciones con la práctica clínica. En la actualidad es profesor en la Unidad de Docencia y Psicoterapia del Hospital Universitario Virgen de las Nieves (Granada) y profesor invitado en la asignatura Psiquiatría y Nutrición de la Facultad de Nutrición de la Universidad de Granada. Tiene consulta en Marbella y Granada. Escritor y conferenciante, realiza una comprometida acción divulgativa en distintos formatos y colabora en medios como *El Mundo*, *Harper's Bazaar*, *Vogue* y *Onda Cero*. Es autor de *Hasta los cojones del pensamiento positivo*, un éxito con más de 18.000 ejemplares vendidos, y de *Te estás jodiendo la vida*.

@ventura.psicologo

Para Sia, por apostar tanto por mí, por tu amor genuino y bondadoso en el que te vale tanto lo que soy y te conmueve lo que me ocurre, por dejarme verte sin eyeliner. *Espero poder agradecértelo con una vida juntos, rodeados de chinitos con pelado de seta y perritos. Te amo, y es que amarte es fácil porque es la consecuencia lógica de conocerte.*

Mi gratitud también a René Merino, por embarcarse conmigo en ilustrar mis pensamientos, divagaciones y otras mierdas.

En todos los casos que se citan en el libro, los pacientes aparecen con un nombre ficticio para proteger su intimidad y, además, han otorgado su consentimiento a la divulgación de su proceso clínico.

Índice

Prólogo

El problema de la salud mental y del malestar emocional es que no se ve. Son heridas que duelen de la hostia, pero difusas; están, pero no están, sabemos que nos duelen, pero al no poder verlas, tampoco entendemos bien qué coño nos pasa y si es real o es una paranoia que nos estamos montando...

Eso nos hace sentirnos avergonzados o raros, que no lo estamos haciendo bien. Porque todo el mundo entiende que no puedas o no tengas ganas cuando tienes fiebre, pero no cuando tienes ansiedad, pena o lo que cada vez es más frecuente, que a veces la vida te canse y te parezca que no tiene mucho sentido.

Eso hace que todos llevemos la procesión por dentro, en silencio culposo por no saber muy bien qué contar y porque todo Dios parece estar bien con sus vidas. Más allá del COVID-19, la verdadera plaga de nuestra época es que parece que nunca podamos estar satisfechos y en paz con nosotros mismos.

En este libro te explico qué cojones ocurre en nuestra actual y vacía sociedad, que hace que, a pesar de sus comodidades materiales y la tecnología, estemos en la puta mierda.

Somos una cultura deshumanizada, en la que parece que todo tiene que ser bonito, *instagrameable*, ideal. Comparándonos con eso, es normal que no tengamos claro si de verdad somos suficientes, y es que, hoy en día, tanto sabes, tienes o atractivo eres es igual a tanto vales, ese es el sino de nuestra época, el valor del ser humano reducido a su productividad, igual que si fuera ganado.

Por eso no es de extrañar que seamos una puta barata que se obliga a hacer cosas que no quiere, mientras finge que disfruta y tiene una actitud positiva para tratar de gustar a otros y conseguir su aplauso.

Mendigamos «me gusta», y para eso buscamos cursos de autoayuda que nos enseñen a ser «nuestra mejor versión», y nos dejamos la puta vida en intentarlo, sin importarnos que al hacerlo acabemos exhaustos, ansiosos o vacíos, pero, sobre todo, ignorando y reprimiendo la parte de nosotros que sufre.

Basta ya de «salir de la zona de confort», vamos a empezar a estar cómodos, a descansar, a darnos permiso de ser lo que somos realmente, porque no somos perfectos, pero ni puta falta que nos hace.

Basta ya de meternos tanta puta caña a todas horas, de no estar nunca contentos con lo que somos, de faltarnos el respeto y tratarnos como no lo haríamos ni con el vecino y de ser nuestro peor enemigo, juez y verdugo sádico de nosotros mismos en el que nos damos de latigazos (pero también los recibimos) para intentar hacerlo más y mejor, para llegar a tener cosas que creemos que nos harán más felices y seguros, pero que solo nos dejan vacíos.

Construimos una relación con nosotros mismos en la que tenemos un mulo que tira de un arado, donde solo nos importa que el mulo esté bien, e invertimos en él (cursos de desarrollo personal, libros de autoayuda...), para garantizar que es productivo y ayuda mucho en la cosecha.

El bienestar real del mulo, si es feliz o no, no nos importa una polla.

Este no es un libro en contra de querer avanzar en la vida, del esfuerzo o de conseguir objetivos, algo que no tiene nada de malo en sí mismo; este es un libro que busca que te replantees desde dónde haces las cosas y qué clase de relación construyes contigo mismo, ya que solemos ser nuestros jueces y verdugos más crueles. Aparte de procurar que reconsideres algunas cosas, no voy a ofrecerte mucho más, ya que creo que la psicología, al igual que la filosofía, no debe darnos un camino marcado, igual para todos, para seguirlo, sino desconcertarnos para que seamos nosotros los que nos planteemos nuestros propios interrogantes, y de esta forma, poder encontrar nuestras propias respuestas que se conviertan en el camino a seguir por cada uno.

Te contaré muchas cosas en primera persona, en especial, te mostraré mis propias heridas y mi sufrimiento, y cómo, por intentar gustar, acabé generándome dolor e incluso alguna vez fui poco acorde con mis principios. Y no te lo mostraré como una bonita historia de superación, sino para normalizar una forma de relacionarnos con nosotros mismos que si bien está supergeneralizada, casi nadie reconoce en voz alta.

Me niego a ser otro experto que parece que es el puto modelo a seguir y que siempre tiene una respuesta sobre qué hacer y la forma adecuada de hacerlo (metiendo un montón de palabras de neurología y en inglés para que todo parezca muy científico), tampoco quiero ser un gurú iluminado que parece alejado del resto de los mortales y que no sabe lo que es el miedo, la ansiedad, la rabia o la tristeza, una jodida mezcla entre monje tibetano, Jedi y Steve Jobs al que nada le afecta, imperturbable hasta el final.

Soy un ser humano que ha sufrido (y eso no me hace especial, que eso lo hacemos todos) y voy a intentar brindar mi experiencia no tanto para que te sirva de algo, sino como ejemplo para ilustrar algunas cosas y, sobre todo, que sea un espejo donde puedas verte reflejado sin sentirte juzgado y que normalicemos de una puta vez el malestar que padecemos todos y que llevamos por dentro detrás de una careta de seguridad y optimismo con una estúpida sonrisa dibujada en la cara mientras por dentro estamos asustados o llorando, ya que no sabemos si realmente somos suficientemente buenos.

Nos sentimos niños temerosos de que no nos quieran, por eso procuramos agradar y hacerlo bien. Pero ya es hora de que asumas que eres un puto adulto, y has de decidir si quieres creer a quienes te han hecho sentir que no eres bueno o mandarlos a tomar por culo y empezar a aceptarte incondicionalmente.

Si quieres ser libre, tendrás que asumir su precio: el rechazo.

En este libro te intentaré explicar cómo puedes hacerlo ayudándote de la autocompasión, la aceptación propia, el perdón y a pelear por ti. La congruencia contigo mismo es el camino para poder sentirte en paz con lo que eres realmente, por encima de si lo haces bien o mal, de si tienes éxito o la cagas.

También te hablaré de todo eso de lo que ya no se habla, pero que creo que sigue siendo valioso y que influye más en nuestra felicidad y bienestar que lograr no sé cuántas mierdas: descansar, tener una rutina agradable que merezca la pena vivir, ver a la gente a la que queremos y contarnos cómo nos va, hacer esas polladas que nos gustan, pero para las que nunca tenemos tiempo porque «no son importantes», y alguna que otra cosilla más.

No te voy a vender la moto, no creo que un libro haga cambiar realmente a nadie, para eso está la psicoterapia, pero sí creo que este trabajo puede ayudarte a tomar distancia de toda esta mierda enfermiza de la obsesión con la productividad. Voy a meter los dedos en tus putas heridas para que te des cuenta de cómo te duele la caña que te das y el poco respeto con el que te tratas; te voy a confrontar con tus miserias, pero, para no ser un capullo, también te voy a contar las mías, todo con la finalidad de que te remuevas y quizás desde ahí puedas empezar a cambiar, a darte cuenta de que no merece la pena que seas tu peor enemigo para conseguir objetivos o el «me gusta» de nadie.

No puedo garantizarte nada más allá de mi buena voluntad, y un texto lleno de una psicología distinta a la habitual, más humana y cruda, sin buenismos, pero también sin exigencias y llena de palabrotas.

Si quieres probar, vamos a intentarlo, será un honor y un privilegio contarte toda esta movida.

1

La verdadera pandemia del siglo XXI

Todo está bien, pero estamos jodidos

A lo largo del siglo XX, los niveles de mortalidad bajaron exponencialmente conforme aumentaba la esperanza de vida, pero no es solo que la muerte esté menos presente en nuestra vida, sino que, gracias al brutal avance de las ciencias sanitarias, la enfermedad es, en la mayoría de los casos, algo que podemos vencer o, al menos, hacerla mucho más llevadera al paliar los efectos de sus síntomas. Sucesos traumáticos y desgarradores, como perder a los hijos en el parto, quedarse huérfano o las amputaciones son casi anecdóticas actualmente.

Nuestra vida es infinitamente más cómoda que la de las generaciones anteriores, ante todo debido al avance de la tecnología, que ha hecho que sean accesibles un montón de productos y servicios que la hacen más fácil e instantánea.

Recuerdo que, de pequeño, cuando le hacía un café a mi padre, tenía que preparar la cafetera, encender el fuego, esperar que hirviera el café, calentar el cacillo con leche, retirar la nata con una cucharilla y verterlo en el vaso. Ahora, meto una cápsula en mi cafetera automática y en menos de un minuto tengo un café con leche. Y lo jodido es que ese minuto se me hace larguísimo, como cuando calientas algo en el microondas, que a veces ni eres capaz de esperar a que termine y lo sacas un poco antes de que la rueda temporizadora llegue a su fin.

Los avances en los medios de producción han permitido que todos los bienes estén disponibles para todos, y ahora el lujo no es el acceso a un producto, sino sus niveles de calidad y prestigio, es decir, que todo el mundo puede tener ya un móvil, un coche o incluso artículos de moda, siendo lo único que cambia su nivel de diseño, calidad de materiales y exclusividad, pero tener, todo dios tiene de todo, vamos.

Pero nuestra vida no es solo más cómoda, abundante y con menor dolor físico, sino que a nivel social también hemos creado un mundo mucho más justo, donde existen unos mínimos niveles de riqueza y derechos sociales que hacen que todo el mundo tenga garantizado el acceso a la educación, la sanidad y unos ingresos mínimos para subsistir, así como un ascensor social (si bien es cierto que desde el 2000 parece funcionar bastante peor…) que permite a las personas ascender en el escalafón social sobre la base de su esfuerzo y su talento. Además, lacras como la violencia en cualquiera de sus expresiones (guerras, torturas, linchamientos públicos…) ya no son consideradas opciones válidas y actualmente se están abordando temas como el acoso escolar o la discriminación para crear un mundo menos lesivo para las personas independientemente de su condición.

Por otra parte, desde la pandemia del COVID-19, la psicoterapia parece haberse desestigmatizado y se comienza a hablar abiertamente sobre el malestar psicológico, así como el hecho de acudir a terapia para recibir tratamiento. En los medios de comunicación, los testimonios de los *influencers* y hasta en las conversaciones de bar, cada vez se habla más de temas como la ansiedad o estar de bajón, lo que evidencia la normalización de la salud mental…

Leyendo todo esto, el bienestar psicológico de las personas debería estar por las jodidas nubes, y, sin embargo, no es así para nada, y ante el hecho de que cada vez más personas vayan a consulta hay mucho de lo que he dicho en el párrafo anterior, pero también porque la gente está anímica y existencialmente muy, muy jodida.

Hemos normalizado el estrés como algo inherente a la vida, casi como un indicador de vida adulta o éxito, y la peña cada vez se atreve a confesar más una serie de dudas sobre el sentido de su vida, a pesar de que ello nos hace sentir raros, para darnos cuenta de que quienes nos escuchan validan ese sentimiento, sobre todo porque se identifican. ¿Qué coño nos está pasando a todos?

Los porqués te los intento desgranar más adelante, pero los datos son escalofriantes: según la campaña del Colegio Oficial de Psicólogos de divulgación de salud mental de 2023, el 30 por ciento de los mayores de edad sufrieron síntomas de depresión y un 25 por ciento de ansiedad en el último mes[1]. Probablemente, estos datos tienen mucho que ver en el tema de que España sea uno de los países donde

---

[1] La situación de la Salud Mental en España. 2023. Confederación Salud Mental España. Campaña de divulgación del COP de 2023 a través de su perfil de Instagram.

más ansiolíticos se toman del mundo (falta que vendan las benzodiacepinas en los quioscos), que todos estemos familiarizados con nombres como Prozac, Lexatin, Transilium o Escitalopram, ya que mogollón de peña está realmente enganchada al asunto, y la Organización Mundial de la Salud está flipando en colores con cómo nos ponemos finos.

Que tengamos doscientos intentos de suicidios diarios en nuestro país, siendo la muerte por suicidio la mayor causa de fallecimiento externa por delante de los accidentes de tráfico, tampoco creo que sea una prueba de que estamos fetén.

Y estos son los datos de patologías con un diagnóstico en firme, es decir, gente que es clasificable como afectada por una enfermedad mental, pero luego está ese grupo mucho más tocho de personas que, sin llegar a tener dicha categoría, presentan una serie de síntomas y malestar significativo: ansiedad, sensación de vacío, desilusión, miedos, problemas de sueño... Que estamos todos jodidos, y lo raro, hoy en día, es el que está perfectamente y no se raya con nada.

Una duda razonable es plantearnos si realmente estamos peor ahora que antes o, simplemente, el hecho es que ahora se le ha dado visibilidad a algo que viene ocurriendo desde hace mucho tiempo, pero acontecía en la sombra de la sociedad. Igualmente es posible que, como la psicología y la psiquiatría han avanzado como ciencias, ahora diagnostiquemos mejor cosas que antes no se detectaban.

Por otro lado, durante la pandemia del COVID-19 se multiplicaron por cinco las depresiones y por cuatro los trastornos de ansiedad, pero no hemos de engañarnos, ya que, a pesar del pico de la pandemia, era una tendencia al alza que ya existía[2], y que debería haber disminuido cuando volvimos a la normalidad, cosa que no ha hecho.

Seguro que, en parte, todo ello se debe a un mejor diagnóstico, pero yo creo que, a pesar de que estamos infinitamente mejor como sociedad, se da la paradoja de que, a nivel individual, las personas padecemos un malestar endógeno fruto de una vida vacía y superficial.

Aparentemente, todo esto no tiene sentido, pues, si la vida ahora es menos dolorosa, deberíamos estar todos mucho mejor psicológicamente hablando, ya que, como no es difícil de entender, gran parte de nuestro malestar emocional viene de lo que nos ocurre en la vida, y cosas como pasar hambre o que te manden a la guerra debían generar bastantes traumas… Si leyendo esto piensas que es porque estamos apollardados y tenemos mucha *tontá*, que, parafraseando a mi abuelo, «Eso se quita con una mili» o que «Nos hacía falta un ramalazo de *jambre*», te diré que, aunque tiene algo de cierto, todo el mundo no se va a volver gilipollas de repente, sino que hay algo más que tiene que estar ocurriendo. Y sí, esto es aplicable, a pesar de ver a los representantes políticos a los que votamos o que los *realities* sigan siendo líderes de audiencia.

¿Por qué estamos reventados todos entonces?

Lo importante, quizás, consiste en expandir el foco y ver no solo cómo se han incrementado los niveles de desarrollo de nuestra sociedad, sino paralelamente, y tal vez como conse-

---

2 World Health Organization (2022). «Mental health and COVID-19: Early evidence of the pandemic's impact: scientific brief, 2 March 2022». World Health Organization. https://www.who.int/publications/i/item/WHO-2019-nCoV-Sci_Brief-Mental_health-2022.1

cuencia de todo lo detallado antes, cómo han aparecido o cogido fuerza otra serie de variables que nos están jodiendo a base de bien. Creo que se pueden agrupar en tres categorías: en primer lugar, la precariedad. En segundo lugar, la tristofobia y la incapacidad de relacionarnos con el malestar. Y, en tercer lugar, y de esto va el libro, el perfeccionismo y la autoexigencia.

La precariedad y un estatus socioeconómico bajo es una de las variables claras, y no es una cuestión política o ideológica, sino algo que afecta la salud mental de las personas, y de lo cual hay una alta evidencia[3]. En una sociedad en la que no nos falta de nada de lo material, se da la paradoja de que las clases medias y bajas se han aburguesado y precarizado a la vez: lujos impensables hace solo treinta años —como viajar con frecuencia, vestir ropas de marca (e incluso se podría decir que marcas tradicionalmente de lujo, como Loewe, se han democratizado), ponerse tetas o morros, seguir las últimas tendencias, comer habitualmente fuera de casa y similares— es algo muy presente en nuestra vida y, sin embargo, cosas mucho menos «vistosas», pero más necesarias para la salud mental, como el acceso a la vivienda, tener unos ahorrillos para los imprevistos o un contrato indefinido son algo escasísimo, casi en peligro de extinción.

Hemos perdido lo importante, sobre todo lo que nos daba estabilidad, para ganar lo superfluo y accesorio.

Reflexionando sobre esto cada vez que me voy de cervezas y está todo a reventar de gente o viendo el dineral que se gasta la peña en las bodas, que es un desfase, he llegado a la conclusión de que tenemos el suficiente nivel de rique-

---

[3] Sánchez, E., Garrido, A. y Álvaro, J. L. (2003). «Un modelo psicosociológico para el estudio de la salud mental». *Revista de Psicología Social*, 18(1), 17-33.

za para poder consumir cosas que no necesitamos, pero no para lo significativo, y como, a pesar de hacer el esfuerzo enorme de ahorrar trescientos euros al mes, eso no te va a pagar el dineral que te piden por una casa, pues mejor te lo gastas en este tipo de lujos y disfrutas.

Todo esto da lugar a un círculo vicioso en el que estás ansioso por toda esa inestabilidad precaria, y para olvidarte de lo jodido que estás, sales a cenar el sábado por ahí a gastarte más de lo que deberías, que para eso curras.

Estamos así en un estado de bienestar económico ambiguo (y la ambigüedad es lo que peor gestiona el cerebro y genera más ansiedad), donde se tiene de todo, pero se debe dinero porque lo financiamos, donde tenemos lujos, pero no lo básico, y donde somos víctimas de esa precariedad, pero también culpables de vivir por encima de nuestras posibilidades. Somos pobres y ricos a la vez, según como se mire, y la ambigüedad siempre hace que todo sea más ansiógeno, porque el problema está, pero no, y es más difícil de entender y, por lo tanto, se complica poder meterle mano al asunto.

Nuestra estabilidad y estatus económico es el puto Gato de Schrödinger.

Puede que te sorprenda que un psicólogo en un libro de autoayuda (pues, por mucho que critique el género, he de reconocer que este lo es) esté hablando de variables económicas o psicológicas y no analizando únicamente lo que depende de ti y de tus herramientas, pero la realidad es que, aunque algunos se empeñen en individualizar el bienestar humano, lo que te ocurre depende, en gran medida, de lo que pasa en tu entorno.

Con todo, este libro trata de aquello que depende de ti, así que no voy a excederme en ello. Pero creo que es interesante perfilarte algunas cosas en las que, si bien poco puedes hacer a nivel individual, considero importante que entiendas, al menos para comprender cómo hemos llegado a este sindiós actual…

La segunda variable, que yo he bautizado como «tristofobia», hace referencia a que somos unas generaciones que, por las facilidades a las que nos hemos acostumbrado, somos más incapaces de relacionarnos con el dolor y el malestar, y, aunque es cierto que ahora están «objetivamente» menos presentes en nuestra vida, nos sentimos imposibilitados para hacerles frente, ya que hemos convivido menos que nuestros antecesores con lo dramático.

Que nos falta callo, vamos.

Hablo de tristofobia porque la tristeza parece ser la emoción más denostada en esta era del pensamiento positivo, pero, en el fondo, da la sensación de que experimentamos pavor a todo lo que sea malestar, ya sean emociones desagradables, dolor, tener que esperar, trabajo duro o similares.

Resulta un contrasentido que los avances actuales que nos han quitado cierto malestar jueguen ahora en nuestra contra, y es que nos hemos vuelto asustadizos y más blandos que la mierda de pavo.

Escribiendo estas líneas recuerdo el caso de Fernando, un adolescente que acudió a mi gabinete debido a la increíble agresividad que manifestaba con solo dieciséis años.

Esto era algo sorprendente porque no era para nada un chaval desagradable y rebelde, sino un chico educado, afable y simpaticón que se convirtió en el demonio cuando la chica que le gustaba pasó de su culo de una forma bastante humillante. Ello le llevó a desarrollar una rabia hacia ella en forma de mensajes por móvil con amenazas y una violencia verbal inadmisible, y una frustración que desembocaba en estados de alta agresividad en los que destrozaba su ordenador, el móvil, las puertas o lo que pillase a mano.

Qué primor de chico (*What a Praimor*).

Cuando acudió a consulta, él mismo entendía que «se le iba muchísimo la olla» y que lo que hacía no era justificable. Hasta ese momento no había mostrado conductas violentas, antisociales ni machistas... Entonces, ¿qué estaba ocurriendo? ¿Cómo era posible que un chico normal actuase como un energúmeno ante algo tan común como el rechazo de la chica que le molaba? Cuando empecé a hablar con él en consulta, intentando ayudarle a entenderse y no a juzgarse (ya que para que le dijeran que eso estaba mal no necesitaba pagar a un profesional), se evidenció una biografía en la que nunca se había enfrentado a una adversidad en su vida:

Era hijo único, bastante mimado (y sobreprotegido), con unos padres que atendían todas sus dolencias y necesidades, lo que, sumado a que era un chaval con buenos atributos y capacidades, cuando se proponía algo solía conseguirlo sin problema: no había habido deporte, amistad o asignatura que no hubiese logrado. Vamos, que no había experimentado frustración o rechazo en su puta vida, con dieciséis añazos que tenía. De forma que, cuando la chica que le hacía tilín, o su *crush*, como dicen ahora —que no veas las palabras que me tengo que aprender para tratar con jóvenes y acabo hablando que parezco gilipollas—, pasó de su culo, no tenía ni puta idea de qué eran esas sensaciones y cuánto duelen ya que no las había experienciado en su vida.

Todo esto era tan amenazante, y sabía manejarlo tan poco, que su psiquismo generaba una rabia brutal para defenderse que le desbordaba. La primera hostia fuerte que te pega la vida y encima te pilla sin el entrenamiento que dan los palos previos y pequeños.

Con paciencia, empatía y también mucha confrontación, recorrimos un sendero de aceptación y exposición al dolor que le permitieron hacer su duelo por lo que fantaseó y no fue (que no por ello duele menos) y en el que aprendió a manejar su malestar sin quc eso le diera permiso para cagarse en el mundo, su familia o la pobre chica.

Y esto es solo un ejemplo representativo de lo que se da en nuestra sociedad actual. Tan bonica ella.

Tenemos la piel más fina y cada vez huimos más del malestar, lo que impide que desarrollemos capacidades que tenemos de forma innata para enfrentar el dolor (lo cual no significa que no te duela, si no que eres capaz de superarlo), pero que, como las semillas, dependen de que se den unas condiciones para que puedan desarrollarse y convertirse en tallos verdes y fuertes.

Pero esto no solo nos priva de la oportunidad de desarrollar nuestra resistencia al dolor de forma natural, sino que, además, fomenta la evitación y la represión de las emociones desagradables, algo tan dañino psicológicamente que casi sería mejor volver a fomentar el consumo de tabaco.

En psicología se llama evitación al proceso mediante el cual el sujeto intenta huir de aquello que le resulta aversivo, siendo esto tanto una situación (hablar en público), algo en concreto (las arañas) o sucesos de nuestro mundo interno, como emociones desagradables o pensamientos determinados.

El problema principal de huir es que nos volvemos más sensibles a eso que evitamos y que toda esa represión genera muchísima sintomatología (obsesiones, compulsiones, pérdida de control...).

Por si esto fuera poco, provoca otros problemas indirectamente, como el hecho de que el dolor se acumula hasta que no podemos más y nos quebramos de forma dramática, o que, para tapar y reprimir, dependemos de hacer cosas que son dañinas como las compras, la aprobación en redes sociales o la delgadez.

El catálogo de mierdas con las que ocultar tu dolor y huir de la parte de ti que sufre es amplísimo en nuestra sociedad de consumo y postureo. Y esta función, de hecho, es uno de los motores de la misma…

Tan evidente y demostrado es esto, que a pesar de que en psicología existen múltiples escuelas y enfoques, todos están de acuerdo en la importancia de no evitar lo negativo, sino que hemos de permitírnoslo sentir y expresarlo, siendo probablemente uno de los puntos con mayor consenso entre los diferentes psicoterapeutas y sus orientaciones[4].

---

[4] SHEDLER, J. (2010). «The efficacy of psychodynamic psychotherapy». *American Psychologist*, 65(2), 98-109. LASO ORTIZ, E. L. (2015). «Cinco axiomas de la emoción humana: una clave emocional para la terapia familiar». *Revista de Psicoterapia*, 26(100), 147-162. HERVÁS, G. (2011). «Psicopatología de la regulación emocional: el papel de los déficits emocionales en los trastornos clínicos». *Psicología conductual*,

Pero como buque insignia de cómo nuestra sociedad ha demonizado el malestar, y en particular la tristeza, solo tienes que ver el éxito de toda la industria de la positividad (que ya analicé en mi obra anterior *Hasta los cojones del pensamiento positivo*, y que te la cito aquí en una publicidad discretísima), cuya receta es básicamente no abordar los problemas ni lo que nos afecta e intentar autoengañarnos mirando lo agradable de forma cobarde, manipularnos para convencernos de que todo es bonito, que ignoremos y abandonemos la parte de nosotros que sufre y la escondamos bajo una estúpida careta sonriente a los demás, para así atraer alguna fuerza cósmica que solucione nuestras mierdas de forma mágica o que nos lleguemos a creer nuestra propia mentira.

Y lo malo no es que exista el mensaje, es que lo compramos, es que nos cala, porque es lo que está por todas partes, de tal forma que seguimos sobreprotegiéndonos, como individuos incapaces de asumir la realidad de las cosas.

Elegimos pasar un filtro a la realidad para tapar sus imperfecciones, y no solo en nuestras fotos de Instagram, sino en lo que ocurre en el fondo de nuestro corazón.

Existe, por tanto, una poderosa industria de la felicidad con un marcado carácter tristofóbico que trata de dar soluciones para evitar el malestar y que se expresa en forma de libros de autoayuda (el segundo género más vendido después de la novela), pastillas de todo tipo (naturales, de laboratorio, del mercado negro…), para tratar de no sentir el dolor y silenciar ese malestar que nos dice que movamos el culo y cojamos el toro de nuestra vida por los cuernos.

19(2), 347-372. Rogers, C. R. (1940). «The processes of therapy». *Journal of Consulting Psychology*, 4(5), 161-164.

A veces creo que nos aproximamos al escenario distópico de Aldous Huxley en *Un mundo feliz*, donde, para controlar a la población, les atiborraban con Soma, la pastilla de la falsa felicidad.

Los más alternativos buscan el opiáceo al dolor emocional en el retorno de creencias que parecían cosas del pasado como el tarot o el horóscopo. También hay un auge de prácticas ancestrales como la meditación vipassana (ahora llamada *mindfulness*).

Otros, a los que la psicología mayoritaria o el pensamiento positivo no les ha funcionado, se vuelven hacia la filosofía, rescatando el estoicismo griego o el desapego budista, con frecuencia mal interpretados, en busca de una solución.

Creo que todas estas tendencias y modas evidencian el miedo que nos da pasarlo mal y lo jodidos que nos sentimos, aunque en Instagram o TikTok finjamos ser superfelices.

Parece que procesos normales como la tristeza o la rabia son algo peligrosísimo, un síntoma a combatir, un virus que nos infecta y que provoca todo eso por la cara, y no el resultado natural de cuando te pasa una putada. Y es que el dolor es inherente al hecho de estar vivo, porque igual que te pasan cosas buenas, te pasan cosas malas.

Siempre les comento a mis alumnos en el hospital o la universidad que temo más al que no siente dolor cuando le clavan un machete que al que grita y se caga de miedo, porque lo segundo es una respuesta normal y congruente, mientras que lo primero indica o una desconexión con su cuerpo brutal o un problema neurológico de cojones.

Así, observo con temor cómo la perspectiva imperante en la psicología actualmente (y no solo la del pensamiento positivo, sino también otras «más serias») propone la técnica psicológica como forma de mitigar el dolor y tratar de adormecer un malestar que no viene porque sí ni se genera de forma espontánea, sino que es fruto de procesos no solo individuales, sino también sociales, que deberíamos analizar de forma crítica.

Es necesario hablar más de cómo actuar como sociedad para mejorar las cosas y recuperar la estabilidad y cómo nos afecta el consumismo y la vida moderna. También dejarnos de historias de superación cuando nos refiramos a la salud mental y ser más conscientes de qué decisiones tomamos en nuestra vida y el impacto que eso tiene.

Sin embargo, no hay más ciego que el que no quiere ver, y darnos cuenta de todo esto nos obligaría a asumir la responsabilidad de nuestras vidas, con el miedo que nos da fracasar hoy en día.

Da la sensación de que ya no fuésemos personas capaces de permitirnos sentir el dolor y no solo soportarlo, sino superarlo y reaccionar al mismo adaptativamente, de la misma forma que hacían nuestros abuelos, como si perteneciésemos a otra especie.

Y es que nuestra biología está diseñada para eso, y si no te lo crees, ahí tienes las fuerzas de flaqueza y las emociones desagradables que vienen de nuestro instinto de supervivencia y son las mayores facilitadoras del cambio humano. Todo esto es jodidamente lógico, porque toda especie que ha sobrevivido cientos de miles de años lo hace porque ha desarrollado mecanismos para que el dolor no les quiebre; de lo contrario, nos hubiésemos extinguido.

Despachado todo esto, vamos por fin a la tercera variable, que me parece fundamental: el perfeccionismo y la autoexigencia.

En realidad son dos variables que se han instalado en nuestra vida de forma transversal, en una especie de denominador común o chapapote que lo impregna todo: no hay un área en la que no estemos intentando «hacerlo bien».

Tenemos que cubrir los estándares de salud, actitud positiva, belleza e imagen (esto lo primero de todo), ocio diverso e interesante, rendimiento y desarrollo laboral, cualificación académica, sexualidad e incluso moralidad y ética (debemos ser empáticos, reivindicativos, conscientes de nuestros privilegios...).

Y no vale solo con serlo; de hecho, basta con que lo parezcas, porque el objetivo es enseñarlo en redes sociales para obtener el «me gusta» de otras personas que, en el fondo, te sudan la polla.

El perfeccionismo nos previene, tan majo y bonico él, señalándonos nuestros fallos para que tengamos la oportunidad de cambiarlos, dándonos un referente ideal y utópico para que, al compararnos, podamos medir cómo de buenos somos.

Estar siempre intentando llegar a algo idealizado nos crea una profunda insatisfacción con lo que somos y pavor a no ser suficientes para ser aceptados y amados por otros.

Para calmar este miedo, los mismos medios de comunicación perfeccionistas que nos señalan nuestros fallos y nos crean esa angustia nos venden productos, cursos o servicios que nos harán mejorar, gustar a otros y, por ende, ser más felices.

Como consecuencia de ese perfeccionismo, desarrollamos una autoexigencia que nos estimula como un negrero que da latigazos a sus esclavos, para que nos esforcemos en ser «la mejor versión de nosotros mismos».

También le damos a nuestro juez interno un poder desmedido, permitiéndole no solo dictar sentencia sobre nuestra valía, sino también ser el verdugo cruel y sádico que está todo el rato criticándonos sin compasión. «Solo si llegas a mi estándar, te trataré bien», dice el muy hijo de puta, pero la realidad es que sus ansias de mejora y excelencia parecen insaciables, porque siempre hay algo que podría hacerse mejor...

Si no consigues todo esto, lógicamente, debes sentirte culpable, porque refleja que no te estás esforzando lo suficiente o que hay algo en ti que está mal, una profunda tara que te hace inválido o perverso. Así que, junto con la autoexigencia, aparecerán sus amiguetes la vergüenza y la culpa para darte por culo a base de bien, en un continuo de automachaque mental y sodomía que ni en una película sadomasoquista gay.

Porque la felicidad no depende de llevar razonablemente la vida que quieres vivir y poder ser tú mismo, no; la felicidad consiste en que lo petes muchísimo (y que todo el mundo se entere por redes sociales).

2

La plaga del perfeccionismo

Tras meterle un buen repaso a nuestra sociedad, ahora te voy a contar el mejunje del asunto: el perfeccionismo de los cojones.

A pesar de que continuamente nos dicen que no debe importarnos lo que piensen de nosotros y nos ordenen «Sé tú mismo», a la vez nos hacen sentir poco válidos si no conseguimos gustar, tener una talla S o alcanzar determinados objetivos.

El miedo a no gustar es algo inherente a los seres humanos, porque somos animales de manada, y eso es algo que el *marketing* ha aprendido a explotar para vender: con solo meter el dedo en la llaga, logran que compremos sus mierdas en las que intentamos encontrar una falsa seguridad.

Ahora parece que nuestra vida tiene que ser jodidamente *instagrameable*, perfecta, como la vida de María Pombo o esos artículos del *Hola* en los que sale la Preysler sonriendo en una casa ideal, con ropa ideal y todo genial.

Así que ahí vamos, intentando que todo sea perfecto, algo que no solo nos hace estar reventados, sino profundamente insatisfechos con nuestras vidas, porque, pese a los esfuerzos, nunca se ve igual.

Aspectos biológicos

A pesar de nuestro éxito como especie depredadora y adaptativa, hasta el punto de que hemos llegado a ser incluso una amenaza para la supervivencia del planeta y nosotros mismos, los seres humanos somos unos animales bastante deficientes en comparación con, por ejemplo, un tigre.

Mientras que el felino posee una condición física, instintos y reflejos espectaculares, los humanos somos bastante tristes, pues no tenemos ni colmillos, ni condición física, ni garras ni *na*... La fuerza de los seres humanos reside en su intelecto, pero especialmente en su capacidad lingüística que le permitió coordinarse con algunos de sus semejantes formando grupos que actuaban de manera conjunta a través de planes elaborados para conseguir sus objetivos.

Fue esa capacidad la que nos colocó en la cúspide de la jerarquía de la Tierra y nos permitió ser una de las pocas especies que podemos encontrar en todo tipo de climas, geografías y contextos formando comunidades de individuos que se ayudan entre sí para satisfacer sus necesidades.

El grupo, la familia o la tribu son los que te pueden proteger cuando ataquen, los que te enseñan las habilidades básicas, los que guardan turnos para que ninguna amenaza se acerque mientras dormís, cuidan a los enfermos y dependientes o ayudan a trazar planes para cazar o recolectar. Por tanto, si un ser humano es expulsado de su grupo, es muy improbable que sobreviva más de unos pocos y lastimeros días.

Por otro lado, la cría humana tarda bastante en ser autónoma, una cría de perro es capaz de ser autosuficiente en poco tiempo, pero la humana necesita al menos doce años para serlo. Esta es una cantidad de tiempo muy significativa teniendo en cuenta que en aquella época la esperanza de vida era de poco más de treinta años, es decir, que un ser humano era altamente dependiente casi la mitad de su vida.

Un bebé sin unos adultos que le alimenten (incluso en los primeros meses depende de la leche que produce otro ser humano), le limpien la mierda e incluso le ayuden a eructar está muerta al cien por cien. Todo esto, en estándares de la prehistoria, ya que, hoy en día, y más si es español, una cría humana no es autónoma y no tiene la menor intención de abandonar la cueva hasta los treinta años, y en casos patéticos como el mío, sería muy discutible mi autonomía en áreas como el orden, la organización o la cocina.

Nada más y nada menos que un 50 por ciento de la vida siendo dependientes, y esto considerando que no tengas ningún tipo de tara o, a lo largo de tu vida, alguna desgracia te haga perder capacidades, algo que no era infrecuente en un mundo hostil como el de nuestros antepasados prehistóricos.

¿Qué quieren decir estas dos cosas? Pues que la supervivencia de una persona depende de que la quieran y guste. Por eso, para nuestra conciencia evolutiva, cerebro emocional o como quieras llamarlo, está grabado a fuego que te tienen que querer, que debes hacer lo que sea para intentar conseguirlo, pues nada más y nada menos que tu vida va en ello.

Gustar, por tanto, no es algo meramente agradable o narcisista, sino que tiene que ver con la propia supervivencia del individuo, y ¿qué necesidad es más imprescindible que la de sobrevivir?

Emociones desagradables, como la vergüenza y la culpabilidad, o agradables, como el amor (o más bien el apego) y la alegría, están implementadas en nuestro código genético precisamente porque ayudan a que cuidemos al grupo, que seamos más agradables para otros y que nuestra conducta sea socialmente aceptable. También esta es la razón por la que el rechazo y la soledad (no elegida y mantenida) nos provocan tanta angustia, tristeza y malestar, aunque sepamos que no son tan malos o que no debería importarnos.

Si bien el deseo de gustar y la necesidad de aprobación son algo que parece característico de esta era de «me gusta» y redes sociales (más adelante hablaré de ello), dicha tendencia se fundamenta en mecanismos muy primarios.

Se trata, pues, de una condición natural, universal del ser humano, de una de nuestras características como especie animal, y que ha estado presente en cualquier momento histórico o cultura, como un denominador común, convertido en una de las grandes motivaciones de los individuos.

Vamos, que a las mujeres y hombres de la prehistoria ya les gustaba posturear, y para eso se hacían collares y otros adornos sin ninguna utilidad. La peña, para vacilar, inventó antes la joyería (100000 a. C.) que la rueda (3500 a. C.).

Esto puede parecer sorprendente teniendo en cuenta que las sociedades son algo que cambia muchísimo con el paso del tiempo, pero creo que lo importante es entender, sin determinismos biológicos, que existe una tendencia en la naturaleza del ser humano a la que luego la cultura de alguna manera da forma y modela.

Por resumirlo en una premisa, sería algo así como: «La naturaleza te marca la necesidad de gustar y la sociedad define qué es lo que gusta en cada momento».

A este mecanismo ligado con la supervivencia y protección más básica también hemos de añadir la influencia de la necesidad de ser «un candidato elegible» para la reproducción y, por tanto, la descendencia, única forma de perpetuar nuestro material genético, que también empuja en la misma línea de darle una gran fuerza al deseo de gustar a otros.

Al final, como decían en esa obra de arte que es *La vaquilla* de Berlanga, muchas diferencias, pero a la hora de querer meterla en caliente, todos iguales.

Te expongo todo esto simplemente para que entiendas hasta qué punto tu miedo a no ser válido o suficiente se fundamenta en raíces profundas y que, por eso, es absurdo decirle a la gente con aires de superioridad moral e intelectual que dejen de buscar la aprobación de otros, sirve lo mismo que un anorak en el Sáhara.

Discursos manidos y simplistas de quien no ha estudiado al ser humano en profundidad o no ha ayudado a una persona a cambiar, acompañándolo en el proceso día a día, en su puta vida.

Sociedad exitocéntrica

Recuerdo que, cuando en el instituto estudiaba historia, al hablar de la Edad Media, mi profesor dijo un término que pareció revelador: «El Medievo era una sociedad teocéntrica». Es decir, que el centro de esta era la idea de Dios y todo lo demás giraba a su alrededor, estando cualquier área impregnada de algún componente o visión religiosa. Si estudias el arte o las historias de la época, desde luego, ves que es así: pinturas de santos y toda la movida, guerras y conflictos de religión, construcción de impresionantes catedrales o mezquitas a pesar de la tecnología primaria del momento, la mayoría de los intelectuales de la época eran religiosos... Así que, aunque posiblemente un poco exagerado y reduccionista, casi todo lo que se hacía en aquella época tenía que ver con lo teológico.

En la Edad Media les dio por la religión, pero, en cada periodo, a la sociedad le da por una movida distinta (el conocimiento, el hombre, la raza, el nacionalismo, el materialismo, el consumo...).

Así, cada época va cambiando esa idea central en torno a la cual gira todo lo demás, y, normalmente, este factor central se suele convertir en lo que provoca más admiración y es más validado.

De ahí que a la mayoría de las personas les preocupen e interesen las mismas cosas, como por ejemplo ahora el aspecto físico o la vida social.

Actualmente, lo que a mi entender está en el centro, es la idea de *éxito personal*, pero no de cualquier forma, ya que parece que el éxito en la esfera de lo íntimo o del reconocimiento propio no es lo trascendente.

De nada sirve triunfar en algo que solo te importa a ti o si nadie lo ve y se entera, por lo que es un éxito que debe ser exhibido, mostrado de la forma más explícita posible y aplaudido por otros para que pueda ser considerado realmente como tal. No vale solo petarlo, sino que todos tienen que saber que lo petas, lo que explica fenómenos culturales como la lista de ricos de Forbes o la alfombra roja de los Oscar donde las estrellas de Hollywood lucen sus vestidazos.

En la Edad Media, el tema se quedaba entre Dios y tú; ahora necesitas de todos los demás para poder cumplir con estas exigencias.

Antes era un ser todopoderoso y divino el que tenía el derecho de juzgarte y castigarte si no lo hacías bien, ahora es una orgía donde todo hijo de vecino puede determinar si eres válido o no, siendo juez y verdugo por el poder que les das para ello.

Y es que otro rasgo característico de esta sociedad exitocéntrica es el hecho de que no importa mucho qué te ha llevado al éxito, sino el nivel de éxito alcanzado: si bien anteriormente lo interesante era la cualidad que te hacía exitoso (ser un intrépido explorador, tener una voz y un ritmazo, una persona inteligente y culta, un diestro guerrero…), actualmente eso queda muy eclipsado por cuánto consigues.

De hecho, la fascinación que hay por las series de narcotraficantes y gánsteres refleja que da igual que seas un hijo de puta si alcanzas el éxito, y es que las escenas se centran más en las mujeres guapas, los cochazos y las excentricidades de nuevo rico que en cualquier otra cosa. Pura apología del narcotráfico.

No importa cómo lo logras, importa el éxito en sí mismo.

Así, existen personas sin aparentes cualidades cuyo éxito radica en el hecho de ser exitosas: las estrellas del corazón, concursantes de *realities* donde nadie hace nada pero todo el mundo va más caliente que el pomo del infierno o los *influencers*.

Voy a detenerme especialmente en estos últimos, porque me parece que son el buque insignia de lo que estoy exponiendo en este apartado. En primer lugar, es necesario diferenciar entre la gente que tiene muchos seguidores fruto de su labor en un ámbito determinado (cantantes, modelos, divulgadores, escritores, deportistas, actores…) y los genuinamente *influencers*, que son personas que no tienen una ocupación definida y que su atractivo reside en el hecho de que son famosos y que se dedican a mostrar en sus manipulados perfiles en redes sociales lo exitosa que es su vida: regalos de productos que reciben, sus viajes, sus parejas siempre sonrientes…

Todo es tan jodidamente ideal en sus vidas y son tan geniales, que estoy seguro de que, si un día se retransmiten cagando, resulta que defecan flores que huelen superbien.

Detrás de este fenómeno de gente que vive la gran vida sin trabajar ni estudiar también hay un indicador de cómo las nuevas generaciones —hijos de la crisis del 2008 y testigos de una generación perdida (la mía, de finales de los ochenta y los noventa) en términos sociales y laborales— perciben que el esfuerzo y los estudios ya no garantizan el bienestar social, lo que hace cierta apología del «no trabajo ni mérito» y que quienes alcanzan el éxito sin más sean el triste ídolo a seguir.

Actualmente, los *influencers* son uno de los referentes sociales, representación y testimonio vivo del éxito que la sociedad nos dice que debemos lograr.

Es cierto que suelen ser guapetes (pero menos que las actrices o modelos), tienen cierto carisma o gracia y estilo, pero son la definición de la canción «Mocatriz» de esos putos *cracks* del humor que son el grupo Ojete Calor. Su letra lo dice todo: «Soy Mocatriz, la tres en uno de cualquier zona vip… soy Mocatriz: modelo, cantante y actriz… No sé cantar, no sé posar, no sé actuar, vivo feliz, ¡¡¡¡Moooooocatriz!!!!». Si no lo has visto, te recomiendo al cien por cien que lo busques en YouTube.

Tal y como nos lo vende la cultura moderna, la felicidad es una consecuencia del éxito. Ser feliz = triunfar.

Y esto tiene mucha más tela de la que parece a simple vista: como la llave de la felicidad son aquellas cosas que te hacen más exitoso y tu nivel de éxito depende de lo que consigues, por ende, tu felicidad depende de los objetivos que alcanzas.

Si no eres feliz, la culpa será tuya por no haber logrado tus objetivos, así que no tienes derecho a estar triste o mal, sino que debes sentirte culpable. Por tanto, da igual cómo te encuentres o qué esfuerzos y sacrificios debes hacer para alcanzar el éxito. Has de estar dispuesto a firmar un cheque en blanco en el que no importan las pollas que tengas que chupar durante el proceso.

Perfeccionismo y sociedad de consumo

Hay un suceso que supuso un cambio brutal en la industria del *marketing* y, por tanto, de todo el modelo de consumo de la sociedad. En 1929, la American Tobacco Company encargó a Edward Bernays, sobrino de Sigmund Freud, realizar una campaña publicitaria para lograr introducir el consumo de tabaco —hasta entonces asociado a los hombres— entre las mujeres, con el fin de aumentar las ventas. A pesar de los intentos de realizar cigarrillos con un tabaco más suave y estéticamente más «sofisticados» (finos y alargados), creando un producto que encajara más con las preferencias femeninas, el éxito había sido, en el mejor de los casos, escaso.

El descendiente del ilustre padre del psicoanálisis, tras darle vueltas al asunto, decidió probar algo diferente. Para ello convocó en Nueva York a la prensa para presenciar una manifestación el Domingo de Pascua de 1929, anunciando que en ella las mujeres encenderían las «antorchas de la libertad». Luego contrató a un grupo de mujeres capitaneadas por una conocida feminista que aparecían en dicha manifestación fumando en público, algo que hasta entonces no estaba bien visto.

Así, con esta acción, Bernays logró sumar al valor de un producto una necesidad emocional, representada por la libertad y la independencia. Puede que algunas mujeres no quisieran fumar, pero... ¿qué mujer no querría ser libre? Postular el acto de fumar y el consumo de tabaco como un acto de rebeldía era, sin lugar a dudas, un reclamo mucho más eficaz que las características del cigarrillo. Con una sola acción, incrementó el mercado potencial de la industria tabaquera la friolera de un 50 por ciento.

Lógicamente, esto no pasó desapercibido para los expertos en *marketing* y ventas, y ahí empezó una publicidad «emocional» en la que dejaron de venderse productos y servicios para empezar a venderse necesidades emocionales como afecto, seguridad, poder, pertenencia o reconocimiento que se vinculaban al objeto de venta.

Y es que, por mucho que nos guste pensar que el ser humano es una especie racional (que lo es, pero no solo y exclusivamente), la realidad es que posee una parte emocional que, como está ligada a su supervivencia, siempre tiene más peso e influencia en nuestras decisiones, por eso hoy la publicidad busca antes provocar sentimientos y mostrar sus productos como «soluciones» para determinado tipo de necesidades emocionales que hablarnos de las ventajas o características del propio producto.

Siempre que comento esto en clases o charlas pongo un ejemplo que me hace muchísima gracia: el de la colonia Invictus.

Aunque es mejor que lo veas (búscalo en YouTube, merece la pena), te lo describo: el anuncio consiste básicamente en un tío que está más fuerte que el vinagre, con el pecho descubierto, andando por un estadio deportivo lleno de peña que le aplaude y vitorea (validación y pertenencia) con una copa al hombro (éxito), que ante la persecución de sus rivales le basta un mero gesto para destruirlos (seguridad) y continuar andado mientras una diosa de la fortuna le señala con el dedo (éxito, validación, ser especial) hasta que llega al final del estadio y se mete en los vestuarios, donde debe de estar el termostato roto y hacer una calor malísima porque en el mismo hay cinco bellezones apenas cubiertas por una sábana que le miran con cara de «ven *pacá* cordero» (sexo), y el tío mira a cámara como diciendo «Esto para mí y para lo mío» y suena «*Pour homme*», y se acaba el anuncio…

Una pasada, pero… ¿a qué cojones huele el perfume?

No te han contado un carajo del mismo, no sabes una mierda sobre si huele a romero o a lavanda o yo qué sé, pero te han dejado claro, clarísimo, que si te lo echas lo vas a petar, a la peña le vas a gustar muchísimo y vas a ser el Follarín de los Bosques. Y al final, inconscientemente, te lo acabas comprando, más porque quieres todo eso que por cómo huele.

Si te paras a pensar un poco, casi todos los anuncios siguen este tipo de estrategias, porque son muy, muy efectivas.

Ya no te dicen: «Aquí compras más barato», sino: «Yo no soy tonto», por lo tanto, si me compras, te sentirás más listo que los demás (MediaMarkt); no te dicen: «Mi tecnología es muy buena y funciona de una manera distinta y mejor», sino: «Piensa diferente», en una clara alusión a que seas alguien especial y mejor que los otros (Apple); no te dicen: «Puedes conseguir cosas», sino: «Nada es imposible» (Adidas), invitándote a una fantasía de control y poder; no te dicen: «Con el vestido estarás más guapa», sino: «Un vestido da poder» (Carolina Herrera), ofreciéndote un montón de seguridad y competencia... Podría seguir hasta el infinito.

El psicólogo Abraham Maslow postuló hace tiempo que el ser humano tiene diferentes niveles de necesidades, de forma que su bienestar y su desarrollo están directamente condicionados a cuánto conseguimos satisfacerlas, de forma parecida a lo que nos ocurre físicamente con otras de tipo fisiológico (comida, descanso, temperatura determinada...).

Así, mi autoestima depende en gran medida de cuánto percibo que me quieren otros y yo mismo, mi sensación de seguridad y confianza en mis recursos para hacer frente a los peligros, pertenencia a un grupo afectivo-social y cosas así[1].

[1] MASLOW, A. H. (1943). «A theory of human motivation». *Psychological Review*, 50(4), 370-396.

Como puede verse, las necesidades no operan todas al mismo nivel, sino que se encuentran jerarquizadas, estando las más básicas en la base y otras más «superfluas» en la cúspide. Para Maslow, el individuo no intenta alcanzar las del siguiente estadio hasta que no consigue satisfacer las del anterior y más imprescindibles.

Así, hasta que no tienes comida o un salario que te permita subsistir, no te preocupas tanto de si te quiere la gente o de si eres reconocido porque eres un gran tipo.

La falta de la cobertura de las necesidades suele conllevar malestar psicológico y nos afecta a nuestra eficacia, de ahí que la consecución de las mismas sea la gran motivación de los seres humanos y lo que guía, más o menos, nuestras vidas, decisiones y actos.

Pues bien, no he visto un especialista en *marketing*, comunicación o publicista que no se conozca la pirámide al dedillo y que piense dónde debe colocar lo que quiere vender en alguna de sus secciones. Probablemente, sin quererlo ni ser consciente, el pobre de Maslow ha sido uno de los grandes teóricos del *marketing*, y sus conocimientos más aplicados en el ámbito empresarial que en el de la psicoterapia y la sanidad.

Si revisas los eslóganes anteriores, verás que es evidente cómo «vinculan y asocian» lo que te quieren vender y las características de sus productos con alguna de las necesidades emocionales del ser humano y, de alguna forma, te crean la ilusión de que consumiéndolos o teniéndolos lograrás satisfacerla.

Y no solo las compañías hacen esto. La política, por poner otro ejemplo, hace tiempo que habla menos de sus programas y medidas concretas, y lo que intenta es provocar emociones y sensación de pertenecer a un grupo moralmente superior (que el contrario, lógicamente).

¿Por qué todo el que quiere influir en la conducta de la gente apela y agita estas necesidades emocionales? Porque se ha demostrado una y mil veces que funciona, que es terriblemente eficaz. Así que, en lugar de ayudarnos a compensar nuestras pasiones más primitivas, fomentar un análisis racional o contribuir a calmar nuestras inseguridades, las agitan intencionadamente para empujarnos a que actuemos como desean.

Como, gracias al desarrollo tecnológico y social anteriormente descrito, las bases de la pirámide están «casi garantizadas» ahora, lo importante son los estadios superiores de la pirámide, que son los que tienen que ver con el éxito y cuánto gustamos a los demás.

Otro concepto clave en *marketing* es el de «crear necesidad». En la brutal película que es *El lobo de Wall Street*, hay una escena en la que se ve cómo el protagonista, reclutando a varias personas para su equipo de estafas, le da a uno de ellos un bolígrafo y le pide que se lo venda; el otro no sabe qué decir, así que le pide a otro compañero, al que define como «un tío que lo vende todo», y este tras cogerlo y quitarle el boli a DiCaprio, le dice: necesito que me escribas tu nombre.

Para vender algo, debes hacerle ver al otro cuánto necesita eso que le estás intentando vender. Por eso, en nuestra sociedad consumista, no solo te vinculan los productos a la satisfacción de los escalafones de la pirámide de Maslow, sino que además acentúan tu sensación de necesitarlos señalándote continuamente tus defectos para que te sientas mal, defectuoso, inválido y profundamente incapaz de cubrir todas esas necesidades y, desde esa angustia, corras a comprar lo que te venden, aunque, en el fondo, no te hagan falta una mierda la mayoría de las veces.

Primero te hago sentir que tu cuerpo es abominable y eres más feo que pegarle a un padre, poniéndote imágenes de tíos y tías que no solo son perfectos, sino que además son mejorados con imágenes retocadas. Cuando al compararte sales perdiendo y te han hecho sentir que esa imperfección en tus kilos de más o arrugas hará que nadie te quiera, te eche un buen polvo o sea tu pareja y te cuide y acompañe, te vendo la dieta milagro, la ropa que te hace ser sofisticado, la crema antiarrugas, el bótox o a mi puta madre montada en un caballo, que si te aseguran que te va a hacer más atractivo, te la vas a comprar.

Nos dicen que solo valemos si somos perfectos, nos dicen por qué no lo somos y machacan esa idea una y otra vez para empujarnos a la vorágine de consumo en nuestro intento de «ser suficientemente válidos» para obtener seguridad, afiliación y el reconocimiento que tanto necesitamos.

Coco Chanel, la creadora de la marca de moda de lujo y que se logró vender como la personificación del estilo, la belleza y la elegancia, dijo: «No existen mujeres feas, solo mujeres que no saben arreglarse», con lo cual, para dejar de serlo, solo tenías que comprar sus carísimos productos porque son la quintaesencia de saber hacerlo.

Se atribuye a Sinatra una cita que dice: «Uno compra un Ferrari cuando quiere ser alguien y conduce un Lamborghini cuando es alguien», y, lógicamente, Lamborghini no perdió la oportunidad de difundirla, ya que poseer uno de sus deportivos de lujo era la constatación del éxito y la autorrealización, es decir, te colocaba en la cúspide de la puta pirámide, transmitiendo al mismo tiempo la idea lógica de que si no tenías esa marca no eras nadie, pero es que, además, si adquirías el servicio de su competidor era la prueba de que, en realidad, no eras suficiente para estar en ese nivel.

Por otro lado, es llamativo que los productos que más consumen los hombres hagan más referencias a la competencia y la posición social, y los que tienen un mayor mercado de mujeres apelen a la belleza y el cuerpo (precisamente los aspectos que estimulan la atracción a nivel biológico en cada uno de los sexos)[2]. Y es que, tradicionalmente, y todavía hoy a pesar de los intentos, el éxito de las féminas tiene que ver con su aspecto físico y el de los varones con petarlo muchísimo más que los demás o ser *el primus inter pares* (el primero entre los iguales) que decían los romanos. Como ves, a pesar de los cambios y del paso del tiempo, el hombre sigue rigiéndose por las mismas necesidades emocionales.

Como dice Gilles Lipovetsky en su libro *La felicidad paradójica*: «Las sociedades consumistas se emparientan con un sistema de estímulos infinitos, de necesidades que intensifican la decepción y la frustración, cuando más resuenan las invitaciones de felicidad al alcance de la mano. La sociedad que más ostensiblemente festeja la felicidad es aquella en la que más falta… aquella en que las insatisfacciones crecen más deprisa que las ofertas de felicidad. Se consume más, pero se vive menos; cuanto más se desatan los apetitos de compras, más aumentan las insatisfacciones individuales»[3].

Todo está contagiado

Este mensaje señalándote tus errores y mostrándote vidas y personas «perfectas» te envuelve, está presente en absolutamente todo. La publicidad y los medios de comunicación están siempre ahí (y más ahora desde que tenemos internet en el móvil que está a nuestro lado las veinticuatro horas), como telón de fondo, grabándose en lo más profundo de tu mente, alimentando tus inseguridades y miedos, dándole de

---

[2] Acarín Tusell, N. (2018). *El cerebro del rey*. Barcelona: RBA Libros.

[3] Lipovetsky, G. (2007). *La felicidad paradójica*. Barcelona: Anagrama.

comer y fortaleciendo a tus obsesiones perfeccionistas, a la autoexigencia y a una voz crítica interna cruel y despiadada que te trata a patadas y que es imposible de satisfacer.

Esta ostentación y búsqueda continua de la perfección se ha ido extendiendo poco a poco, como un virus que se expande en cualquier ámbito de la vida: ya todo tiene que ser perfecto para que nos sintamos bien con ello.

Áreas que no tenían la menor trascendencia más allá de nuestros gustos, como lo que comíamos o la música que escuchábamos, ahora se han impregnado de este molesto alquitrán, de esta capa de chapapote que lo contamina todo. Incluso campos antes reservados a la intimidad, como nuestra vida sexual, son asimismo válidos para esa búsqueda de la perfección, de forma que tenemos que ser excelentes e innovadores amantes, expertos en probar posturas dignas del Circo del Sol y que el clásico y placentero misionero ya no nos valga.

Importa poco dejarte llevar y qué te pide el cuerpo, sino seguir el artículo del *Cosmopolitan* o blog de moda del tema que nos muestra la última tendencia, como si follar ya no fuese algo en lo que conectas con el otro, sino una puta *check list* de cosas que tienes que hacer.

Ahora, además, las redes sociales se han sumado a la presión mostrándonos a todas horas cuerpos perfectos, lugares de ensueño, comidas suculentas, actitud positiva, capacidad de trabajo o buenismo en un mundo fantasioso, alternativo e ideal.

Y es que lo que vemos en Instagram se parece a la realidad lo mismo que el porno al sexo real.

3

El nuevo producto: las personas

La sociedad moderna, con su consumismo y su obsesión con el éxito, ha convertido a las personas en un nuevo producto.

Las personas ya no valen por serlo, sino por sus cualidades y productividad, por si son guapas, listas o triunfadoras, si no, no valen una mierda.

Consumimos personas igual que si fuese otro tipo de producto, así que solo miramos qué nos aportan, qué cualidades tienen y si nos interesan o no. Nos relacionamos con el otro buscando su aprobación, su «me gusta», de modo que queremos que nos mire, pero no que nos conozca, por si descubre la parte de nosotros que no es válida y tememos que rechace.

Esto nos lleva a relaciones de usar y tirar, ya todo es «sin compromiso» y cada vez cuesta más encontrar con quién poder llorar y desahogarnos de nuestras mierdas.

Estamos hiperconectados, pero muy poco vinculados.

Como todos somos un producto, también nosotros queremos que nos consuman, que nos quieran comprar, ya que eso indicará que sí somos válidos, así que nos vendemos a través de las redes sociales proyectando una imagen falsa y distorsionada de nosotros mismos. Cuando nos compran, nos sentimos falsamente seguros, pero luego se nos pasa porque sabemos que lo que están viendo, lo que quieren comprar, no somos nosotros realmente.

El valor de las personas

Al igual que la mentalidad del consumismo y su perfeccionismo se ha extendido y ha ido creando un marco mental que está presente en todo, otra idea que se ha generalizado es el de la meritocracia.

O más bien, una meritocracia muy mal entendida.

La meritocracia es la idea de que las personas consiguen y deben recibir un salario y posición en el mundo acorde a sus capacidades, esfuerzos y acciones. Básicamente que es justo recompensar a quienes más trabajan, asumen más riesgos y poseen más talento como forma de incentivar el esfuerzo y de reconocer los buenos resultados de quienes los logran. Esto explicaría la diferencia de salarios y cargos dentro de una empresa, permitiría a quien quisiera ascender que tuviese opciones si se lo curra y haría que quienes no lo hacen bien o no son tan buenos como se creía, por ejemplo, por sus títulos o venir recomendado, sea reajustado basándose en su rendimiento real.

Una familia de clase baja podría ascender en el escalafón social y tener una calidad de vida mejor gracias a su trabajo o bien otra familia de clase alta podría descender, a pesar de tener más medios, debido a su incompetencia o vagancia. Existiría así una justificación «objetiva» en la posición social que ocupa cada uno y no tendría que estar marcada y determinada por el lugar de nacimiento de cada uno en entornos más privilegiados que otros.

Actualmente, en cambio, se trata de un concepto en torno al que existe un fuerte debate, sobre todo desde que se percibe que el ascensor social que nos permitía subir o bajar en esa escala basándonos en nuestras cualidades y trabajo, se ha deteriorado mucho, y al estar escacharrado es especialmente difícil subir desde los lugares más bajos a los más altos.

A pesar de que este planteamiento está empezando a ser cuestionado, es la idea que está arraigada en la sociedad de nuestra época.

Así, la meritocracia, algo que parece tener cierto sentido y ser válido en el mundo de lo económico y lo laboral, se ha ido convirtiendo en una de las creencias vertebrales de la sociedad actual, de forma que se ha ido generalizando para aplicarse también a otros ámbitos.

¿Cómo ha afectado la meritocracia a la hora de concebir, relacionarnos y valorar a los seres humanos?

Esta idea, poco a poco, ha ido evolucionando hasta el planteamiento de que el valor de un individuo depende de sus capacidades y de su productividad, no solo para temas de trabajo y dinero, sino para todo.

Hasta hace bien poco, el mero hecho de ser una persona era un requisito suficiente para tener un valor genuino e intrínseco, ser digno de respeto, empatía o amor. Bastaba con eso, aunque sí que existía una presión para ser buenas personas y honrados, cumplidores de nuestras obligaciones con la sociedad y otros.

La sociedad actual nos dice que nuestro valor está condicionado por el nivel de éxito y perfección que alcanzamos en las distintas áreas de nuestra vida, nuestro aspecto físico (sobre todo este en un mundo de imágenes), inteligencia, lo graciosos que somos y mil putas cosas más, por lo que hay individuos que valen más que otros...

Es algo parecido a lo que pasa con las vacas: la que da más leche, tiene la carne más tierna o es más joven tiene más valor.

Así de cruel y así de simple.

Sobre todo, hay individuos que gustan más que otros, y es que el éxito y gustar son prácticamente sinónimos de valía, son el jodido patrón oro de la sociedad actual.

Esta narrativa determina no solo cómo las personas se perciben, sino que tiene muchas y profundas consecuencias: cómo tratamos a los otros, cuánto nos importan o nos preocupamos por ellos. De hecho, no solo a los demás, sino también a ti mismo.

Por eso estamos todo el día evaluándonos en un perfeccionismo enfermizo para tratar de ver cuánto valemos.

Hoy en día, tu número de seguidores en redes, la pasta que ganas, tu currículum, lo bueno que estás o el valor de tu armario influyen en casi todos los aspectos de tu vida diaria. Debido a la globalización y a internet, esta forma meritocrática de valorar a las personas que empezó en Estados Unidos se ha extendido a todo el mundo.

Probablemente, hay pocas cosas más universales hoy que la preocupación por ser atractivo.

Como psicólogo de trinchera que soy (que es como me gusta describirme, ya que no me dedico a dar conferencias y cursitos, sino que estoy en la cruda realidad de quienes intentan cambiar día a día), mi trabajo me permite ver a tipos de personas y vidas muy diferentes. Poder conectar con gente tan distinta y apreciar cómo ven la vida es una puta gozada, porque es como asomarte a otras realidades.

Actualmente, las terapias que más me dan que pensar son las de los jóvenes, grupo al que creía que pertenecía, pero por cómo me ven de viejo cuando salgo a tomarme una copa, me he dado cuenta de que no.

Por ejemplo, me contaba una chavala de veintipocos años que estaba quedando con dos chavales, uno de los cuales era un 7 y otro era un 9, o sea su *crush*. El caso es que el 9 le gustaba desde hacía mucho tiempo, y siempre había intentado llamar su atención, de forma que cuando se quedó soltero (cosa que se enteró por sus *stories* de Instagram), decidió hacer maniobras de aproximación, que debieron de ser exitosas, ya que acabaron liándose y toda la pesca.

Cuando me hablaba de por qué le encantaba, señalaba que estudiaba una buena carrera (Farmacia), era muy guapo y era de los habituales en las zonas vip y reservados de las discotecas de la ciudad, ya que el chaval se codeaba con relaciones públicas y demás aristocracia de la noche granadina. El segundo tenía así una onda trapera (estética y cultura urbana centrado en el rollo marginal y *gangsta*), no era tan guapo, pero tenía rollazo, y es que no sabía por qué, pero eso de los chicos malos era algo que le encantaba; además, como su rollo era totalmente diferente, le permitía tener planes muy distintos a los de siempre, así que ahí andaba, sin saber muy bien cuál escoger y eso que *stalkeaba* (espiaba) tela las redes sociales de ambos…

Esta descripción me dio mucho que pensar. Mi paciente no es ni mucho menos una chica superficial o con poco mundo interior; de hecho, es una chavala con inquietudes y una bondad genuina. Sin embargo, para explicarme su conflicto interno entendía que lo lógico era hablarme de las virtudes de cada uno de ellos, cosa que hizo primero poniéndoles nota, y segundo, haciendo referencia a los atributos de cada uno de ellos.

Ni una puta alusión a cómo se sentía con cada chaval: si le hacían reír, si la trataban bien, si el sexo era bueno, lo que despertaban emocionalmente en ella o lo que fuera.

También por el hecho de que buscaba las pruebas para esa evaluación más en sus redes y en la imagen que proyectaban que en su contacto directo con ellos. Y, por último, en que parecía más poner el foco en qué le ofrecían (planes, belleza, logros…) que en qué estaban construyendo.

No digo que tuvieran que construir nada profundo ni sólido, que tuviera que ser un amor romántico, pero sí me llamaba la atención que, incluso aunque sean unas quedadas y cuatro polvos, la relación o cómo la hacían sentir en sí no estuviera ni siquiera entre los elementos a considerar a la hora de optar por uno de ellos.

Esta chica se siente muy libre a la hora de tomar su decisión, y, de hecho, lo es.

Paradójicamente, la meritocracia marca la valía de los individuos de forma evidente en un momento histórico donde tenemos mayor libertad e igualdad en términos legales.

Por decirlo de alguna forma, este marco mental se da *de facto* en la sociedad, mientras que a nivel legal no existe discriminación alguna. Se trata, por tanto, de una prisión y una esclavitud a la parodia meritocrática actual que, si bien no existe como imperativo, todos la asumimos y participamos en ella, aparentemente, de forma libre.

¿Estamos realmente condicionados por la meritocracia? ¿Somos capaces de desarrollar un chubasquero para que nos resbale y no nos afecte? ¿Nos llega a oprimir y a hacer daño?

Como en todo tema complejo, existen diferentes posturas, que, además, están influidas por las ideologías y, sobre todo, los intereses políticos de las mismas. El problema es que, en estos tiempos de crispación y batalla cultural, de radicalización por las redes sociales, se apoya o combate la meritocracia de forma muy extrema, en términos de blancos o negros.

En una cara de la moneda tenemos a los *equidististas* (que suelen identificarse con las demandas de los pensamientos de izquierda), que buscan lo que denominan «la equidad» de las personas. Se trataría de crear medidas que buscan compensar las diferencias de logro y cualidades entre los individuos, ya que estas son fruto única y exclusivamente de supuestos privilegios que poseen.

Estos pueden ser de tipo individual (ser más listo o guapo), pero en especial por su pertenencia a colectivos tradicionalmente beneficiados (heterosexuales, blancos, católicos...) y que oprimen de forma sistémica a los demás. Para ellos, sea cual sea su origen, estas diferencias son profundamente injustas, pues no todos nacen con las mismas características, así que tenemos varias opciones: eliminar toda diferencia o conseguir relativizar el valor de las mismas, haciendo que ahora tengan valor las que no lo tenían.

En esta línea de medidas estarían las de una cultura que intenta suprimir todo lo que evidencie estas diferencias. Recuerdo leer una columna de Pérez-Reverte en la que narraba cómo en un colegio se había decidido que en las competiciones de fútbol infantil no hubiese marcador de goles, los dos equipos debían ganar independientemente de su esfuerzo, de su actitud de victoria, del talento del conjunto de sus jugadores o de la simple suerte. Era terrible y traumático que algunos niños degustaran el sabor amargo de la derrota, que se les transmitiesen que unos eran mejores que otros, así que lo mejor para proteger sus sentimientos era convertirlos a todos en ganadores y negar la realidad contable del asunto.

También se propone el «compensar» esa diferencia de beneficios, así que valiéndose de criterios que no tienen ningún tipo de base científica y, a veces, ni argumental más allá de la repetición de la supuesta opresión sistémica, se postulan medidas en las que los beneficiados sean agraviados (en Estados Unidos ya hay bares en los que cobran el «impuesto de privilegio» a personas blancas con el que financian las consumiciones de las personas de otro grupo étnico), y así compensar esas supuestas diferencias estructurales. Otro ejemplo sería pedirles a las mujeres que opositan al Cuerpo de bomberos menor número de flexiones en las pruebas físicas.

En esencia, plantean que el éxito es algo relativo, una construcción social y normativa, así que podemos retorcer la realidad y el enfoque de las cosas para que todo sea exitoso. Detrás de esta idea están movimientos como el «Body positive», que propone que como la belleza es algo subjetivo, en el fondo todo el mundo es guapo y bonito (vamos, que yo, con mis ojeras, mandíbula saliente, bajito y mi incipiente panza cervecera soy igual de guapo que Henry Cavill, tócate los cojones).

Entiendo que a las mujeres se les da muchísima caña con unos cánones de belleza enfermizos e imposibles. Trabajo mucho con pacientes con trastornos de la conducta alimentaria, y no hace falta que nadie venga a explicármelo.

Por desgracia, cuando tenía doce años tuve una malformación en el crecimiento de mi mandíbula, así que los hijos de puta de mi colegio se dedicaron a ridiculizarme, a meterse conmigo y a amargarme la vida por feo. El mote que me pusieron era Quasimodo, por el jorobado deforme. Así que, a nivel personal, puedo entender lo que es sentirte horrible, ver cómo te humillan por tu aspecto y lo duro que es no ser deseado por nadie cuando empieza el despertar sexual y los primeros besos.

El caso es que, por mucho que todo eso fuera horrible y que me duela ver cómo se fustiga a la gente por su físico y se les rechaza, creando inseguridades, una gran autoexigencia y autocrítica por no cubrir determinado tipo de estándares estéticos casi inalcanzables, no creo que esa sea la solución, sino que forma parte del problema.

Reitero que, para empezar, no es verdad y es llamativo cómo esta sociedad con fobia al dolor quiere inventarse y crear un mundo mental a medida, en vez de aceptarlo tal y como es, sencillamente porque es incapaz de relacionarse con el malestar emocional. Hay que encajar las verdades dolorosas, no deformar la realidad y negar lo evidente para protegerse de ellas. La sociedad siempre va a crear unos estándares de todo (qué es bello, qué es bueno, qué es moralmente correcto...), y está genial que entendamos que no son una realidad natural, que podamos verlos con pensamiento crítico, pero también que asumamos que están ahí y que vivimos en ese mundo, y sí, para esos estándares normativos, unos son más feos que otros.

No todo el mundo puede ser guapo, ni listo ni hábil ni creativo ni gracioso... Es lo que hay. Es más, sería un coñazo si todo fuera igualitario, sin diferencia ni pluralidad ninguna.

Sé que los equidististas tratan de que todo el mundo se sienta cómodo con su cuerpo y que esto no les baje la autoestima, pero creo que su intento de solución lo único que hace es fomentar el problema, ya que lo que están intentando hacer es lo siguiente: la gente tiene que quererte y es terrible si te rechazan, tienes que ser guapo y bonito tú también (porque eso es lo importante), así que vamos a hacer que lo seas.

Y, joder, digo yo que es el puto mensaje erróneo, que lo que debemos conseguir es poder decir: vale eres feo, pero quizás eso no es lo único importante. Eres feo, pero no por eso te tienes que machacar. Eres feo, pero tu valor no radica en ello. Que ser feo no sea algo que te defina, determine o influya en cómo te tratan los demás.

Eso sí sería invalidar y romper con la meritocracia.

No creo que sobreproteger a las personas, como si no pudiesen encajar eso, sea algo bueno para ellos. «No quiero sentirme feo o gordo, así que la sociedad debe cambiar para que no tenga que estar expuesto a nada que me haga sentir así». En la vida habrá rechazo y fracaso, así que es mejor que aprendas a manejarlos.

Creo que este enfoque solo sirve para, de una manera indirecta, seguir apoyando y dándole la razón al modelo meritocrático corrompido y deshumanizador actual, ya que lo que intentan es cambiar el criterio de belleza para que puedas tener éxito y gustar.

Por otra parte, los que pertenecen a esta corriente de equidad promueven una actitud de queja, victimismo y justificación en las personas, explicando lo que consiguen en sus vidas a través de variantes externas, ajenas a su control. Esto es llamativo porque supuestos movimientos «empoderadores» victimizan continuamente a sus integrantes, convirtiendo todo en una agresión contra ellos y les niegan su capacidad para actuar individualmente, para tener el control de sus vidas y poder dirigirlas hacia donde ellos desean y quieren.

Tampoco se cortan en atacar a las personas que pueden considerar que un cuerpo con sobrepeso no es bonito o atractivo, ya que entonces eres malo y culpable porque me haces sentir mal y eso me oprime.

Los *meritocráticos*, por otro lado, asociados por lo general a ideologías de la actual derecha, especialmente la neoliberal, tampoco se quedan mancos en la irracionalidad, hijoputez, sectarismo y crueldad del asunto.

Muestran una crueldad y una notoria falta de empatía y de solidaridad con las personas a las que, menos competentes o con peor suerte en la vida, las cosas les van mal, culpabilizándolas de su propio dolor al no «esforzarse» lo suficiente, ser inválidas o no tener recursos o habilidades. Como si el malestar se justificase por ello, y aquellos que sufren, más que dignos de compasión, respeto y ayuda, debieran ser culpabilizados, señalados y denostados por sus fracasos.

En una visión de la vida y del ser humano profundamente materialista, aseguran que el valor de las personas debe medirse por sus logros, y la mejor manera de hacerlo es el estatus, la productividad y el dinero.

Podrían decir que los logros son la bondad o la honestidad, pero no, lo importante es lo que son capaces de producir, en una mentalidad en la que parece que solo existe lo estético y lo económico cuando estamos hablando de putos seres humanos.

Se llenan la boca del derecho a la libertad y del individualismo para reducirlo todo a unas ideas rígidas de «éxito» y «adecuado» comunes para todos, y, sobre todo, estéticas, importando más lo que proyectamos afuera que cómo estamos dentro. Esto hace que las personas pierdan su libertad al estar todo el día intentando lograr objetivos, ser su mejor versión y otras mierdas para sentirse así válidos.

También reducen la realidad al absurdo, desde enfoques miopes y reduccionistas, negando algo tan evidente como que todo el mundo no tiene la misma suerte en la vida, y que, a pesar del esfuerzo y el trabajo, influyen mucho el dinero y los contactos.

No parecen ver el componente de suerte que hay a la hora de tener muchos atributos (belleza, inteligencia, buena salud…) en nuestra vida. Promueven como dogma indiscutible la idea de que «querer es poder» y que el mundo es un lugar justo que siempre recompensa adecuadamente a los que se esfuerzan y coloca en su sitio al vago e incompetente.

Esto sí que es una alucinación y un delirio y no las que veía cuando estudiaba la esquizofrenia.

Plantean que «casos de éxito» como los de Steve Jobs o Bill Gates deben ser idolatrados como dioses y son la evidencia palpable de que cualquiera puede triunfar, creando una narrativa hiperdulcificada —«Crearon su empresa en un garaje»—, negando el hecho de que recibieron créditos de cientos de miles dólares por parte de sus padres y que eran personas de clase alta con buenos estudios y contactos, independientemente de que terminasen o no sus titulaciones oficiales.

Niegan la realidad tanto como los que quieren quitar todo privilegio e igualar todo a la fuerza cuando solo hablan de los que triunfan gracias a su esfuerzo, sin mencionar nunca que hay muchos que, aun estando muy cualificados y teniendo medios y recursos, fracasan estrepitosamente. Y es que, si todo fuese cuestión de trabajo y actitud, e incluso de valía personal, habría muchísimas más personas ricas.

Porque hay mucha gente trabajadora y que le echa cojones al asunto, y, sin embargo, los casos de éxito son anecdóticos.

También justifican y hasta aplauden conductas claramente narcisistas en sus «gurús triunfadores» como Elon Musk y demás horteras. Para algunos, *El lobo de Wall Street* no es un personaje malvado y sin moral, sino el puto modelo a seguir.

Cualquier cosa es permisible si triunfas y eres exitoso. Cualquier cosa merece la pena con tal de lograrlo, y, si no lo haces, no vales nada, por lo que tu sufrimiento no importa y debes sentirte responsable porque es culpa tuya.

Promueven, por tanto, no una cultura del trabajo, sino de la autoexplotación, donde todo sacrificio debe ser asumido en aras del éxito. Como bien señala el filósofo coreano Byung-Chul Han, «Ahora uno se explota a sí mismo y cree que está realizándose», en un extraño Síndrome de Estocolmo con el modelo consumista y exitocéntrico.

Así izquierda y derecha, equidististas y meritocráticos promueven que el ser humano renuncie a su libertad individual y espíritu crítico, se explote a sí mismo y se haga encajar en lo que otros definen como adecuado.

Además, para apoyar estas ideas, renuncian y contradicen sus principios más básicos, cagándose alegremente en ellos, con una izquierda a la que le importan más las diferencias grupales que la igualdad y crear nuevos beneficios en lugar de promover la igualdad de oportunidades y una derecha que permite que el consumismo se cargue valores tradicionalmente conservadores como la familia o la religión, ya que ahora solo importan la producción y el éxito.

¿Qué opino yo? Me apena profundamente (precisamente porque creo en ella) ver cómo hemos convertido la cultura del esfuerzo y del valor de los individuos en una caricatura grotesca, donde las personas han sido extirpadas de su humanidad y valoradas por sus características, como si fuesen ganado.

Hace falta más empatía y menos ideología, hay que recuperar la humanidad y no permitir que este deseo de ser especial, de sentirnos válidos, nos haga atacar al que no cumple nuestros criterios.

Yo haré lo que está en mi mano: atender a mis pacientes sin juzgarlos, procurando empatizar con su realidad y forma de entender el mundo y acogiendo su dolor con dignidad y respeto, sean cuales sean las causas que lo provocan y considerando que esa humanidad compartida en la experiencia de dolor nos hermana a todos por igual.

Identidad e individualismo

En Occidente tenemos una forma de ver la vida centrada en cada persona, en el individuo. Esta forma de entender la vida desde lo individual conecta con la meritocracia y el consumismo creando un cóctel narrativo que nos invita a mirarnos continuamente, a poner el foco en nosotros, a satisfacer nuestras apetencias, sin prestar mucha atención a nuestro alrededor y como si necesitáramos buscar o construir lo que nos diferencia.

Lo curioso de estos mensajes, además, es que, si bien desde hace tiempo se venden valores, sentimientos y necesidades emocionales, predominan cada vez más aquellos que siguen esta tendencia que te he expuesto en la que hay un componente añadido: sé único y mejor que los demás.

Esto demuestra que en los países desarrollados las bases de la pirámide de Maslow están ya garantizadas (tener una casa, poder comer…), y por eso, lo que nos motiva ahora es lo que tiene que ver con la cúspide, con la autorrealización y diferenciarnos de otros.

Ser diferente es una idea que parece obsesionar a las personas, no porque estén buscando su esencia para vivir de la forma más honesta posible, conforme a sus criterios y no a los que marca la sociedad, sino para garantizar que, al ser distinto, la gente te mire y le gustes.

Pero es que, encima, para ser especial, las personas buscan factores externos (no propios y realmente individuales) para poder proyectar una imagen a los demás: tener un estilo de ropa único, identidades de género rarísimas, ser *runner* o emprendedor.

Incluso quienes nunca han querido tener diagnósticos psicológicos por el estigma de las etiquetas, ahora están encantados diciendo que son PAS (personas altamente sensibles) o que tienen altas capacidades, ya que son «diagnósticos guais» que les permiten ser superespeciales.

Buscamos como locos los que nos hagan diferentes, dejando que nos definan como personas cosas que no dejan de ser una pequeña parte de nuestra vida.

Si te gustan los vídeos de Pantomima Full, podrás apreciar perfectamente cómo la gente construye una identidad con la que intentar parecer ser exitoso y se meten en una categoría: el espiritual-alternativo, la superbuena madre, el ejecutivo agresivo, la adicta al gimnasio o el del pensamiento positivo.

Sin embargo, a mí me da la sensación de que esto hace que todo el mundo sea más parecido, porque ya poca gente es «María» o «Pepe» a secas, sin necesidad de aparentar.

Vivimos, por tanto, en una contradicción, queriendo ser diferentes y tener el foco de las miradas de otros, pero con el miedo constante a su rechazo, por lo que no nos atrevemos a ser nosotros mismos fuera de esa identidad con la que intentamos gustar y aparentar éxito.

Si de verdad quisiéramos ser nosotros mismos y no «nuestra mejor versión», también enseñaríamos nuestras torpezas o la pena, que son muy nuestras y particulares, pero eso no vende.

Sé diferente, pero cíñete a lo que la sociedad considera exitoso. Muestra tu identidad y lo que te hace único, pero solo si va a gustar a los demás.

Recuerdo al cantante de reguetón y trap Omar Montes en *La Resistencia* con Broncano, en una entrevista que me he visto varias veces, porque además de partirme el ojete con la gracia que tienen los dos, me parece una muestra exquisita de todo esto que te estoy contando.

El presentador se da cuenta de que lleva dos relojes y le pregunta por ello. Omar expone que ninguno da la hora, y es que no están ahí por ese motivo, sino para «el fronteo», una expresión de putísima madre que significa aparentar, gustar, vacilar. Las cosas ya no tienen un valor en sí mismas o incluso su utilidad, sirven para proyectar un valor y gustar a otros.

La paradoja, además, es que Omar Montes, a pesar de cantar mal, ser un hortera e ir de tonto (que de tonto no tiene nada… más listo que el hambre, el cabrón), es de las pocas personas que dice abiertamente que lo hace, y precisamente porque se atreve a explicitar la máscara de su personaje, tiene una sinceridad y autenticidad tan poco común, que despierta la atracción de todos los demás, que jugamos a ese juego sin atrevernos a reconocerlo. Por eso, muchos lo critican y así no tienen que reconocer que ellos también pecan de lo mismo (identificación proyectiva, que diría Freud), pero a la vez les encanta.

Omar Montes evidencia y lleva al absurdo toda la dinámica social actual, y encima lo hace sin juzgar a nadie, sin sentirse moralmente superior, sin adoctrinar a la gente con lo que debe hacer y sin esconderlo.

Ole tu *pollica* Omar, soy *mu fanse* tuyo.

La individualidad, por tanto, es el escaparate para ser contemplados y deseados, pero escondemos en la trastienda lo que intuimos o tememos que puede causar desagrado, de forma que vivimos en una angustia neurótica exponiéndonos continuamente y proyectándonos en redes, pero con mucho miedo a no gustar si nos ven demasiado y no controlamos de forma perfeccionista todo lo que está expuesto de nosotros.

Que se den cuenta del pastel, de lo que hay detrás de los filtros identitarios del personaje que hemos creado.

Por eso, aun cuando nos sale bien y gustamos, estamos jodidos a base de bien, ya que continuamente nos esforzamos por lograr algo imposible, como es controlar cómo otros nos perciben y si les gusta o no. Cansados del teatrillo, ansiosos por el perfeccionismo, machacados por la autoexigencia, reprimiendo el malestar y el dolor emocional, asustados de la parte que apesta de nosotros mismos que no queremos aceptar.

De tanto ponernos la máscara del personaje, al final nos cuesta diferenciar cuál es nuestro yo real, de forma que vamos de un extremo a otro, con días en que nos creemos lo que postureamos y nos sentimos la polla, nos invade una falsa seguridad, y otros en los que somos conscientes de lo que ocultamos y nos da la sensación de ser unos mierdas, con muchísimo miedo a no gustar a nadie y fracasar.

¿Qué es máscara y quién soy yo realmente? ¿Cuál de esas dos sensaciones es la real? ¿Mi vida es buena o es mala?

Sin saber eso y estar cómodo con lo que somos realmente, es imposible vivir en paz, incluso cuando logramos «vender» nuestro personaje.

Nos relacionamos con el otro sin hacerlo realmente, queremos ser vistos y validados por él, pero no le vemos de verdad. El otro está ahí para darle a «me gusta», el otro está ahí para hacernos sentir válidos, como un camello que nos da otra dosis de la droga de la seducción. Nos importa que nos escuche y valide, pero no lo que piensa o tiene que decirnos realmente.

El otro deja de tener nombre y apellidos, de ser una persona concreta que tenga relevancia para nosotros y con la que queremos compartir algo o interesarnos por ella, solo nos importa por lo que podemos obtener de él.

Las personas son un nuevo producto y actuamos con ellas como lo hacemos con el consumismo: se trata de relaciones de usar y tirar, que «usamos» varias veces y luego nos cansamos de ellas, como una camiseta de Zara.

Además, queremos que sean «buenas, bonitas y baratas», de forma que nos provoquen cosas agradables, como reír, hacer planes con ellos y que te entretengan. Ah, bueno, y que sean parte del decorado de nuestras fotos y *stories* de redes sociales, que no subimos tanto por estar relacionados con esa persona, sino porque se nos vea que conocemos a gente guapa y tenemos planes.

Como en nuestro armario, el repertorio ha de ser variado y estimulante, cuantas más personas agreguemos a nuestras redes, mejor, pese a que mantengamos con ellas un pseudocontacto.

Consumimos personas.

Y es que, como una camiseta que te compras por doce euros, no merece la pena invertir mucho en ella ni en su mantenimiento, en cuanto está un poco *gastaílla* o tiene un roto, pues no vas a invertir tiempo o dinero en repararla. Cuando te cansas, la dejas y ya está.

Que no haya que esforzarse mucho y estar ahí sacando tiempo para quedar a tomar un café, porque lo que te importa no es tanto el plan, sino la persona. Así que mejor hablamos tonterías y nos reímos de memes por un grupo de WhatsApp.

Se da otra contradicción en estas relaciones individualistas, ya que el otro no vale nada y no tenemos un interés real en él, pero tiene todo el poder al ser quien nos abre o cierra el grifo de hacernos sentir exitosos. Lo que nos deja indefensos ante su juicio.

Esto se ve aún más acentuado en las relaciones de pareja, porque, al ser más íntimas, nos dan más miedo. Al empezar, ya avisamos —«No quiero nada serio», «Vamos viendo y a ver qué surge»—, porque nos da miedo comprometernos, queremos algo de lo que sea fácil escapar.

Creo que por eso ahora se están poniendo de moda cosas como el poliamor o las relaciones abiertas, actuaciones impulsadas desde la cobardía, desde el miedo a implicarme demasiado, a que el otro no me pueda ser ajeno, o a ese punto de dependencia sana e inevitable cuando hay una entrega indivisible del amor sincero en la que ya el otro no te da igual y lo que le ocurra te afectará.

Creo incluso que la responsabilidad afectiva —esa idea que consiste en avisar al otro sobre lo que le puedes dar o de no meterte en una relación si no estás bien— habla mucho del miedo al dolor y al fracaso que tenemos. Si le pedimos al otro garantías o le avisamos de antemano de que puede que no salga bien, ponemos la tirita antes de tener la herida.

Si para poder tener una relación hay que poder garantizar que estamos bien, aquí no va a follar ni el apuntador. ¿Quién carajo está bien, así en general, en la sociedad de locos de hoy día? Se va a extinguir la humanidad.

Creo que estando mal puedes empezar una relación, lo único que importa es que no eches tus mierdas sobre el otro y te hagas cargo de lo tuyo. Hay que vivir la vida con lo que da, y no sobreprotegerse del dolor, porque, si no, te la pierdes o la lastras; es muy difícil que una pareja pueda fluir, ilusionarse y avanzar si continuamente se están diciendo: «Ten cuidado, que estoy mal» o «No sé exactamente lo que quiero contigo».

He de reconocer que, en cierto modo, esto me pasó en dos relaciones, en las que al principio me dio miedo entregarme y abrir mi corazón, por si acaso me sentía culpable luego si lo quería dejar. Una fue más paciente y comprensiva conmigo, a la otra la perdí por ello, pues cuando ya por fin me di cuenta de mis resistencias y puse toda la carne en el asador, para ella ya era tarde.

Con esto no critico la libertad de las personas a tener modelos ajenos al amor monógamo y tal (aunque no son mi rollo), pero, como todo, se puede utilizar de forma enfermiza y están empleando esas etiquetas para tapar lo que no son sino miedos. Slavoj Žižek, ese titán del pensamiento, psicoanalista y filósofo, criticaba en una entrevista estas nuevas tendencias señalando que la monogamia no es una cuestión de propiedad o satisfacer necesidades, sino de compromiso y confianza, de renunciar a lo que simplemente me aporta cosas para poner el foco en algo que tiene un sentido en sí mismo, la relación y la otra persona.

En esta línea, es sorprendente cómo, desde el mundo de la salud mental, se han popularizado y acuñado términos como persona tóxica o persona vitamina.

La primera sería una persona que está mal y se queja, lo que puede ser terrible, claro, porque nos contagia su negatividad (como si no fuésemos capaces de aguantar un poquito de malestar en esta sociedad tristofóbica), por lo que debemos alejarnos, no sin antes catalogarla y estigmatizarla con esa etiqueta sin intentar entender sus razones u ofrecerle comprensión y cariño.

Las segundas son las fetenes, las que debemos buscar a toda costa, son personas que nos ayudan a protegernos del cortisol, uno de los componentes del estrés y la ansiedad y que nos inspiran y sacan lo mejor de nosotros mismos. Es decir, que son algo así como una especie de ansiolítico viviente y gurú motivacional que nos hace más eficaces… A este paso, pronto encontraremos a Bayern ofertando un catálogo de este tipo de personas que podremos alquilar por horas.

Esta deshumanización me preocupa de la hostia… Y también me dan ganas de vomitar. Especialmente dentro del mundo de la psicología.

Análisis psicológico del postureo

Este apartado me ha dado quebraderos de cabeza. No por no saber lo que quería contar al respecto, sino más bien por ser plenamente consciente de cómo lo hago y dónde me coloco yo al hacerlo.

Sobre cómo lo analizo, en primer lugar, no quiero demonizar las redes sociales; son una herramienta (aunque, desde mi punto de vista, peligrosa), y, como todas, pueden utilizarse bien o mal. Tampoco quiero ponerme aquí en plan párroco, que señala el mal donde se encuentra y les dice a sus feligreses, oh pobres pecadores, cuál es el camino a seguir para salvarlos de la perdición. El que claramente sabe dónde está la línea de lo bueno y lo malo.

Este es un libro sobre culpabilidad, autoexigencia y machaque crítico, así que no quiero caer en ello. Juzgarte a ti por buscar validación en redes no tiene puto sentido (ya te he explicado que todos queremos gustar por nuestra biología como especie). Lo que pretendo es ayudar a entender y tomar conciencia sobre desde dónde las empleamos, por qué ocurre, que dice eso de nosotros y cómo interactúa con la temática de este capítulo: el valor que tienen (o asignamos) las personas y cómo las consumimos.

El segundo asunto, cómo me coloco yo, es el que más me acojona. No soy muy fan de los expertos que dan pautas, comunes y universales para todos, sobre lo que se debe hacer. Respuestas simplistas sobre tiempos, truquillos y demás chorradas. Además, normalmente, suelen ser tan ideales y poco naturales que son difícilmente implementables o niegan la realidad. Las redes sociales están aquí, forman parte del sino de nuestra época, y más que prohibirlas, creo que hay que aceptarlas y pensar cómo posicionarnos ante este complejo fenómeno que todavía no entendemos del todo por lo rápido que se ha implantado y porque cambia a una velocidad de vértigo.

Pero mi miedo real no está en eso, ya que ahí es relativamente fácil no caer, sino en no ponerme yo en una condición de superioridad moral, intelectual o de autosuficiencia psicológica. No soy un puto gurú iluminado para ir de nada, y más con este tema, por diversas razones.

Para empezar, tengo canales en redes sociales donde subo contenido de opinión y divulgación psicológica. De ellas «saco pacientes», promociono mis libros, artículos o conferencias en una actividad que es a la vez estrategia de *marketing* y altavoz para difundir la psicología en la que creo con la mayor honestidad y autenticidad posible.

Para ello, dedico tiempo y esfuerzo, planifico, tengo un equipo de técnicos de diseño gráfico, invierto dinero en anuncios y hasta tengo eso que llaman una «imagen corporativa» con un estilo propio y fácilmente identificable.

No me siento mal con ello porque creo que ayuda a muchas personas, es coherente con mi deseo de ganarme la vida y buenos euros como psicólogo sanitario, docente, escritor y divulgador, y es ético y transparente. Desde luego, en ellos proyecto una imagen que solo es una parte de Ventura: la del psicólogo. Salgo arreglado porque así me gusta atender a mis pacientes o alumnos, ya que para mí es una cuestión de respeto y empatía. Digo palabrotas porque esa es mi forma de hablar, también en consulta. Las cosas están pensadas, sí, pero para ser coherentes con quien soy yo como psicoterapeuta y mi visión del asunto.

El resto de Ventu, la del amigo, novio, hermano y movidas varias me las guardo para mí y la gente que tengo el privilegio de que formen parte de mi vida, pues, gracias a Dios, tengo buenos compañeros de viaje.

A nivel personal, solo me queda un perfil residual en Facebook, que necesito mantener abierto para vincular las cuentas profesionales.

Tuve una época, cuando Tuenti era la red imperante, en la que les di bastante caña. Cada día que salía de fiesta subía las fotos en cuestión y leía con atención los comentarios, los «me gusta» y las visitas a mi perfil. No llegué a cuidar mucho la imagen de lo que subía, ya que nunca he tenido un gran sentido de lo estético, pero sí había un exhibicionismo de mi ajetreada agenda social, aparte de lo extrovertido y divertido que era. Auténtico, pero muy en el escaparate para que se me viera bien.

Quería gustar (a mis treinta y seis años empiezo a no quererlo, pero no es algo que haya conquistado del todo) y, sobre todo, demostrar que tenía amigos y era popular, algo que no ocurrió en mi preadolescencia en Marbella. También quería que las chicas me vieran y se llevasen una buena impresión.

Metía fichas por redes a varias niñas y todo lo típico. Y la verdad es que no me funcionaba muy bien, si lo pienso creo que no era mi terreno de juego ideal, ya que yo soy un tío cuyo atractivo no está en su aspecto, ni en lo que hace, sino en la conversación cercana. Tampoco ahí era infalible, pero sí que rascaba algo más.

El caso es que me frustraba terriblemente: mensajes sin contestar, tías con las que al final no pasaba nada, agregar a alguna y no ser aceptado, estar pendiente de todo aquello, ver lo que otros sí conseguían sin esfuerzo... Comerse un mojón nunca es agradable, y si es algo en lo que tienes una herida emocional, escuece más aún.

Supongo que, si hubiera sido menos frustrante y se me hubieran dado mejor, no habría renunciado a las redes; las dejé de lado porque me hacían daño, no porque sea psicólogo y entienda sus peligros, sea más listo o mierdas por el estilo. Decidí desvincularme bastante de ellas y se quedaron como algo que llenaba el espacio cuando iba en el metro o a cagar, una forma de estar en un contacto superficial con personas que habían pasado por mi vida o mi lejana familia de Estados Unidos... Subía alguna foto esporádicamente y poco más. La verdad es que cotilleaba más que otra cosa.

Poco a poco, fueron perdiendo interés para mí (sanar mis heridas les quitó mucho de su atractivo) y llegué al punto actual, en el que no tengo. Aun así, como tengo los perfiles profesionales, eso me permite ser un espectador, aunque no participe a nivel personal en las mismas: sigo a personas cuyo contenido me gusta, veo miniaturas de Warhammer (uno de mis pocos y frikis hobbies) que pinta otra gente, me descojono con muchos memes, accedo al perfil de mi novia y veo sus fotos cuando la echo de menos, y poco más. Ese poco más también tiene una parte más feílla de ver a tías buenas y un extraño masoquismo de revisar contenido de pensamiento positivo, psicología de panfleto y gurús de desarrollo personal, aunque luego me indigne o me den ganas de potar.

Entre curro y mirar, las redes sociales me roban más horas de vida de las que me gustaría reconocer; de hecho, muchos días prefiero no echarles ni una ojeada.

También ahora he aprendido a que no me afecte mucho el «rendimiento» de las mismas, pero he de confesarte que lo he pasado mal muchas veces porque me frustraba al ver que otros creadores de contenido tenían más éxito que yo o no crecía al ritmo de mis fantasiosas expectativas (soy muy de montarme pelis). Lo que sí me ha sorprendido ha sido que lo de los *haters* y criticones lo he llevado muy bien, así como la gente que me dice que soy la polla, algo que, con mi pasado de rechazo y lo que me gusta gustar, creía que me iba a costar más manejar.

En parte, fue ese uno de los motivos por los que empecé mi segunda (y todavía inacabada) terapia como paciente, para que alguien me ayudase a que esto no reviviese los rescoldos de antiguos incendios...

Así que, terminando, creo que decirle a la gente que está mal tener redes sería no solo hipócrita, sino una falta de respeto a todos los que me siguen por ahí. Con mi historial, no soy la persona más indicada para decir nada a nadie, y solo quiero ayudarte a tomar conciencia; una vez te des cuenta, lo que haga cada cual es cosa suya (precisamente porque solo cada uno sabe lo que le viene bien, los pros y contras de cada opción). Que cada perro lama su cipote.

Pero no creo que solo vaya a ser incómodo para mí, puede que también lo sea para ti.

Hasta ahora, he hablado de todo lo que forma parte de dinámicas sociales, o de cosas como la meritocracia deforme, los identitarismos, el consumismo, la publicidad y demás, que son algo que identificas, que está ahí, pero de lo que no eres consciente directamente. Formas parte de la colectividad que las crea, quizás las asumes sin darte mucha cuenta y las transmites a otras personas, ayudando a su mantenimiento.

Pero es una movida socio-política-económica-epistemológica-cultural-filosófica (no sé bien ni qué coño he escrito...), no algo que hagas claramente.

Ahora, por el contrario, vamos a las redes sociales, algo que seguro consumes y haces a diario, y claro, ver lo que uno hace y por qué lo hace es más jodido que entender procesos que parecen ajenos. En este apartado te explicaré procesos del funcionamiento de Facebook, Instagram y demás, y cómo convergen con determinado tipo de procesos psicológicos, pero también te haré preguntas para ayudarte a tomar conciencia de qué haces y para qué.

«Si la mayoría de nosotros permanecemos ignorantes de nosotros mismos es porque el autoconocimiento es doloroso y preferimos los placeres de la ilusión», decía Huxley (o eso dice mi novia porque no sabía la frase, pero la verdad es que queda de puta madre). Analizar algo siempre implica poder encontrar cosas que no te gusten. Pero como decía el psicoanalista Jung (sin duda, mi favorito, y este sí me lo sé): «Nadie se ilumina fantaseando figuras de luz, sino haciendo consciente su oscuridad». Así que espero no solo tocarte los huevos, sino también iluminarte una *miajica* al menos.

Vamos al lío...

Aparentemente, plataformas como Instagram, Facebook o TikTok están ahí para conectar a personas y que puedas saber de sus vidas, facilitar la comunicación con ellas y demás movidas. Posiblemente fuese la idea inicial y principal del asunto.

Conforme evolucionaron, permitieron que mucha gente pudiese emplearlas como medios de comunicación para mostrar sus ideas, actividades y otras movidas, que actualmente llamamos «contenido» y que nos permiten tener acceso a mogollón de entretenimiento e información.

Conectar, entretener e informar a las personas serían las grandes finalidades de las redes sociales. No creo que nada de esto sea perverso, más bien lo contrario.

Sin embargo, como casi cualquier cosa, puede ser empleado de una forma enfermiza y dañina. Pasa con el alcohol, el sexo, las compras, la religión y las ideologías, la comida, las series, el deporte... incluso, como verás en el próximo capítulo, con la psicología.

En mis más de trece años de experiencia con pacientes, he visto a personas de todo tipo y condición emplear esas cosas para tapar emociones y problemas o, a través de las sensaciones que generaban esas actividades, para compensar y calmar miedos profundos: el rechazo, ser débil, el conflicto, el abandono o que nos hagan daño.

Con frecuencia, nuestra parte más herida y asustada, que está buscando desesperadamente formas de autoengañarnos y crearnos una falsa sensación de seguridad y control, encuentra un mecanismo terriblemente eficaz, de modo que se acostumbra a hacerlo, y le va dando más peso e influencia en nuestro bienestar, centra más su atención en ello en detrimento de otras cosas o nos crea la fantasía de que es lo puto mejor y más agradable del mundo, un factor determinante en nuestra felicidad.

Cada vez que actúa ese mecanismo, se tiene una sensación de falsa seguridad que genera un bienestar inmediato, aunque esa calma momentánea suele ser un problema mayor, ya que nos impide solucionar aquello de lo que nos protegemos, y porque, al estar esa herida ahí, necesitaremos recurrir una y otra vez al mecanismo.

Te protege de la sensación que temes en el momento, pero te condena a vivir angustiado intentando calmarla a través del mecanismo.

Así, y en función de ese mecanismo de miedo al dolor que nos mueve a la búsqueda de todo aquello que nos dé seguridad, aunque sea falsa, las redes sociales juegan un papel importantísimo en toda esta obsesión neurótica que tenemos para comprobar que somos válidos y, por tanto, merecemos y recibiremos amor y aceptación de los demás.

¿Cómo saber si lo estamos haciendo bien en algo que nos parece la única condición para conseguir una necesidad vital? El éxito o el grado en qué gustemos no son medibles ni son un valor objetivo, no existe un «exitómetro» que nos dé una medida clara, así que el único modo que tenemos para intentar inferirlo es a través de la comparación con otros, y esa es una de las cosas que más hacemos en redes sociales: compararnos.

Y esto tiene mucha más miga de la que parece.

Recuerdo que, estudiando la licenciatura de Psicología, tuve una asignatura jodidamente insufrible y difícil que era Psicometría, que es como hacer mediciones en psicología. El caso es que no sé muy bien cómo, porque no me enteraba de una mierda y estudiar aquello era para mí como que te hagan acupuntura en el prepucio, aprobé dicha materia. Y, lógicamente, la olvidé acto seguido.

Menos una cosa que me llamó poderosamente la atención: «La ley de los juicios comparativos de Thurstone»[1]. Este señor postula que si quieres medir algo con lo que no tienes una unidad de medida (el peso se mide en gramos, por ejemplo), lo mejor que puedes hacer es compararlo, y así sabrás si lo que estás intentando medir es mucho o poco, bueno o malo.

Para saber cómo estoy de buenorro, puedo crear una escala en la que en un extremo estaría Quasimodo (que te recuerdo era como me llamaban en el cole por lo feo que era) y en el otro extremo estaría Brad Pitt. También habría valores intermedios como el otro chaval feete que conozco y el guaperas de mi curro o clase, y desde esos valores de referencia pues intento determinar cómo soy de guapo realmente.

Por cierto, ¿alguien sabe qué coño le pasa a Brad Pitt? ¿Ha vendido su alma al diablo? Aparte de que es guapísimo y tiene un cuerpazo más apretado que las tuercas de un submarino, que en Troya con faldita de cuero casi me puso cachondo hasta a mí, es que pasan los años y no envejece una puta mierda, yo creo que duerme en formol el cabronazo.

Volviendo al tema: la posibilidad de ver la vida de otras personas (o lo que te enseñan sesgadamente de ellas) te permite calibrar si estás mejor o peor que ellas. Así, sabes que eres más guapo que fulano, tienes un ocio mejor que mengano… Puedes inferir tu valor como individuo en los términos que nos plantea la meritocracia de la sociedad moderna.

---

[1] Guilford, J. P. (1928). «The method of paired comparisons as a psychometric method». *Psychological Review*, 35(6), 494.

Pero el de las redes es un voyerismo raro, en el que vemos al otro no tanto por el morbo de verlo, sino para saber cómo nos deja a nosotros lo que nos enseña.

Aparte de que nos facilita hacer juicios comparativos como forma de medida, nos permite otra medición adicional, que es contabilizar lo que gustamos y nuestro nivel de éxito. Y es que los «me gusta», comentarios y demás son directamente cuantificables.

La verdad es que los diseñadores de Silicon Valley (donde están las sedes de todas las redes sociales) son unos putos *cracks*: mejor dos medidas que una. Inferir por comparación y cuantificar el éxito de cada uno. Incluido el tuyo, lógicamente.

Ya te avisé de que este era un apartado incómodo, y cuando hablo de estas cosas, muchas personas empiezan a poner en marcha mecanismos defensivos. Con esto no quiero decir que si no estás de acuerdo es porque te defiendes, puede que la esté cagando en mi análisis; solo sé que argumentar en contra es uno de los modos de autoengañarnos y de no aceptación de la realidad más frecuentes. Cuando encuentras un error, una excepción, una matización sientes que no es cierto, y eso te calma el malestar que te genera.

Probemos:

«A mí me dan igual los "me gusta" o lo que opinen los demás, lo que subo es para mí». Ok, de acuerdo, entonces, ¿por qué lo subes a una red cuya única finalidad es que otros las vean?

«Yo me muestro en redes como soy en persona». ¿Subes cualquier foto o seleccionas las que salen bien? ¿Cuentas en *stories* los días que estás triste, en la oficina pringando o aburrido porque no tienes planes? ¿Nunca retocas las fotos?

«Tengo las fotos en redes sociales para poder verlas y recordar momentos». Si quieres un álbum de fotos... ¿por qué no creas uno en el móvil, la nube o las imprimes como se ha hecho toda la vida?

«Yo no me comparo». ¿De verdad nunca has visto una foto y luego has pensado: «No soy tan bueno o soy mejor?».

«Subo cosas para enseñárselas a mis amigos y contarles mi vida». Normalmente, cuando quieres mostrar algo es a alguien en concreto, entonces... ¿por qué no lo envías por WhatsApp o mail o esperas a verle cara a cara y se lo muestras?

«Me gusta compartir mis experiencias». ¿Así, en general? ¿Por qué no subes fotos cagando o haciendo la declaración de la renta?

«Es que en las redes sociales solo tengo amigos o gente importante para mí». ¿En serio todos los que tienes te caen bien? ¿Es importante el compañero de segundo de primaria que se comía los mocos y al que no ves desde hace más de quince años? ¿De verdad nadie de tus redes te cae fatal?

Como dice Fritz Perls, mi psicoterapeuta favorito y gran referencia teórica: «Si necesitas aliento, alabanza, la palmada en la espalda de todo el mundo, entonces, haces de todo el mundo tu juez». A toda esa gente que tienes en redes y que en el fondo te la sudan, le das el poder de juzgarte y de opinar sobre ti. Dan igual en sí mismos, pero te valen para evaluar tu éxito. Al menos de cómo otros lo perciben, y es que el número de seguidores en redes, de «me gusta» y de reacciones, es hoy en día y *de facto*, casi la medida oficial y universalmente aceptada de cuantificar cuánto lo peta algo. Puede sonar forzado, pero cada vez más, esa idea está normalizada.

Para hablar del contenido creado por alguien, muchas veces se citan más sus seguidores que los motivos por los que gusta, algo es bueno simplemente porque se viraliza; o para transmitir la importancia de cierta persona a veces se menta el número de seguidores. Escribiendo estas líneas tomo conciencia de mis propias mierdas: he de reconocer que yo mismo, con frecuencia, para ver «el éxito» de una de mis publicaciones miro más los datos de redes sociales: compartidos, «me gusta» y demás antes de pensar en si la gente me está diciendo que le sirve, ha generado algún debate de ideas interesante o similar. Qué triste y qué cierto.

Todo esto es un buen ejemplo de que una forma de ver el éxito y el valor de algo es su repercusión contable en redes sociales.

Por eso lo petan tantísimo las redes. Ofrecen la forma de poder comprobar algo que es determinante para el ser humano (por nuestro miedo biológico al rechazo) y encima hacerlo de forma sencilla. ¿quién no quiere comprobar algo de lo que depende su bienestar emocional y «supervivencia»? ¿Quién no valora un mecanismo que reduce el miedo?

Pero lo normal no es solo que queramos comprobarlo, queremos pasar el examen, y, a ser posible, pasarlo con nota. Cuando algo nos da terror, intentamos conseguir aquello que nos calma en la mayor medida posible.

Mi padre fue en la infancia más pobre que las ratas. Así que, de adulto, a pesar de ganar bastante dinero, estaba obsesionado con gastar poco y con ahorrar lo máximo posible, especialmente para dejarnos una buena herencia. Le daba pánico la idea de que sus hijos pasasen las miserias que él vivió durante la enfermedad y tras la muerte de mi abuelo, así que ahorraba de una forma un tanto exagerada y ridícula. No era un hombre que valorase lo material o el lujo, ni tampoco un hombre avaro, pero ver el saldo en la cuenta del banco calmaba uno de sus miedos más grandes.

Si la sociedad actual cada vez acentúa más nuestros miedos de falta de valía, nos obsesiona con el éxito y nos recalca que el valor de las personas no está garantizado si no son competentes y atractivas..., ¿quién carajo no se siente inseguro en mayor o menor grado? Así que necesitas hacer aquello que te crea la seguridad compensatoria y neurótica de que no das puto asco, mereces amor y eres genial.

A grandes males, grandes remedios. Para ello, las redes sociales ofrecen también la posibilidad de que podamos proyectar una imagen. ¡Y qué imagen! Nos permiten la mejor de todas: la que mostramos cuando postureamos.

Este fenómeno consiste en tratar de mostrar una imagen, bastante distorsionada, de que todo es mejor de lo que realmente es, y para ello escondemos o minimizamos lo malo de cada uno de nosotros y maximizamos o evidenciamos lo mejor.

Reconocer que participamos de este fenómeno es incómodo. Es una realidad que está ahí y de la que todos participamos y nadie quiere admitir. Es como mear en la ducha, pagar en B para que nos quiten el IVA o ver porno, todos sabemos de qué va, pero nadie lo hace, bueno, lo hace la gente, ese ente formado por todos y por nadie.

Tampoco es algo nuevo, aunque suene muy actual. Quevedo ya hablaba en sus obras de cómo las personas pobres que querían aparentar ser hidalgos echaban en sus ropas migas de pan antes de salir de casa para aparentar que habían comido cuando no era cierto. Existe maquillaje desde la época del antiguo Egipto, que, si lo piensas, es otra forma de posturear.

Las redes sociales simplemente han creado el mejor medio hasta ahora para hacerlo de una forma perfeccionada.

¿Cómo ha mejorado exponencialmente la conducta del postureo?

Lo primero es que, como elegimos qué subir de nuestras vidas, lógicamente lo hacemos con lo mejor o con lo que creemos que más va a gustar: si tienes buenas tetas, pero poco culo, la foto será desde arriba y con mucho escote; si eres feo, saldrás de espaldas; bizco, con gafas de sol; bajito, agachado en la foto grupal; el culo gordo, sentado... Incluso una vez oí hablar de hombres que se metían calcetines en el calzoncillo.

En fin, hay una pose estudiada para cada problema.

De todas formas, las poses son solo la solución analógica; a ella hemos de añadir la digital. Por un lado, con los ángulos de las cámaras podemos cambiar la percepción de las cosas para que parezcan más estilizadas. Por otro, las redes sociales suelen tener verdaderos programas de diseño gráfico para retocar imágenes donde podemos cambiar la iluminación, contraste, aplicar filtros que corrigen imperfecciones...

Como todo esto es poco, existen aplicaciones como Facetune y otras que «corrigen» y modifican la realidad al gusto del usuario. De hecho, sus algoritmos e IA, cada vez más eficaces, son capaces de hacerlos de forma más automatizada, sin que haga falta saber prácticamente nada de diseño digital y con un funcionamiento ergonómico que es bastante intuitivo.

Pero esto no es solo con el aspecto físico (si bien es el gran protagonista...), sino que también lo hacemos seleccionando y mostrando de forma sesgada y retocada nuestra forma de vida, como enseñar los paisajes de forma que parezcan más espectaculares de lo que realmente son, fingir todo el mundo entusiasmo o felicidad cuando sale la foto o se graba la *story*, que se vean los suculentos platos que nos comemos en restaurantes en los que cada vez más se va por la puesta en escena del local y la comida que por la calidad gastronómica real...

Con más frecuencia se crean locales, actividades o servicios que están pensados más como decorado para el contenido que subimos a redes que como un fin en sí mismo. Librerías con butacas, reservados en discotecas con bengalas, bancos con frases en playas para que sepa bien dónde estás y mil mierdas más. Un reclamo de cómo será en el mundo virtual para otros más que en el real para ti.

¡Posturea! Que le follen a lo de vivir el momento y estar presente en el aquí y el ahora que está sobrevalorado; tú posturea, coño, vas a ver las buenas rayas de dopamina artificial que te metes con todos esos «me gusta».

Has de enseñar las actividades que practicas, da igual lo que sea, siempre puedes enfocarlo como algo genial y distintivo, indicador de algo que tiene éxito según tu identidad: ser muy culto y leer, hacer *crossfit*, lo que te matas a currar...

Y si tú estás postureando, ¿por qué no instrumentalizar a otros para hacerlo? Así la gente sube la ternura del momento con el abuelo, la actitud cuidadora con el niño pequeño, la diversión con los amigos, lo bien que ligas con el chulazo o la pibón de turno o la conexión especial con tu hermano.

Aspecto físico, entorno, emociones, actividades, personas, ideales... Todo puede ser prostituido para posturear, proyectar tu falsa identidad y que se vea lo genial que eres.

Hay un meme por internet que recoge muy bien eso. Dice que existe una red social para cada tipo de pecado capital: así tendríamos Tinder para la lujuria, LinkedIn para la soberbia, Instagram para la envidia... Creo que, además de la función de darle espacio a esas partes de nosotros, también hay un tipo de red social para un tipo de postureo.

Recuerdo a Merche, una paciente que utilizaba mucho Instagram y Tinder. Le encantaba subirse falsamente la autoestima y el ego poniendo fotos provocativas, muy calculadas y cuidadas, que hacían que muchos hombres le escribiesen y se interesasen por ella. El problema venía que, cuando tras mucho hablar y tontear, llegaba la hora de quedar en persona, le daba miedo decepcionarlos y que la rechazasen, así que o bien le generaba mucha ansiedad y lo pasaba fatal, o bien al final los dejaba tirados y no quedaba, desapareciendo sin más.

Trabajamos en una sesión qué precio tenía esa sensación de placer y falsa valía que le proporcionaban las fotos, ya que, si bien en el momento era agradable, luego se sentía presionada para quedar o culpable por dejarlos tirados. Darse cuenta de ello le sirvió para dejar de hacerlo y empezar a responsabilizarse de su miedo a decepcionar, que fuimos analizando en consulta.

Tienes una herramienta de medición y proyección siempre accesible (salvo que se dé el drama de que te quedes sin batería o cobertura), las veinticuatro horas del día y en cualquier lugar que te cabe en la palma de tu mano. Cada vez que la consultas, cosa que haces varias veces al día, te comparas, consciente o inconscientemente, con mogollón de peña. ¿Cuántos perfiles puedes ver en cinco minutos? La comparación a la que incitan las redes sociales puede tener perversos efectos psicológicos, sobre todo respecto a la imagen corporal y creación de estándares perfeccionistas[2]. Aparte, las redes sociales suelen provocar ansiedad, inseguridad, insatisfacción, fomento de la autoexigencia, y otras mil mierdas más que te aseguro que no te ayudan mucho a tu salud mental o bienestar emocional[3].

Esto se debe no solo a que compararse es un proceso mental que casi siempre es altamente nocivo (lo hagas en redes o no), sino que se añade al hecho de que en ese mun-

---

[2] Haferkamp, N. y Krämer, N. C. (2011). «Social comparison 2.0: Examining the effects of online profiles on social-networking sites». *Cyberpsychology Behavior, and Social Networking*, 14(5), 309-314.

[3] Karim, F., Oyewande, A. A., Abdalla, L. F., Ehsanullah, R. C. y Khan, S. (2020). «Social Media use and its connection to mental health: A systematic review». *Cureus*, 12(6).

do virtual paralelo lo haces con la realidad sesgada y retocada. Además, tú conoces todo lo malo y bueno que hay en tu vida, y no la de las otras personas, de las que solo ves lo que te quieren enseñar, así que por cojones el saber lo malo de ti te «resta» puntos frente a la imagen idílica de los otros. Por si todo esto fuera poco, la rapidez y la inmediatez de las redes nos mueve a ver a tantas personas diferentes que te estás comparando con al menos veinte de ellas, ¿cómo vas a ser siempre la mejor? Algunos de los perfiles que sigues en redes serán personas parecidas a ti, gente a la que sigues porque conoces, pero habrá algunos a los que precisamente sigues porque son especialmente notorios, excepcionales en algo que te encanta…

Entre que te comparas con *pechá* de gente en un segundo, que algunos de ellos son de los mejores de su categoría entre millones de personas, que ves lo mejor de ellos, y que todo está bastante amañado y tiene más filtros que el control de seguridad de la Casa Blanca, ¿cómo pollas vas a ganar? Es una competición condenada al fracaso más absoluto.

Así que, cuando acabas, te sientes como la mierda, y ahí, cuando estás herido y de bajón, es tan tentador subir algo sobre lo que tienes un control casi total para que sea como tú quieres (no como la vida real, donde es muy fácil comerse una mierda), que sabes que va a gustar y tener esas pequeñas dosis de falsa autoestima, cariño y valor que son los «me gusta», esa dopamina barata y de baja calidad… que vuelves a posturear.

Y esto tiene mucha fuerza, porque su funcionalidad psicológica es enorme. Cuando algo duele, es muy difícil no recurrir a lo que lo alivia, y más si es fácil e instantáneo. Es falso sí, pero en el momento es fácil autoengañarse y es terriblemente eficaz. Por eso todos caemos en mayor o menor medida.

Otra vez nos crean una necesidad y nos venden una solución.

Espera, ¿nos venden? ¿Acaso no son gratis? Se trata de empresas que valen miles de millones y que básicamente no ofrecen ningún servicio ni producto tangible al consumidor, ya que, a diferencia de, por ejemplo, la televisión o plataformas como HBO o Netflix, las redes sociales no crean el contenido que consumes, solo son «agregadores» de personas, lo que les permite tener un catálogo de gente que se miran los unos a los otros y se tiran así el día, por lo que necesitan «mercancía» que mostrar para que la gente quiera estar dentro.

Tú eres la mercancía que mostrar, con la que atraer y reclamar a otros usuarios y que estudiar para vender tus datos para optimizar la publicidad... Como bien dice la pintada anarquista que vi una vez en la Facultad de Sociología en Granada: «Cuando algo es gratis, el producto eres tú».

Pero no te indignes, aquí el que más se vende, eres tú: las redes sociales son tu plataforma de *marketing*, de promoción de ti como si fueras una mercancía. Proyectas una imagen, una marca personal que asocias a valores o necesidades emocionales, exactamente igual que empezó a hacer la publicidad desde lo de los cigarritos del sobrino de Freud. Así otros querrán comprarte, consumirte, poseerte y podrás sentir que tu valor es altísimo, lo que también te dará el poder de evaluarlos a ellos y de poder instrumentalizarlos a su vez para cubrir tus necesidades emocionales.

Pero más allá del postureo y la medición del éxito, las redes sociales han traído otro interesante fenómeno: la democratización de la fama.

Esta expresión, empleada por mi filósofo español contemporáneo favorito, Ernesto Castro, para titular una conferencia, hace referencia al hecho de que, desde la irrupción de las redes sociales, el fenómeno de la celebridad ha cambiado para siempre.

Hasta ahora existía una barrera infranqueable entre los famosos y el resto de las personas. Quizás alguien especialmente extrovertido podía ser conocido en su entorno local o en su ámbito profesional por su buena labor, pero no llegaba a tener fama. Popularidad y prestigio, pero hasta ahí.

Había cosas reservadas solo a unos pocos elegidos, que parecían estar en una categoría distinta, o incluso que vivían en otro mundo regido por otras reglas, el de los personajes públicos.

De pequeño, recuerdo los posados de verano de Ana Obregón, las fotos de familia de Julio Iglesias o los actores posando en los *photocalls* de los eventos. También estaba el asunto de informar y comunicar al mundo lo que pasaba en su vida: nacimientos, noviazgos, vacaciones y demás movidas. Las operaciones estéticas y los *outfits* de diseñadores (la *ropica*, vamos...) de las modelos, los preparadores físicos de los deportistas de élite, entre otras cosas, eran servicios que solo realizaban determinado tipo de famosos.

La barrera estaba claramente definida. Una línea más infranqueable que la que Bush quería construir en la frontera con México.

Esa barrera primero se debilitó o tuvo agujeros con los programas de telerrealidad, en los que algunas personas normales «*hackeaban*» el sistema meritocrático y se hacían con el éxito de la fama sin hacer una polla.

Sin embargo, las personalidades y famosos, viendo el enorme poder y aceptación de las redes sociales, pasaron a formar parte también de ellas, creando sus perfiles y mostrando su «realidad cotidiana», que cualquiera podía seguir (una especie de programa de telerrealidad continuo).

De esta forma, se pasó de una lista de contactos de personas «iguales» a poder observar también las redes de los famosos, de modo que, cada vez que te metes en Instagram o TikTok, ves a gente de tu entorno y vida diaria entremezclada con personajes públicos, de forma que, como lo haces a través de la misma red social, no está tan claro el nivel de fama de cada uno. Ellos ya no están solo en la tele o las revistas, están en Instagram, igual que tú y Mari la del quinto. Esa realidad entre el mundo de los famosos y las personas normales se vuelve más difusa, más líquida, que diría Bauman.

Por otra parte, como empezaste a ver una supuesta realidad de su vida privada, parecen más cercanos y próximos, pues ya no solo te los encuentras en eventos o desfiles, sino también en su casa, de restaurante o lo que sea (aunque siempre guapísimos y con una actitud positiva), por lo que parecen más similares a ti, que su realidad es más accesible y menos ajena a la tuya. Así, sin darte mucha cuenta, empiezas a pensar que tu vida puede ser como la suya y que puedes hacer lo que ellos hacen.

Esa sensación de cercanía y conexión te crea la fantasía de que esa vida es alcanzable para ti, de que estáis (o puedes estarlo si te esfuerzas) al mismo nivel, aunque sea materialmente imposible.

María Pombo te enseña su rutina de ejercicios y te cuenta en un directo que es una hora diaria, que ese es su secreto para tener el culo en la nuca, y como tú quieres el éxito de esa *influencer*, pues te lo planteas. Una hora diaria no es tan inasumible, ¿no? Pero, claro, ahí no se ve que ella tiene tiempo de sobra, y que tú, pobre plebeyo, trabajas, limpias tu casa, vas en coche al curro y no sé cuántas movidas más, por lo que no es fácil tener esa hora, ni mucho menos llegar con energía para darlo todo. Esa rutina interactúa con otras variables como alimentación ecológica y muy estudiada, estilismo, maquillaje premium. Además, esa señorita llegó a ser famosa en parte porque tiene unas características fruto del azar que la hacen óptima para el asunto: morfología corporal, belleza, metabolismo... Por eso ella se hizo famosa con su imagen corporal y tú no.

Ver la vida de los famosos, y sobre todo verla en una fantasía de cercanía, de que jugáis en la misma liga o no sois tan diferentes, hace que te empieces a regir por sus normas, creándote una necesidad que antes no tenías, y ahora quieres hacerte el posado en la playa. Seguro que si eres menor de cuarenta años has posado ante un *photocall*, hecho algún retoque estético, mostrado y explicado tu *outfit*, tienes preparador físico, aunque lo compartas con tu grupo de entreno del *gym*.

Esa falsa accesibilidad es un regalo envenenado, porque al darte la opción y al decirte que es buena y exitosa, que te hace sentir fetén, pues tú también la quieres e incluso la colocas como condición necesaria para ser feliz o estar bien contigo mismo.

Frustración, comparativa, fantasía de posibilidad irreal, insatisfacción con tu realidad y otros mecanismos de tortura mental variados.

Pero el proceso es de doble sentido, por un lado, los famosos se acercan a ti, y, a la vez, precisamente a través de este mecanismo, la gente normal empieza a poder convertirse en famosa. Y no me refiero solo a los *influencers* que lo consiguen, sino a personas que llegan a ser *pseudoinfluencers* (creo que yo estoy en esa categoría si lo que lo determina es el número de seguidores; mamarracho, pero solo a medias, en plan versión Hacendado, jajajajajajaja) y con los que es más accesible o fácil tener conexión (la prima de tu amiga, el antiguo compañero de la facultad y cosas así).

Ya no tienen apellidos ilustres ni son de un entorno totalmente alejado al tuyo, están entre nosotros, quizás no puedas ser la Pombo, pero sí como esa persona que tiene cuarenta mil, diez mil o cinco mil seguidores, y que no lo peta tanto, pero desde luego tiene más valor que tú en lo relativo a las métricas de las redes sociales (cuya validez ya nadie cuestiona) y, oye, quizás no vive de ello, pero puede jugar a saborear el éxito.

Gracias a la tecnología y a la capacidad de difusión de las redes, cualquiera puede hacer cosas muy parecidas a las que hacen en ellas las personas exitosas. Basta un móvil para grabar, una cámara, un ordenador y ciertas ideas de montaje y edición. Todo el mundo puede hacer «contenido» o incluso retransmitir e informar de su vida como los famosos.

Cuando decidí hacer mi podcast, *Psicología Cruda*, mi novia tardó una hora en buscar un micrófono en Amazon por ochenta euros, que llegó a mi casa al día siguiente. Para cuando recibí el paquete, ya había descargado un programa de grabación y otro para subir los episodios a todas las plataformas: Spotify, iVoox, Apple Podcast. Exactamente las mismas donde están todos los grupos de música, periodistas, pensadores, cómicos y otras personalidades que escucho.

Tardé una semana en tener mi primer episodio subido y funcionando. Podría haber sido menos (uno o dos días) si no fuese porque le pedí a la periodista de Onda Cero Radio, Concha Montes, que me grabase una cuña y al compositor musical y guitarrista de Niños Mutantes, Andrés López, que me lo editara, y es verdad que eso le dio un toque de «profesionalidad y estatus» al podcast (¡gracias, bonicos!), pero se pueden obtener resultados increíbles con programas muy accesibles e intuitivos. Fácil y rápido.

Si bien esto es algo positivo, ya que permite que, de manera independiente, cualquiera pueda tener acceso a lo que antes solo estaba disponible para unos pocos (aunque sigue habiendo diferencias, solo que son menos obvias), crea una fantasía de capacidad y posibilidad que, por desgracia, no es real, pero que estimula la parte de nosotros que quiere parecerse a ellas.

La democratización de la fama, la generalización y nuevo carácter universal de las actitudes y conductas de postureo llevan a un eterno quiero y no puedo para llegar a tener ese éxito que se asocia con la felicidad. Sin embargo, la vida de esos famosos es ser esclavo de lo que otros quieren de ti, que todo el mundo pueda emitir juicios de valor y estar siempre expuesto e indefenso ante sus críticas.

Ellos ganan dinero, les regalan cosas, les invitan a eventos y sí, se venden y muestran como objetos, pero al menos le sacan rédito y es su forma de vida. No creo que sea muy sano ni una realización real para nadie, pero, oye, se lo llevan calentito. Pero, ¿y tú? ¿Qué ganas tú haciéndolo? Y si no ganas nada, ¿por qué te torturas tanto para conseguirlo?

Que estás currando gratis, *pringao*.

4

La industria del desarrollo humano y la felicidad

La trampa de la autoestima

Durante muchos años, especialmente en la década de los ochenta y noventa, la autoestima se convirtió en la piedra filosofal del bienestar psicológico. La investigación científica parecía demostrar que la autoestima podía ser una especie de «amortiguador» del dolor psicológico y que su déficit estaba muy presente en personas que padecían diferentes tipos de psicopatologías. Así que, siendo un factor que parecía transversal y común, tenía sentido invertir esfuerzos y dinero en trabajarla para buscar una especie de vacuna psicológica ante diversos tipos de problemáticas.

Una de las pruebas de su éxito es que se ha convertido en una palabra popular.

Así que, como puede que el título te haya chocado (y, sobre todo, porque te voy a dar una chapa que flipas con el tema), será mejor que tengamos todos una definición común del asunto. Una de las definiciones con más aceptación es la del psicólogo Burns, que plantea la «autoestima como percepción evaluativa de uno mismo»[1], es decir, la autoestima consiste en una evaluación que hacemos de nosotros mismos, de un juicio sobre nuestra valía como individuos basándonos en aquello que tiene valor en nosotros mismos, bien sea percibido por nosotros o por otras personas.

Así que, en Estados Unidos primero, y en el resto del mundo después, se destinaron durante años muchos recursos a talleres y programas de fortalecimiento de la autoestima. Sin embargo, las generaciones que han recibido toda esa formación desde la infancia no parecen tener mejores tasas de salud mental, sino más bien al contrario, tal y como te comenté en el primer capítulo del libro.

Para trabajar la autoestima había factores importantes como ser alabado, ser atendido... Algo frecuente hoy en día, tanto en la escuela, donde se fuerza el elogio a los niños para que no se sientan mal, como especialmente en familias donde suele haber uno o dos hijos máximo y que, por tanto, reciben mucha más atención y su entorno se muestra más interesado en ellos.

¿Qué está mal planteado en todo esto?

Aunque las investigaciones demuestran que los tratamientos de aumento de la autoestima sirven para su objeti-

---

[1] BURNS, D. D. (1989). *The feeling good handbook: Using the new mood therapy in everyday life.* Nueva York: William Morrow & Co.

vo, es decir, mejorarla positivamente, esto no ha sido tan eficaz como se creía para prevenir problemas (poco rendimiento, problemas sociales, consumo, fracaso...) y síntomas de salud mental[2].

Parece que los beneficios que ha presentado la autoestima se dan sobre todo en torno al hecho de que una persona que se percibe como más competente se siente más preparada para enfrentar la adversidad de la vida, lo cual es un aspecto importante frente a la sensación de amenaza ante los sucesos negativos, que es uno de los factores clave de la ansiedad. Con respecto a la depresión, tener una percepción de uno mismo como una persona valiosa ayudaría a estar más alegre y satisfecho, a tener ganas de hacer cosas, interactuar con otros y, en general, a disfrutar de la vida[3].

Dichos resultados son, sin duda, algo positivo, pero sigue existiendo un problema de raíz: el planteamiento de que el valor de un individuo es dependiente de una evaluación.

La autoestima es ver si tus cosas buenas superan a las malas; si es así, tendrás una buena autoestima; si no, será mala. Se parece bastante a esa meritocracia deshumanizada de la que te hablaba en el capítulo 3, ¿verdad? Es decir, que

---

[2] BAUMEISTER, R. F., CAMPBELL, J. D., KRUEGER, J. I., y VOHS, K. D. (2003). «Does high self-esteem cause better performance, interpersonal success, happiness, or healthier lifestyles?». *Psychological science in the public interest*, 4(1), 1-44.

[3] HERRERO, J., MUSITU, G., y GRACIA, E. (1995). «Autoestima y depresión: relaciones directas versus indirectas». *Revista de Psicología Social*, 10(2), 191-204; TAMS, S., THATCHER, J. B., y CRAIG, K. (2018). «How and why trust matters in post-adoptive usage: The mediating roles of internal and external self-efficacy». *The Journal of Strategic Information Systems*, 27(2), 170-190.

si estás cómodo siendo tú o no, dependerá de un examen que te haces a ti mismo.

A fin de cuentas, nadie quiere suspender el examen y no valer una puta mierda, así que, para intentar sentirnos bien, es normal que tratemos de ser perfectos en el mayor número de áreas posibles.

Con ello, los beneficios que obtenemos al trabajar la autoestima se ven lastrados al fomentar otros procesos que parecen más lesivos para las personas: la autoexigencia y la autocrítica, el perfeccionismo, el compararnos todo el día con los demás, el sobreesfuerzo para obtener logros, el bienestar inestable basado en la dependencia de estos, el hipercontrol para cumplir los estándares que determinarán la evaluación (y su bienestar), la insatisfacción permanente, la no aceptación de nosotros mismos con nuestras fallas y otra serie de procesos que, como te expondré más adelante, son increíblemente lesivos para el bienestar psicológico de las personas y factores claros en el desarrollo de las problemáticas de salud mental más frecuentes.

Como en nuestro día a día, siempre que planeas una movida, llega la vida y te manda tu idea a la mierda, mientras tú te quedas con cara de gilipollas... Y es que el problema no está en las investigaciones o las técnicas para aumentar la autoestima, sino en el mismo planteamiento del término, en su idea de base.

Un mierdón bien gordo que nos hemos comido los psicólogos con el tema de la autoestima, para qué nos vamos a engañar. Y una buena moto que vendimos, y seguimos vendiendo, a toda la sociedad. Pues, a pesar de la evidencia de que no funciona (o siendo más precisos, no tanto como se creía), es algo que sigue en el centro de la divulgación en psicología y en la intervención terapéutica.

Hay cosas que te juro que me cuesta explicármelas, y no lo digo encabronado desde una superioridad intelectual, sino desde el hecho de que la psicoterapia, en lugar de enmendar el problema, parece estar contribuyendo al mantenimiento del mismo, cuando no fomentándolo directamente... Y quien paga el error son los pacientes, que siguen sin encontrar soluciones a su sufrimiento.

Si nos centramos en la mayoría de las intervenciones para trabajar la autoestima, observamos que se plantean técnicas psicológicas basadas en esta idea de evaluación, con ejercicios como «Escribe diez cosas de ti que te gusten o en las que seas competente» o «Pregúntales a otras personas lo que valoran de ti». Otros proponen hacer una revisión de la biografía personal para ver los momentos en los que fuiste capaz de hacer las cosas bien y cumplir tus objetivos, como aprobar una asignatura difícil, encontrar trabajo o desempeñar alguna habilidad con un buen rendimiento.

Esta consigna se aplica de forma generalizada casi siempre que se intenta trabajar la autoestima, incluso en los aspectos más descabellados. Recuerdo que las prácticas que me asignaron en mi máster de psicología clínica fueron en un centro especializado en trastornos de conducta alimentaria (TCA). Como era un tema de lo que sabía lo justo, me metí un atracón de estudiar y leer manuales de tratamiento de este problema para, por lo menos, tener una buena base teórica que me orientase por dónde tirar y me quitase un poco la ansiedad que me causaba ser consciente de que no tenía ni puta idea sobre cómo ayudar a mis primeros pacientes en patologías tan problemáticas como la anorexia y la bulimia.

Al leer algunas técnicas, me quedé a cuadros, con la mandíbula desencajada y el párpado izquierdo guiñando en un tic nervioso, totalmente pillado con lo que veía. Dado que las personas con problemas de alimentación tienen una valoración desfavorable de su cuerpo, lo que influye muy negativamente en su autoestima, se les pedía que hablasen y escribiesen sobre lo que sí les gustaba de su cuerpo o para qué les servía y era útil... Pero vamos a ver, si el problema de una chiquilla con un TCA consiste en que pone su valía en la evaluación que hace de su cuerpo, fomentar esa dinámica de hacer juicios de valor del mismo y centrar la atención en el cuerpo ¿no es precisamente incrementar el problema? Me parece que estaban intentando apagar el fuego con jodida gasolina.

Otro de los problemas es que, siendo la premisa «destacar aquello que es bueno y especial en cada persona», se ha llegado a forzar el halago y a buscarlo como fin, aunque sea vaciándolo de contenido. He leído programas de orientadores y psicólogos escolares que plantean que en la hora de tutoría se elija a un alumno y que todos los compañeros tengan que escribir tres cosas que les gustan de él y luego le den lo que han escrito. ¿Así, obligados? ¿Y si ese niño le putea o simplemente se lleva mal con otro, ese también tiene que alabarle? La parodia de «el día de Bart» de *Los Simpson* ya metió el dedo en la llaga de los frágiles y forzados narcisismos que estamos creando.

Creo que es difícil que esos halagos calen de forma real en el sujeto, que salgas de una sesión de psicoterapia donde se fuerzan las cosas para sumar puntos y que, en el fondo de tu corazón, te lo creas, pero es que, incluso siendo así, dudo mucho que sea el camino correcto.

Básicamente, el planteamiento de estos tratamientos es el de intentar que el resultado de la evaluación que hagas de ti mismo sea positivo. Que pases el examen con nota, vamos, lo cual puede parecer bueno, pero... ¿que tu valor como ser humano dependa de tus competencias y atributos no es un problema en sí mismo? ¿No crea eso una dependencia del logro y el éxito para sentirte bien? ¿No es colocar nuestro bienestar en algo tan superficial y relativo como el hecho de gustar (sea a nosotros o a otros)? ¿No hace que sea difícil permitirnos los fallos y lo «malo» de nosotros mismos?

Tratamientos que buscan que todos seamos buenos jugando con la percepción de la realidad o creando el halago sistemático y vacío. Incapacidad de aceptar las miserias y mierdas de cada uno. Una psicología hueca y vacía.

Y es que ese planteamiento de la autoestima como una evaluación de nosotros mismos le da legitimidad a la tendencia de que el valor del individuo no reside en su humanidad, sino en si es lo suficientemente competente.

¿A que para amar a tu pareja no le pides que pierda 5 kilos o que le asciendan en el trabajo o que sea más sociable? Entonces… ¿por qué te lo exiges a ti para poder amarte? En mi pueblo, cuando estás con alguien por lo que tiene o consigue, se llama interés y no amor (estima). Así que te recomiendo darle una vueltita al asunto.

Con esta perspectiva es difícil no caer, de una forma más o menos consciente, en dinámicas autoexigentes y de querer llegar a lo máximo posible en las suficientes áreas para tener así un «superávit», un colchón de logros que nos permita compensar nuestros déficits. Siendo justos, aunque es evidente que a mí no me gusta este concepto, muchos psicólogos pro autoestima han puesto mucho el foco en compensar esta tendencia, así que hablan de hacerlo sin caer en el perfeccionismo ni en sesgos mentales de verlo todo como «blanco o negro» a la hora de hacer dicha evaluación. Pero es que sigue siendo una evaluación, por más que se haga de una forma más adecuada o con un nivel de exigencia menor.

Que te peguen o comer mierda, igual que basar tu bienestar contigo mismo en una evaluación, es algo malo, por más que lo hagan de un modo más o menos intenso o con mayor o menor frecuencia.

Otro de los problemas de raíz de esta contabilidad interna, en la que buscas tus puntos fuertes, es que lo normal es no destacar en la mayoría de las áreas. Aunque usemos la palabra mediocre como un insulto o algo peyorativo, precisamente «lo mediocre» se establece por ser lo más común y repetido, con lo que, por mera estadística, estás haciendo que la mayoría de las personas se frustren y se sientan poco válidos al ver que no destacan de los valores promedios.

Es más, por cada cosa en la que destaques (altura, inteligencia, humor, belleza, poder…) habrá muchas más variables en las que no lo haces, así que siempre sales perdiendo. Las matemáticas dejan muy claro que eres una persona mediocre en casi todo.

Si pienso en las clases de los colegios en los que estuve, había siempre dos o tres personas muy sociables y divertidas, un par de buenazos irremediables, tres empollones listísimos y unos cuantos guapérrimos, chicos y chicas, que arrancaban suspiros y nos desconcentraban en clase porque los mirábamos embobados. Todos estos privilegiados suman ocho o nueve en una clase de treinta o treinta y cuatro alumnos.

Con todo, los empollones sentirán su autoestima amenazada cuando se comparen con los extrovertidos, y estos, a su vez, con los empollones o los guapos; alguno, con suerte, será dos o tres cosas, pero no más.

El pobre Venturita, para su desgracia, a veces rozó la pertenencia de los sociales o de los empollones, sin llegar a formar nunca de manera clara de ningún grupo. Y mira que lo intentaba, ¡cuánto esfuerzo para nada, en vez de disfrutar de su adolescencia!

Si bien todo esto que te estoy contando parece lógico, se tiene poco en cuenta cuando se valida el concepto de autoestima, y es que nadie parece decir lo obvio: la mayoría de la gente está condenada a no destacar, y esto tendrá un impacto negativo en esa evaluación y, por tanto, en su bienestar.

Además, este «destacar» es fácil que se vaya volviendo más difícil con el tiempo, ya que, de pequeño, tu grupo de referencia reúne apenas eso, una treintena de personas, pero conforme te haces mayor, pasas por grupos más grandes, y cuanto más grande es la muestra, estar en los valores superiores es más difícil.

Estoy harto de ver en mi consulta a chicos que en el instituto tienen una autoestima elevada por destacar en alguna variable (ser inteligente o guapo o popular) y que, cuando van a la universidad, ven cómo son «destronados» por gente que destaca más en la misma y pasan a ser de los mediocres... Y es que, claro, en medicina, todos los estudiantes son los mejores de cada una de sus respectivas clases de instituto y solo una puede ser la lista de clase, o ser la guapa de la discoteca pasa a ser complicado cuando sales del pub de tu pueblo a la macrodiscoteca de la ciudad...

El impacto es brutal. Tenían una identidad y un ego construido en torno a esos valores en los que destacaban y, de pronto, sin haber perdido de forma evidente sus cualidades (siguen siendo igual de guapos o listos que antes) han perdido su estatus en términos de comparativa. Perder lo que te sustenta, aquello en torno a lo que has construido tu identidad y encima de una manera tan drástica y de forma tan ambigua (si sigo siendo igual de listo, ¿por qué ya no soy el listo de la clase?) no es nada fácil, y menos cuando van a una etapa idealizada como es la universitaria. Son puñetazos directos en la cara que suelen tumbarles, y tengo que recoger con paciencia y amor los pedacitos de sus narcisismos rotos y enseñarles a valorarse desde otro sitio.

Esta evaluación, que debería ayudarnos a sentirnos bien y poder enfrentarnos al mundo, nos coloca en una situación de extrema fragilidad por nuestra dependencia del logro, lo que hace que nuestra intolerancia al fracaso o el rechazo sea mucho mayor, pues no solo se dará el escozor natural del fallo, sino que tendrá un dolor añadido por cómo impacta a nuestra autoestima.

Por ese motivo, desde la falsa seguridad apoyada en los logros que nos deja la autoestima, lo fácil, tentador e inevitable es buscar la calma a través de la compensación neurótica. Este concepto hace referencia a una acción o mecanismo mental que pongo en marcha para irme al extremo contrario a fin de alejarme de aquello que me da miedo (en este caso, no ser suficiente).

Estas compensaciones neuróticas pueden ser muy variadas: conseguir logros para tener una garantía de bienestar. Autoexigirme cubrir las expectativas (mías y de otros). Compararme con quienes son peores para quedar por encima. Envidiar y buscar fallos a quien pueda hacerme sombra. Fomentar mi narcisismo al obsesionarme y poner el foco en mis cosas buenas. No poder aceptar la pérdida o renunciar a aquello que me hace sentirme exitoso (belleza, estatus, juventud, dinero, puesto de trabajo...). Estar dispuesto a todo para ser el mejor y alcanzar objetivos, ya que mi bienestar depende de ello...

Recuerdo que toda esta movida me la explicó a la perfección Juanpe, mi psicólogo, en mi primera terapia, cuando me dijo: «Ventura, que echar un polvo con una tía que está buena solo sea echar un polvo». Puede parecer una redundancia, pero me señalaba cómo yo había convertido ese objetivo que tenía todos los fines de semana cuando salía por ahí en un indicador de mi valía personal y eso le había dado el poder de que, si fracasaba o tenía éxito, influía enormemente en mi bienestar y alegría.

Por raro que parezca, en el fondo, toda mi historia con ligar no tenía mucho que ver con follar o no. Siempre he sido de esos tíos a los que le gusta más el flirteo que lo que le sigue cuando las cosas salen bien; de hecho, soy un tío con poco apetito sexual. Y es que, al final, pillar era, ni más ni menos, que una conducta neurótica que ponía en marcha para compensar la sensación de fealdad, rechazo e invalidez que me habían hecho sentir los cabrones que me hicieron acoso escolar con doce años por ser feo, pues, cada vez que pillaba con una tía guapa, compensaba esa sensación y calmaba mi miedo a no ser deseable, bonito o suficiente para una chica.

Quizás por todo esto, muchos sociólogos hablan de que estamos ante una generación del «Yo» que creo se fundamenta más en un miedo a no ser suficiente que a un egoísmo endógeno.

El problema de estas compensaciones es que solo dan una sensación de calma momentánea, pues la herida emocional sigue ahí, de forma que me vuelvo esclavo de hacer aquello con lo que compenso…

Yo, mí, me, conmigo, que nos decían en primaria como verbo, y Yo, mí, me, conmigo, que nos dice la actual sociedad de consumo, y hasta la psicología… Tiene cojones.

Como te he argumentado, la psicología mayoritaria, a través de un enfoque erróneo de la autoestima y su colocación como la piedra angular de la felicidad, ha sido uno de los grandes causantes del problema de la plaga del perfeccionismo.

Pero, ¿toda la psicología estaba equivocada? Pues si lo vemos desde una perspectiva histórica y analizamos lo que decían muchos de los grandes pensadores y teóricos de la psicoterapia, observaremos que no todos estaban de acuerdo en el asunto…

Máximos exponentes como Albert Ellis[4], Alfred Korzybski[5], Carl Rogers[6], Fritz Perls[7], Sigmund Freud[8], Carl Gustav Jung[9], o figuras de renombre actuales como Steven Hayes[10], Kristin Neff[11] y Leslie Greenberg[12], entre otros, han planteado que el ser humano necesita estar en paz con quien es, y que para ello no debe evaluarse ni exigirse nada, sino que debe aceptarse tal y como es, incluyendo exponerse a lo que no le gusta de sí mismo y la vida y diferenciar entre quién es y lo que hace o consigue. Todo esto es incompatible con la idea de autoestima basada en la evaluación y el logro que nos proponen.

---

[4] Ellis, A. (2001). *Feeling better, getting better, staying better.* Atascadero (California): Impact Publishers; Ellis, A. (2005) *The myth of self-esteem. How rational emotive behavior therapy can change your life forever.* Amherst (Nueva York): Prometheus Books.

[5] Korzybski, A. (1935). «Science and sanity». *The Journal of Nervous and Mental Disease*, 82(3), 358-360.

[6] Barceló, T. (2013). «Las actitudes básicas rogerianas en la entrevista de relación de ayuda». *Miscelánea Comillas. Revista de Ciencias Humanas y Sociales*, 70(136), 123-160.

[7] Perls, F. (1987). *Sueños y existencia (Gestalt Therapy Verbatim).* Santiago de Chile: Cuatro Vientos.

[8] Freud, S. (2021). *Introducción al psicoanálisis*. Madrid: Alianza Editorial.

[9] Zweig, C. y Abrams, J. (eds.). (1993), *Encuentro con la sombra. El poder del lado oculto de la naturaleza humana*. Barcelona: Kairós.

[10] Luciano, C. y Hayes, S. C. (2001). «Trastorno de evitación experiencial». *International Journal of Clinical and Health Psychology*, 1, 109-157.

[11] Neff, K. D. (2009). *Self-compassion. Handbook of individual differences in social behavior.* Nueva York: Guilford Press.

[12] Greenberg, L. S., Rice, L. N. y Elliott, R. J. (1996). *Facilitando el cambio emocional: el proceso terapéutico punto por punto*. Barcelona: Paidós Ibérica.

Algunos de ellos incluso han hecho críticas brutales al término autoestima. Por ejemplo, Albert Ellis escribió un libro dedicado en exclusiva a criticar este concepto llamado «el mito de la autoestima», o Kristin Neff que con sus investigaciones ha evidenciado que existe una clara relación entre esa visión de la autoestima y la búsqueda de la perfección, los pensamientos autocríticos destructivos, la envidia o las tendencias narcisistas.

Personalmente, y cometiendo la osadía de poner mi opinión entre titanes de mi disciplina, creo que la autoestima tiene un efecto beneficioso en las personas en el sentido de «hacerlas sentir valiosas» y «preparadas y competentes», lo cual siempre ayuda al bienestar psicológico. Sin embargo, creo que el problema radica en que, al centrarse en los logros, se crea una dependencia, y, por tanto, un miedo profundo a perder la autoestima. Una persona puede sentirse así a través de caminos alternativos, como la aceptación incondicional de nosotros mismos, entender que la manera en que nos tratamos no depende de lo competentes que somos, crear una actitud de autonomía y responsabilización por nosotros mismos, ver nuestra historia de aguantar hostias y seguir en pie o la capacidad natural del ser humano para adaptarse a las situaciones.

Cosillas que te voy ir explicando en los próximos capítulos.

En cambio, en el formato de autoestima actual, el paciente puede obtener esos beneficios, pero también dinámicas que de forma casi irremediable llevan a la autoexigencia, al perfeccionismo, a la vergüenza, a la culpabilidad, al yoísmo y la dependencia del logro, que son procesos tan negativos, que al final es peor el remedio que la enfermedad.

Esta visión de la autoestima no solo se limita a este concepto, sino que, al haberse posicionado esta idea y sobredimensionado sus beneficios, ha ido expandiéndose como las raíces de una planta e influyendo decisivamente en muchos planteamientos e intervenciones.

Si la autoestima dependía del logro, de las cosas buenas, una buena forma de tener más era dedicarse a cumplir metas y objetivos.

La psicoterapia y el mundo del desarrollo personal, en general, compraron esta premisa, y sin mucho planteamiento crítico al respecto, se lanzaron a la búsqueda de medios y técnicas para ayudar a las personas a alcanzar logros que les ayudasen a mejorar su «valor» como personas.

La búsqueda de la felicidad y el bienestar emocional pasó a ser dependiente de alcanzar objetivos, creando casi una igualdad entre ambos términos, de modo que objetivos y felicidad parecen sinónimos. «Solo podrás ser feliz si te marcas y alcanzas tus objetivos» sería una especie de mantra que se repite machaconamente, sin parar.

Pero el secreto de la felicidad no parece radicar solo en esto; también se incluye la medicina para los problemas de salud mental o la insatisfacción personal: si consigues tus objetivos, aumentará tanto tu valor y te sentirás tan bien que es imposible que no te cures, ya que, de hecho, tu malestar es consecuencia de que no los estás logrando (y no de que los necesites).

En el mundo empresarial primero y en la cultura popular después, este mensaje fue calando, de tal manera que todo el mundo empezó a sentir que tenía que proponerse objetivos e intentar alcanzarlos, mientras la psicología de panfleto y oradores motivacionales nos exhortaban a ello. Es increíblemente difícil no dejarse arrastrar por esta narrativa, pues es un discurso que, como habrás podido comprobar, engarza con factores biológicos, culturales y de consumo muy parecidos.

A nivel cultural todo rema en la misma puta dirección.

Con estos argumentos y la presión que nos meten, no queda otra, pues, que poner toda la carne en el asador y dejarse los higadillos en intentar alcanzar los objetivos. Y eso hacemos.

Tienes que salir de tu zona de confort. Así, en imperativo, sin opción de pensar si nos apetece, nos merece la pena o qué pollas. Tampoco importa si en tu zona de confort te encuentras bien, si es con lo que compensas las otras áreas de tu vida que consumen tus energías (familia, trabajo, estudios…) o que quizás en la vida es importante tener parcelas donde te encuentras cómodo, a gustico, satisfecho y relajado.

Si no lo haces, eres un mierdecilla que no consigue logros, así que, ¿cómo vas a ser feliz, tener autoestima o estar contento contigo y tu vida?

Todos nos hemos acostumbrado a hacer una lista de propósitos de año nuevo, de después de vacaciones o de lo que sea, en la que apuntamos una serie casi interminable de cosas que queremos alcanzar. Es más larga que la carta que hacen los niños a los Reyes Magos, donde copian el catálogo de El Corte Inglés completo.

Igual que niños malcriados que no quieren renunciar a nada, a nosotros nos pasa lo mismo.

Fantaseamos con esa lista, y con lo jodidamente bien que nos sentiremos cuando los logremos; nos autoengañamos diciéndonos que esta vez sí lo vamos a conseguir y nos planteamos que es «solo un pequeño esfuerzo» en cada una de las tareas, sin darnos cuenta de que son tantas y tan dispares que es imposible no acabar agotados o frustrados por no llegar a todo…

Apasiónate en tu curro, sé un padre entregado que aplica métodos educativos chupi-guays, haz deporte, come cinco veces al día, ten una mentalidad positiva, sigue teniendo tus aficiones individuales, viaja, aprende idiomas, medita, ten tu casa más ordenada con el método no sé qué pollas de una asiática, y ya puestos, mantén la pasión con tu pareja e innova sexualmente…

Si haces todo eso (y solo si lo consigues), serás feliz. Bueno, y subiéndolo a las redes para que todo Dios vea quién eres y alimenten tu frágil ego dándole a «me gusta», por supuesto.

Si no alcanzas estos objetivos (que son tan utópicos como aspirar a que los políticos y sindicatos dejen de vivir a nuestra cuenta *motu proprio*), es culpa tuya, porque no te has esforzado lo suficiente, así que tienes que criticarte y darte mucho asco.

¿Hace cuánto no vives sin proponerte (u obligarte) un objetivo? ¿Cuándo has dicho: «Oye, este año me lo tomo de descanso o disfruto un poquito de lo logrado»? ¿En algún momento te has sentido satisfecho con lo que has conseguido y has pensado que ya no necesitabas más?

¿Significa esto que tener objetivos es malo?

No creo que fijarse objetivos tenga nada de malo. En mi vida profesional ayudo a personas a establecerlos e intentar conseguirlos (de hecho, toda psicoterapia incluye unos objetivos terapéuticos), si bien procuro que lo hagan entendiendo sus motivos, sin considerarlos la clave de la felicidad o de su valía y haciéndoles conscientes del coste que les va a suponer, a fin de que puedan pensar si realmente les compensa y lo eligen, a pesar de la factura a pagar en esfuerzo, sacrificio y demás movidas.

Y claro, muchas veces compensa, y cuando lo hace, adelante, con compromiso y cojones.

El problema no son los objetivos, el problema es la dependencia del logro y el miedo a no ser suficientemente buenos. El problema no son los objetivos, el problema es ser esclavo de ellos y hacerlo de forma no consciente porque me arrastro por el mensaje social imperante. El problema no son los objetivos, el problema es que yo sea un medio para ellos y no al revés. El problema no son los objetivos, el problema es creer que conseguirlos te dará la felicidad o te curará de tu problema de salud mental.

Entonces, ¿qué nos aportan realmente los objetivos?

Pues, por un lado, lo inherente al objetivo en sí mismo cuando logramos alcanzarlo: más dinero, estar más bueno, tener mejor currículum, ligarte a alguien o lo que sea que te hayas propuesto. Y sí, tener más pasta, mejor aspecto físico o más citas es algo placentero que puede hacer que estés más alegre o más tranquilo en ciertas áreas (especialmente, con el tema del dinero, que no da la felicidad, pero su ausencia sí que crea mucho malestar psicológico, tengamos sentido común).

Por otro lado, está el subidón psicológico del logro, que no hay que patologizarlo, y es que, para qué nos vamos a engañar, a todo dios le gusta conseguir cosas, sentir ese orgullo, poder decir que lo ha hecho y la sensación de competencia de lograr algo que nos hemos propuesto. Claro que sí, joder, que a nadie le amarga un dulce y todos tenemos nuestro ego.

Hay muchas cosas que te generan bienestar o te animan momentáneamente, incluso podríamos medir su impacto positivo científicamente: viajar, echar un polvo, perder unos kilos o estrenar ropa… Están bien, pero, simplemente, llegan hasta donde llegan. Tampoco debemos confundir placer y bienestar con que sea beneficioso, por ejemplo, es difícil sentirte mal cuando te metes un pico de heroína, y no por eso es algo bueno en sí mismo.

Saber diferenciar lo que nos aportan los objetivos y los placeres con la felicidad real, es extremadamente importante para poder quitar fuerza a esta locura que nos rodea, y para dejar de maltratarnos para ser algo que no somos y que tampoco nos hará sentirnos en paz con nosotros mismos.

No ser dependientes de esas sensaciones es la única forma de ser libres y no esclavos de los objetivos.

Además, existe lo que en psicología denominamos «habituación», un proceso en el que, cuando te acostumbras a algo, empieza a perder el impacto que provocaba en ti; es exactamente el mismo proceso por el que pasa un adicto que necesita cada vez más aumentar la dosis o cambiar de sustancia[13]. La primera vez que cobras la nómina puede ser algo fascinante, la decimonovena, pues bueno, siempre da alegría ver dinerete en la cuenta, pero sin más. Lo mismo pasa con ver desnuda a tu pareja, al principio te pone más caliente que el pomo del infierno, y luego, pues te da un poco igual. Te habitúas a ello y ya casi no produce efecto en ti.

Sé que es una burrada de frase, pero una vez oí: «Detrás de cada tía buena hay una persona cansada de follársela», y más allá de lo machista de la misma, refleja muy bien este asunto y es una profunda verdad... Precisamente por eso, quien lo necesita en exceso, continuamente cambia de pareja (o comete infidelidades), y la relación que se fundamenta en eso tiende a terminar rápido o provoca sentirse muy vacío, solo y triste.

Además, que todo esto de los objetivos es un invento relativamente moderno. Tus abuelos y sus antecesores no se

---

[13] Echeburúa Odriozola, E. y De Corral Gargallo, P. (1994). «Adicciones psicológicas: más allá de la metáfora». *Clínica y Salud*, 5(3), 251-258.

criaron en esa búsqueda continua de objetivos y no eran más infelices (quizá sí llevaban una vida menos placentera y humilde) que nosotros. Tampoco tenían más enfermedades mentales, y eso que su vida solía ser más traumática y dura.

¿Te has planteado alguna vez que si llevas años sin alcanzar determinados objetivos y has sobrevivido, quizás no lo necesitas tanto? ¿Alguna vez tras lograrlos has sentido que es suficiente y no te has propuesto otra cosa? ¿Cuándo estás satisfecho y no estás pensando en otra cosa «que deberías ser o tener»?

Si los objetivos son condición *sine qua non* para todo esto, ¿cómo pollas se explica? Te juro que le he dado mil vueltas y la única aclaración que encuentro es que la hipótesis de que los objetivos son algo clave es sencillamente errónea.

En mis consultas veo a muchas personas de muy diferentes condiciones y lo que de verdad les hace daño de forma directa tiene que ver con sus relaciones significativas (sean familiares, afectivas o de amistad), la pérdida, experiencias de rechazo, vulnerabilidad y soledad forzosa, vivir sin coherencia con sus valores o ausencia de ellos, enfermedades de salud graves y no tener condiciones económico-laborales dignas y estables.

Otras personas, que yo no veo porque no son de mi especialidad pero que también están ahí, presentan malestar psicológico y emocional fruto de problemas biológicos en su sistema nervioso, como la esquizofrenia o el trastorno bipolar.

Pero nunca he conocido a nadie, he leído un libro científico-académico o conversado con otro colega clínico que me expusiese el caso de un paciente que padeciese un malestar significativo o una psicopatología por no cumplir sus objetivos de forma directa, y especifico esto de directa, porque sí he visto muchas personas jodidas no por no cumplirlos, sino por el verdadero maltrato al que se someten por no cumplirlos precisamente obsesionados con este mensaje (y que, básicamente, es la razón que me motivó a escribir este libro).

Sí he visto a gente puteadísima por no lograrlos, pero se debía a la autoexigencia, al perfeccionismo, al miedo al fracaso y a no ser suficientemente válidos. Intentar conseguirlo y padecer al no lograrlo o incluso en caso de hacerlo, pues nunca parecía ser suficiente. La búsqueda continua del éxito solía ser un mecanismo compensatorio de una herida de valía personal, de no ser suficiente, buscando una fantasía de seguridad y control, impulsada por el deseo de gustar y seducir o para cubrir las expectativas de otros (padres, pareja, sociedad...).

En cambio, sí he visto múltiples conferencias en YouTube, libros de autoayuda, perfiles en Instagram, seminarios de fin de semana y cursos online impartidos por psicólogos, *coaches*, psiquiatras, gurús motivacionales y otros «expertos» en desarrollo humano que vinculaban la idea de la consecución de logros y objetivos con el bienestar, de forma que el segundo era consecuencia de la primera, por mucho que lo disfrazasen de palabrería bonita, buenista, neurocientífica, humor, sentimentalismo barato o pensamiento positivo.

Aunque algunos psicólogos han dado relevancia a la idea de conectar el resultado con la sensación de competencia o autoestima, fue cuando la psicología se adentró en áreas donde el rendimiento sí es muy importante (empresa, consultoría, recursos humanos, deporte, resultados académicos...), cuando se empezó a hablar tanto sobre este asunto y a darle tanta importancia. Y esto alcanzó su máxima expresión con el *coaching*.

Se pueden decir muchas cosas buenas y malas sobre el *coaching*, pero en el tema que estamos tratando, el fallo está en su propia concepción, en su forma de ver las cosas.

Si cogemos la definición que da la Escuela Europea de Coaching en su página web leemos: «*Coaching* es el arte de hacer preguntas para ayudar a otras personas, a través del aprendizaje, en la exploración y el descubrimiento de nuevas creencias que tienen como resultado el logro de sus objetivos». Como puede verse, alcanzar objetivos es la clave, la manteca del asunto. Se promueven y aplican valores clave como la confidencialidad o ayudar al otro y se emplea una metodología y técnicas determinadas, que todo ello está muy bien, pero lo que importa al final es conseguir esa puta meta.

Esto se debe fundamentalmente a que el *coaching*, al estar desvinculado de la sanidad y ser básicamente la aplicación de principios de la psicología y otro tipo de técnicas en el mundo de la empresa (aunque luego han surgido otros tipos aún más ambiguos que salen de este ámbito), nació con una mentalidad propia de un mundo donde el rendimiento, la competitividad y el beneficio son lo único importante.

La psicología de panfleto, sintiéndose amenazada por la irrupción de un competidor y con una falta preocupante de espíritu crítico, asumió la narrativa y enfoque exitocentrista. Por eso, en los últimos años, desde la psicología, se ha hablado y estudiado enormemente sobre la forma adecuada de alcanzar estos objetivos e igualmente se han puesto en marcha multitud de técnicas enfocadas a facilitar su consecución. Todo esto será todo lo psicológico que queramos, pero parte de una perspectiva enfermiza.

Así, hoy en día, es extremadamente raro ver a profesionales del desarrollo humano cuestionar con sus pacientes/clientes los porqués de esos objetivos que quieren lograr, ampliar el foco y ver a la persona en su conjunto, más allá de estos, entender qué relación tienen los mismos con otras áreas de su vida y analizar si el deseo de conseguirlos viene más de nuestras partes heridas (ser fuerte por miedo a la debilidad, gustar para no volver a sentir rechazo, logros para cubrir expectativas paternas…).

Recuerdo que cuando empecé la terapia, mis objetivos eran dos: tener más seguridad en mí mismo para ligar más y hacerme un trabajo personal para ser mejor psicólogo, que aquí no me lo pedían, pero si lo hacían en los países más top sería por algo…

Y es que, aunque en España no es un requisito legal, en la mayoría de los países que tienen un buen nivel de psicología (algo, en mi opinión, bastante deficitario en el nuestro), para poder trabajar con pacientes debes hacerte una psicoterapia de al menos un año, certificada por otro psicólogo especializado en salud mental.

Vamos, que mis dos objetivos consistían en cosas que quería tener para compensar mi sensación de no ser suficientemente válido con más logros. ¡Menos mal que Juanpe, mi psicólogo y mentor, supo ayudarme a ver más allá de lo que yo tenía en mente!

En las consultas, libros de autoayuda, prensa, redes sociales, conferencias y pódcast del tema se habla mucho de superación y poco de aceptación; de esfuerzo y sacrificio y poco de autocuidado y descanso; de vencer la procrastinación y poco de entender de dónde viene; de inflar el autoconcepto para gustar y gustarnos y poco de amarnos incondicionalmente; de lograr cosas y poco de no necesitarlas; de automanipularnos y «*hackearnos*» para ser más capaces y poco de entendernos y ser conscientes; de influir en los otros y poco de entenderlos o conectar realmente con ellos; de lo que hace la persona y poco de lo que realmente es o cómo se siente.

En conclusión, en los diferentes momentos de la historia, culturas, lugares del mundo, profesiones de estudio del ser humano, expresiones artísticas, estudios y teorías sesudas, datos científicos, reflexiones eruditas e incluso «revelaciones» inspiradas por dioses y otros seres casi divinos, basadas en la tradición y el folclore, la observación humana, lo experimentado en laboratorios de investigación, lo escuchado en el confesionario/diván/ágora/ritual/consulta no se hablaba una polla de los objetivos, pero a finales del siglo XX, llega el *coaching* y algunos psicólogos miopes postulan que el bienestar, el valor de los individuos y la felicidad personal se deben a los logros que alcanzamos, y nos venden tan bien el puto discursito, que «encaja» a la perfección en las dinámicas de la sociedad de consumo actual, que nos tragamos todo lo que nos dicen, de forma que nos la meten doblada, y tú, yo y toda la sociedad lo asumimos sin el menor pensamiento crítico y empezamos a vivir angustiados por no alcanzar no sé qué mierda de metas.

Lo que se supone que, si alcanzamos, nos hará felices nos está jodiendo la vida.

Hay que joderse.

SÉ TU MEJOR VERSIÓN

Probablemente, este es otro de los mantras repetidos hasta la saciedad, el de «ser la mejor versión de uno mismo». Lo he oído cientos de veces a todos los gurús motivacionales, *coaches*, expertos raros en desarrollo humano y, también y por desgracia, a muchos psicólogos y psiquiatras.

Pero, ¿qué es exactamente ser la mejor versión de uno mismo? Entiendo que desde un planteamiento acrítico con la sociedad consumista y exitocentrista moderna, la devaluación del ser humano a un ente cuyo valor depende de sus resultados y un concepto fallido como es la autoestima, la mejor versión es la que tiene más competencias, optimismo, atributos o, en su defecto, la de culo, tetas o abdominales más grandes y marcados.

¿Por qué tu mejor versión es la más competente? ¿No debería ser la más feliz o la menos estresada o la más satisfecha o la que mejor se acepta a sí misma? ¿O, si nos ponemos moralistas, la más buena persona, con conciencia social y que más ayuda? ¿La que tiene más empatía o la que se relaciona de forma más realista y adaptativa con el dolor? ¿La más fiel, comprometida consigo mismo y sus principios?

Oigo muchísimas exhortaciones a ser la mejor versión de uno, pero nunca he oído que definan eso de forma clara y, mucho menos, que especifiquen de acuerdo con qué criterios, argumentos o datos pueden establecer que la competencia sea lo que hace que una persona sea su versión óptima (si es que esa gilipollez existe).

No tienes que estar actualizándote y mejorando siempre. Eres un ser humano, no la puta aplicación de un móvil.

A pesar de lo ambiguo y lo difuso de su línea argumental, que aparte de palabras rimbombantes es poco más que aire en vibración carente de contenido, parece ser que el asunto de la competencia y las habilidades es la clave. Entiendo que esto se debe a varias cosas:

- Que el sujeto competente es el que está más cerca de alcanzar los objetivos (que ya hemos visto que son «garantía de felicidad»).
- Que es el que pasa con nota el examen de la autoestima y porque, según nos dicen, desarrollar muchísimas habilidades y herramientas no solo aumenta nuestras competencias para lograr cosas, sino también para saber manejar el dolor y que no nos afecte o que algunas son la llave de la felicidad (otra vez la felicidad reducida a producto de consumo...).

También nos señalan que es imprescindible desarrollar al máximo nuestro potencial, no se sabe para qué, pero hay que hacerlo, suena a crecimiento y superación, imagino.

Así que, nada, no vale con hacer las cosas en la medida que lo necesitas o esforzarte cuando sea necesario, tienes que hacerlo siempre y a todo lo que dé, lo cual es lo mismo que decir que si tienes un Ferrari tienes que ir siempre a 290 km/h porque es la capacidad potencial del coche, independientemente de que en ese tramo no sea seguro y te pongas en riesgo, que en ese momento disfrutarías más yendo lentito y viendo el paisaje o que conducir a esa velocidad te supone una tensión que flipas. Hay que dar el cien por cien, que es lo único que importa.

Pero es que los otros puntos tampoco tienen más sentido, ya que, respecto a la importancia de alcanzar objetivos, pues bueno, me he explayado y quedado a gusto en el apartado anterior. Sobre los agujeros, luces y sombras de la autoestima, igual. Queda, por tanto, el asunto de la analgesia ante los avatares y putadas varias de la vida y el de la receta de la felicidad por acabar de despachar y cagarme en los muertos de tanta gilipollez.

Con respecto a la primera idea, es decir, la existencia de técnicas, formas de vida y herramientas que pueden permitirnos ser capaces de enfrentar el dolor emocional, reduciéndolo hasta conseguir que desaparezca, tengo bastantes dudas. En primer lugar, porque desde hace bastante tiempo los psicólogos sabemos que aceptar el dolor emocional, permitírselo sentir y exponerse al mismo son los mecanismos más eficaces para que no sea aún mayor, se convierta en otros síntomas o nos haga dependientes de lo que hacemos para taparlo[14]. Pero, hagas lo que hagas, no podrás evitar que duela, solo conseguirás no empeorarlo. En este principio están de acuerdo todas las corrientes psicológicas y está sobradamente demostrado clínica y empíricamente[15].

En segundo lugar, la obsesión con encontrar fórmulas para evitar el dolor, en lugar de aprender a asumirlo como parte inherente del hecho de estar vivo y a relacionarnos de forma sana con el mismo, refleja una defensividad propia de lo neurótico, ya que o bien nos estamos sobreprotegiendo y nos creemos incapaces de enfrentarlo (cosa que no es cierta) o estamos buscando crearnos una fantasía de invulnerabilidad, omnipotencia y control que habla más de una fobia a la debilidad que de una fortaleza real.

Tampoco tengo claro si el malestar es algo que debemos acallar o escuchar para entender de dónde viene y qué información nos está dando sobre cómo estamos viviendo

---

[14] Luciano Soriano, M. C. y Valdivia Salas, M. S. (2006). «La terapia de aceptación y compromiso (ACT). Fundamentos, características y evidencia». *Papeles del psicólogo*, 27(2), 79-91.

[15] *Vid.* bibliografía en nota 4, capítulo 1.

nuestra vida. Se habla de las técnicas de control de la ansiedad y los pensamientos negativos, pero no se intenta entender por qué nuestro cuerpo está generando los mismos. ¿Acaso una biología sana genera malestar sin motivo? Igual que el dolor o la fiebre hablan de una herida o infección, la ansiedad o la tristeza son un síntoma de que nos estamos forzando a cosas dañinas, de déficits importantes en nuestra vida, de exigirnos y juzgarnos demasiado (conflictos internos), de no tratarnos bien, de aguantar lo inaguantable, de falta de amor y calor humano, de necesidad de aceptación y autenticidad[16].

Igual que no puedes quitar sin más la fiebre o el dolor, sino que debes ir a su origen para erradicarlo del todo, con los síntomas psicológicos pasa exactamente lo mismo. Antes de erradicar el malestar emocional, tienes que escuchar lo que te está diciendo, pues es una información valiosa.

Finalmente, cabe la reflexión de si el dolor emocional es en verdad algo tan negativo como nos dicen o es la forma que tiene la biología de indicarnos aquellas cosas que son lesivas para nosotros (y ante las que debemos tener cuidado), activar respuestas adaptativas para cubrir nuestras necesidades y reaccionar a las situaciones movilizándonos al cambio, dotándonos de las llamadas «fuerzas de flaqueza» que son las que nos permiten enfrentar las grandes amenazas y crisis que inevitablemente ocurrirán en nuestra vida. Y es que todas las emociones son respuestas adaptativas que se activan ante el dolor para movilizarnos a las acciones que necesitamos[17].

---

16 Perls, F., Hefferline, G. y Goodman, P. (1951). *Gestalt therapy.* Nueva York: The Julian Press.

17 Greenberg, L. S., Elliott, R. y Pos, A. (2015). «La terapia focalizada en las emociones: una visión de conjunto». *Mentalización. Revista de Psicoanálisis y Psicoterapia*, 5, 1-19.

Sobre la segunda premisa, la de que existen unas prácticas concretas que son la llave de la felicidad, creo que es una verdad a medias. Existen prácticas que influyen en el nivel de bienestar de los seres humanos, bien porque generan sensaciones agradables o bien porque son útiles para paliar los efectos de síntomas o emociones desagradables.

Los beneficios de hacer deporte, meditar y practicar la conciencia plena, tener aficiones que nos ayuden a desconectar, el yoga, la respiración, cuidar la alimentación, el orden, no dejarnos llevar por la desesperación y los augurios fatalistas de nuestra mente o la gestión emocional (que no control) adecuada son indiscutibles.

Sin embargo, esto es algo que ayuda en cómo nos sentimos, pero no es lo determinante; es exactamente igual que lo que he expuesto sobre los beneficios de lograr objetivos: es más importante desde dónde lo hacemos que lo que hacemos en sí mismo, y también es un enfoque en el que es fácil caer en la dependencia del resultado para sentirnos bien o en la autoexigencia, el perfeccionismo y la culpabilidad.

Quizá esto te sorprenda al ser opuesto al mensaje que suele transmitirte la industria de la autoayuda, donde cientos de expertos te dicen que consigas un montón de cosas, mejores continuamente, actualizándote más que el Windows de tu ordenador y tengas más herramientas que el bolsillo mágico de Doraemon.

Para mí, lo sorprendente es que, si cada vez que descubren un hábito o técnica milagrosa que nos aseguran que da la felicidad y erradica el malestar de nuestras vidas…, ¿por qué coño inventan y aplauden otros nuevos un poco más tarde? Cuando existe una solución eficaz a un problema, nadie se esfuerza en crear otra.

Basándome en mi experiencia clínica, creo que la aceptación incondicional de nosotros mismos, la consciencia y la honestidad emocional, la autenticidad a la hora de mostrarnos, el compromiso y la congruencia, enfrentar el malestar y tomar decisiones desde la lealtad propia, acogernos en el dolor y pelear por uno son aspectos mucho más determinantes.

Creo que la felicidad no viene tanto (aunque sí influye) de lo externo como de lo interno y que estamos continuamente buscando fuera, a través de cosas ajenas a nosotros (logros y hábitos) lo que deberíamos buscar dentro y en la relación con uno mismo. Tienes una herida que sangra y miedo a no ser suficientemente digno de ser amado, así que, acojonado, pones el foco fuera para tener cosas con las que tapar o compensar ese malestar. Pero la clave está en tu herida y en tu conflicto internos. Para decírtelo bonico, te citaré al psicoanalista Carl Gustav Jung, que siempre me ha gustado cómo lo expresa: «Tu visión devendrá más clara cuando mires dentro de tu corazón. Aquel que mira fuera, sueña. Aquel que mira dentro, despierta».

Ampliando más el foco, y alejándonos de lo individual y de cada persona en concreto, me parece sorprendente que hayamos asumido como sociedad que la soledad, el cansancio, la insatisfacción o la ansiedad son males inevitables que debemos aprender a sobrellevar y paliar sin plantearnos cómo influye nuestra forma de vivir la vida y la sociedad actual en todo esto (que es la que nos dice en qué debemos centrarnos o qué valoramos). De este modo, nos limitamos a aspirar resignadamente a gestionarlos de la mejor forma posible en lugar de poder cambiar las causas que los provocan. También flipo al ver cómo una psicología acuciada de miopía al estar excesivamente centrada en herramientas solo aboga por los factores individuales y no plantea el importante papel de las dinámicas sociales y culturales en estos procesos, teniendo en cuenta que forma parte de una historia de aprendizaje, narrativa y contexto compartida por todos.

Es llamativo que se hable tanto de herramientas y objetivos y tan poco del impacto que tiene en nosotros la congruencia, los lazos afectivos y la necesidad de contacto y afecto humano o que exista una estabilidad laboral y económica a pesar de estar sobradamente demostrado científicamente. Factores individuales frente a los colectivos.

Creo que este enfoque excesivamente individualista lleva a una sensación de que todo es cosa de uno. Estamos privatizando el malestar psicológico.

5

Eres tu propio juez y verdugo: autoexigencia y autocrítica

La horrible sensación de que hay algo en nosotros que no está bien

Definir y describir esta sensación es algo que se me está haciendo jodidamente difícil, estoy sudando la gota gorda para poder escribir esta parte, dándole vueltas al temita… y el caso es que sé perfectamente qué contarte sobre sus efectos, motivos y demás mierda, pero me resulta extremadamente complicado definirlo de forma concreta. Tengo clara la idea y su esencia, pero cuando trato de acotarlo en definiciones y palabras se me escapa, escurridizo como una puta anguila.

Esto se debe a que es un proceso que presenta diferentes caras y se expresa de distintas formas, pero, en definitiva, todo forma parte del mismo asunto. En su parte más superficial, nos asaltan una serie de pensamientos que a veces verbalizamos y en los que nos llamamos de todo menos bonicos, que van de la mano de unos estándares de lo que creemos que debemos llegar a ser para demostrar nuestra validez y que nos hacen experimentar emociones aversivas e intensas de culpa, vergüenza o miedo al rechazo cuando cometemos errores o se evidencia algo que consideramos negativo de nosotros.

Si profundizamos en nuestro psiquismo, encontramos una actitud hacia nosotros caracterizada por la crueldad y sadismo bastante hijoputesco y un sentimiento de tara estructural/inutilidad/ser indigno de amor en el que hay muchísimo sufrimiento y un miedo profundo al rechazo, la debilidad o el ataque.

Aunque es una simplificación, podría decirse que el punto central es esa sensación de que hay algo en nosotros que no está bien y que, por tanto, nadie podrá amarnos[1].

Esta vivencia es increíblemente poderosa y poco importa que a nivel racional sepamos que eso no es cierto o que es exagerada, ilógica basándonos en lo que sabemos de nosotros o hayamos demostrado en nuestra historia de vida (objetivos alcanzados, halagos recibidos, tener relaciones y vínculos en los que nos sentimos queridos y valorados, ser conscientes de nuestras cosas buenas…). Esa sensación y el miedo que genera permanecen ahí, punzantes y afilados, haciéndote sangrar.

Como ya te expliqué en el primer capítulo, para un ser humano, ser capaz de crear vínculos afectivos con sus figu-

---

[1] Greenberg, L. S., Rice, L. N. y Elliott, R. J. (1996). *Facilitando el cambio emocional…*, *op. cit.*; Greenspon, T. S. (2000). «"Healthy perfectionism" is an oxymoron! Reflections on the psychology of perfectionism and the sociology of science». *The journal of Secondary Gifted Education*, 11, 197-208.

ras cuidadoras era determinante para la supervivencia, por lo que, más allá de un mero narcisismo o deseo de gustar al otro, sentir que somos válidos y suficientemente buenos, dignos de amor, es tan necesario como la comida o protegernos de los depredadores[2].

Por eso es tan poderosa y tiene tanta fuerza, como un caballo encabritado que rompe al galope asustado, imposible de frenar o calmar.

¿Si tu vida dependiera de algo no exagerarías con ello? ¿No te pondrías de los nervios cuando algo lo amenazase? ¿No te obsesionarías y estarías todo el rato vigilando o pensando posibles amenazas? Para tu cerebro emocional, te va la puta vida en ello, y por eso, está dispuesto a cualquier cosa con tal de intentar conseguirlo, firmando un cheque en blanco motivado por ese miedo.

A partir de ahí, esa vivencia, que es potentísima en términos emocionales, pone en marcha una serie de procesos para lograrlo, agrupables en dos tipos fundamentales: un estándar de perfección al que intentamos llegar para compensar ese sentimiento que nos genera tanto dolor emocional (cuando te ves perfecto, te alejas y neutralizas la sensación interna de ser un mierda) y un automachaque que nos castiga cuando no llegamos a ese estándar o que nos fustiga para que nos esforcemos al máximo para llegar al mismo.

La interiorización del rechazo

Para que esta vivencia cale y arraigue en nosotros, hacen falta dos procesos: sentir que una parte de nosotros es repudiada, al ser poco merecedora de amor, y que no sepan

---

[2] Oliva Delgado, A. (2004). «Estado actual de la teoría del apego». *Revista de Psiquiatría y Psicología del Niño y del Adolescente*, 4(1), 65-81.

atender nuestras emociones de la forma que necesitamos o las tachen de inválidas.

Basándonos en esto, normalmente esta vivencia interna de que «somos indignos de ser queridos» o falta de valía es algo que no se forja en un episodio único, sino que se va fraguando a lo largo de la infancia en experiencias que tenemos en las que sentimos que nuestra forma de ser es invalidada, rechazada, ridiculizada o atacada de alguna forma. Esas experiencias primarias van calando en nuestro interior y esa vivencia de que algo está mal en nosotros arraiga con fuerza en nuestro psiquismo y será la que luego determinará no solo cómo nos relacionamos con el mundo, sino, sobre todo, con nosotros mismos.

Los padres moldean la forma de comportarse de sus hijos, premiando determinado tipo de conductas y reacciones y castigando otras, entendiendo castigo de forma amplia: reprimendas, quitar cosas, ignorar, dejar solo, golpear, regañar y otras reacciones de los padres que muestran el rechazo hacia ese comportamiento, vivencia o expresión del niño. De esta forma, mediante estos «gestos prohibitivos», el niño aprende a comportarse según lo que sus padres consideran adecuado, ya que son esas reacciones las que le dicen al niño qué parte de sí es buena y cuál no[3].

Aunque el rechazo de algunas de nuestras conductas, percepciones o sentimientos forman parte del proceso de aprendizaje de socialización de cualquier crío (aprender a no tirarte pedos delante de gente, a no robarles los juguetes a otros…) y no debemos caer en el error de demonizar estos procesos desde una psicología sobreprotectora y bue-

[3] SULLIVAN, H. S. (2014). «The interpersonal theory of psychiatry», en EWEN, R. B. *An introduction to theories of personality*. Nueva York-Londres: Psychology Press, 137-155.

nista que está tan presente ahora en los manuales de crianza hoy en día, sí existen ciertas formas de que se den estos procesos que juegan un papel clave a la hora de desarrollar una autoexigencia y autocrítica dañinas.

Cuando un niño recibe uno de estos gestos prohibitivos expresado de modo que lo que se está censurando no es su conducta en concreto, sino a él como individuo, esta sensación de tara defectuosa coge fuerza. Frases comunes como «Eres un desastre» o «Qué malo es este niño» hacen una evaluación total de la persona, y aunque el adulto está diciéndolo en referencia a que tiene el cuarto desordenado o no quiere irse a dormir y da por culo, el crío lo interioriza en el sentido más literal.

Que es un mierdecilla, vamos.

Este proceso puede verse potenciado si los padres castigan de forma caprichosa y aleatoria, más llevados por el momento que por unos criterios claros[4] o si los gestos prohibitivos son exagerados, crueles y frecuentes. Todo esto creará la sensación de no entender por qué se le castiga ni qué es tan grave (ya que se le castiga de forma desmadrada), así que como todo es una ida de olla desmedida, la explicación que queda es que lo malo es él mismo, que es su propia esencia como persona, lo que provoca ese asco, decepción, rabia y crueldad[5] (cuando probablemente habla más de los problemas de control, gestión emocional, tolerancia a la frustración, exigencias y necesidad enfermiza de control de sus padres).

Estoy bastante en contra de la disciplina positiva y la demonización del castigo que se están poniendo tan de

[4] McKay, M. (1991). *Autoestima: evaluación y mejora*. Barcelona: Martínez Roca.

[5] Griffith, M. A. y Read, S. (1995). «Emotional abuse and the development of emotional schema». *British Journal of Medical Psychology*, 68(4), 369-378.

moda. Prohibir es necesario para proteger a un niño de determinadas cosas, para enseñarle a autorregularse y para que aprenda a funcionar en una sociedad que tiene sus normas, nos gusten o no, y en la que va a vivir, por lo que, si no lo hace, ya se puede ir dando por jodido... Castigar eficazmente es una herramienta educativa útil y que puede ayudar al niño a realizar aprendizajes que le serán muy beneficiosos, pero ha de hacerse de la forma adecuada dejando muy claro que se censura lo no permitido, pero no a la persona y aplicándolo de forma proporcionada y coherente.

Lógicamente, no todo tiene que ver con los padres, sino que estas vivencias de rechazo y castigo también pueden ser fruto de las relaciones con otros niños o adultos, como, por ejemplo, sufrir acoso escolar o ser marginado por sus primos. Incluso, aunque con menor intensidad, pueden darse, ya pasada la niñez y la adolescencia (donde los chavales son muy hijos de puta), en la vida adulta, si se sufren experiencias de rechazo, crítica, ataque o abandono suficientemente intensas emocionalmente, como puede ser un acoso laboral muy dañino o un maltrato por parte de la pareja.

El otro de los procesos clave en el desarrollo de esa emoción nuclear de no ser dignos de ser amados es cómo se manejan las emociones y el cariño, y es que, aunque parezca que no tiene conexión, nuestro mundo interno es nuestra «esencia», por lo que, si lo invalidan, es fácil que sintamos que lo más profundo de nosotros es indigno.

A través de las emociones, el niño muestra sus necesidades para que otros puedan satisfacerlas y cubrirlas. El miedo para ser protegido, la rabia para intentar protegerse o que acabe una situación que le hace daño, la tristeza y el llanto para ser consolado y arropado...[6]. A medida que nos hace-

---

[6] GREENBERG, L. (2000). *Emociones: una guía interna*. Bilbao: Desclée De Brouwer.

mos mayores, podemos autosatisfacer la mayoría de esas necesidades emocionales, pero cuando somos pequeños necesitamos que los adultos lo hagan, por eso, que quienes nos cuidan sepan entender nuestras emociones y reaccionen de manera eficaz es extremadamente importante, de la misma forma que lo es conseguirnos comida o asearnos.

Con frecuencia, sin embargo, las reacciones emocionales de los niños son sucesos que los adultos pueden considerar tonterías (como que una camiseta que se quiere poner de pronto esté sucia). Otras veces, son inapropiadas (pegar a otro niño cuando quiere cogerle el juguete) o excesivas (llorar desconsolado al oír un ruido fuerte), lo que puede hacer que los padres no reaccionen de forma adecuada a cómo lo vive su hijo.

Hay que entender que, de entrada, el niño no entiende su mundo interno, de la misma forma que no lo hace con el externo, y, por tanto, los padres deben enseñarle a comprender sus emociones. Así, igual que el chiquillo señala el sofá para que su padre le aclare que eso se llama sofá y sirve para sentarse, también necesita que, cuando se le rompe un juguete y empieza a llorar, papá le explique: «Se te rompió el juguete y eso te hace sentir triste y frustrado», para luego abrazarle y calmarlo.

Esta función de explicar, validar, atender y contener las emociones por parte del adulto es lo que la psicoanalista Melanie Klein denominó «mentalización»: primero, el padre es el que interpreta, pone nombre y satisface las emociones del niño y es lo que permite que luego estos interioricen ese manejo adecuado y sepan gestionar sus propias emociones[7].

---

[7] ABBASI, F., GOODARZI, M. A. y SARAFRAZ, M. R. (2019). «La mentalización y el funcionamiento reflexivo: aparición y desarrollo en la Psicología Clínica». *Dilemas Contemporáneos: Educación, Política y Valores.* Edición especial.

Algo que es clave para el buen desarrollo de la estructura mental del niño y un importante factor de protección a la hora de desarrollar problemas de salud mental.

Hay ocasiones en las que los padres no saben explicar y atender las emociones de su hijo o simplemente no les dan importancia. Otras, juzgan sus respuestas emocionales («Eres muy malo cuando tienes una rabieta»), las invalidan («Lloras como una niña»), prohíben algunas de sus expresiones («Los niños buenos no se enfadan»), ridiculizan («¿De verdad eso te da tanto miedo? Si es una tontería»), las abandonan («Mientras sigas triste no voy a jugar contigo») o incluso atacan («Deja de llorar», y le da un bofetón). Cuando esto ocurre, queda en los niños una sensación de que su mundo interno, su esencia como individuo, es inapropiada; al no saber entenderlo siquiera, no logran comprender que es exactamente así y solo sienten que hay algo en ellos que funciona mal.

Pero el cariño y el afecto juegan otro papel clave en todo este proceso. Cuando los adultos ven a los niños comportarse de la manera que ellos desean, suelen ser cariñosos con ellos y reforzar esas conductas, pensamientos o emociones a través de gestos como un abrazo o un beso y a veces los castigan retirándolos. «Has hecho todos los deberes muy bien, ¡cuánto te quiero!» o «Si no compartes tus juguetes, papá no te va a querer». Aunque para nosotros la diferencia es evidente, el niño interioriza que, si no son los suficientemente buenos, si no cubren el estándar del otro, no son dignos de recibir amor.

Por desgracia, muchos psicólogos promueven estas estrategias de refuerzo y castigo a través de la expresión afectiva.

Aunque todo esto pueda parecer de loquero exagerado, la plasticidad cerebral, es decir, cómo el cerebro es «una esponja» a edades tempranas, y el impacto emocional por el instinto de supervivencia y proceso de apego hace que estos aprendizajes se graben a fuego.

Todas estas experiencias, que primero recibimos de nuestros padres y de otros adultos, van forjando nuestra sensación de ser suficientemente buenos y válidos en sí mismos, dignos de amor y respeto incondicional o de ser disfuncionales, malos, con algo en nuestro interior que no está bien. De la misma forma, vamos interiorizando el conjunto de normas, qué es adecuado y qué no y los estándares requeridos en cada faceta que forjarán nuestras tendencias autoexigentes y perfeccionistas. Finalmente, interiorizaremos con qué dureza debemos evaluarnos, juzgarnos, castigarnos y criticarnos ante nuestras propias fallas, y eso desarrollará ese pequeño cabrón que llevamos dentro y nos jode la puta vida.

En otras ocasiones, podemos favorecer esta autocrítica o autoexigencia al ver a personas de nuestro entorno, especialmente si las queremos, tratarse de esa forma, de modo que lo copiamos como tantas otras cosas que imitamos de la gente emocionalmente importante[8]. También puede que veamos a alguien sufrir muchísimo por ser débil o no ser válido. Por ejemplo, un niño que ve a su padre deprimido en la cama o a su hermana humillada por su sobrepeso, puede interiorizar estos temores a no ser suficiente e incluso tener miedo a ser «contagiado» y considerarse inválido por compartir algo con estas personas («No quiero ser como mi madre» o «Me da miedo que sea algo genético y me ocurra lo mismo que a mi abuelo»; estas u otras frases similares las oigo con frecuencia en consulta).

Cómo se forja esa sensación es un proceso complejo. A veces se trata de experiencias muy traumáticas y dolorosas;

---

8 BANDURA, A. (1982). *Teoría del aprendizaje social.* Madrid: Espasa-Calpe.

otras, de un proceso insidioso que rara vez tiene un origen claro. Si miramos cada una de estas situaciones, ninguna de ellas es especialmente jodida o lesiva, a menudo ni siquiera provocan una gran reacción en el niño que nos haga identificar que le hace daño.

Además, muchas tienen una finalidad educativa o de cuidado, de algo que se hace «por su bien»; no nos chirrían porque casi todos las aplicamos, y es que, socialmente, no está mal visto querer que el niño se porte bien y parecen menos lesivos que pegarle una leche. Esta apariencia de buena intención, hace que sea más difícil entender que son dañinas.

Otro factor importante a la hora de la dificultad de identificar el origen de este tipo de sensaciones de invalidez es el hecho de que, salvo en casos que van acompañados de un maltrato o abuso extremo, ese tipo de actitud y mensaje rara vez solo se le da a una persona en concreto, y es que ese padre exigente suele hacerlo con todas las personas que están a su alrededor (pareja, otros hijos, familiares...) y consigo mismo, ya que cree que es algo bueno o, simplemente, no sabe hacerlo de otra manera. Esta generalización hace que lo normalicemos casi sin reparar en ello, no siendo conscientes de ser tratados de una manera perjudicial.

Es una gota malaya que va golpeando poco a poco, grabando a fuego en nuestro psiquismo la sensación de que hay algo que no funciona bien en mí... Esto provoca que, cuando seamos mayores, nos cueste más identificar de dónde viene esa sensación y entender que es fruto de un tipo de dinámica que no es sana.

En determinadas ocasiones, esta sensación no se interioriza por una acción de rechazo, especialmente en padres poco presentes. El sentimiento de no ser atendido o considerarse abandonado puede ser explicado en la mente del niño como la prueba de que no vale nada.

Susana fue una paciente a la que traté hace muchos años por un cuadro de fobia social e ideas obsesivas que la tenían bien puteada. Antes de intervenir en quitar esos pensamientos rumiantes, exploré con ella para qué estaban ahí, qué intentaba conseguir o de qué se protegía con ellos (y es que si algo que quieres quitar cumple una función de protección de una herida emocional, no podrás hacerlo aunque te haga daño hasta que sanes esa herida o le des una alternativa más sana para protegerse) y encontramos que solían girar en torno a la imagen que proyectaba hacia los demás, y era una especie de chequeo para tener todo bajo control y ser siempre estupenda.

La verdad es que con el nivel de *apretaera* que manejaba con el tema, entiendo que tratar con la gente le provocara ansiedad y que le costase divertirse en momentos de ocio si en vez de relajarse y disfrutar estaba pendiente de cada puto detalle.

Así yo tampoco quedaría con nadie, ni para que me diese un billete de quinientos euros.

Cuando le preguntaba por qué era tan importante agradar y gustar a los demás, aparecía un miedo profundo al abandono y el rechazo. Esto la trastocaba, porque aseguraba haber sido una niña atendida, querida y cuidada por sus padres, en una familia e infancia que catalogaba como «normal», lo cual le hacía aumentar su sensación de que era una paranoia que se montaba ella sola porque había algo en su interior que no estaba bien…

Aun así, a medida que pasaban las semanas y me iba contando lo que le pasaba, salían escenas como una en la que, volviendo del gimnasio, se encontró con su padre por la calle cuando este iba de camino a tomar una cerveza con unos amigos suyos. Susana los conocía y les tenía mucho cariño; cuando le preguntó si podía acompañarle para saludarlos, el padre le contestó que no podía llevarla sudada y con esas pintas. Otra vez, en un almuerzo, sin querer eructó, y su hermano, sin cortarse un pelo, la miró con cara de asco muy despectivamente, a pesar de estar en casa y en confianza. También me contó que su madre tenía la costumbre de pedirle que le enviase fotos de ella cuando le decía que había quedado con alguien para comprobar cómo iba vestida y darle recomendaciones al respecto... Estas escenas, sutiles, se repetían continuamente.

Otras veces no se daban porque se encargaba de «evitarlas» con recomendaciones y sugerencias para prevenir que no volvieran a producirse, como, por ejemplo, como el día que Susana eructó estaba bebiendo cerveza, cuando le contaba a su hermano que tenía una cita con un chico, él le recomendaba entre risas que pidiese algo que no llevase gas, no fuera a asustar al chico eructando como un camionero.

Ella no era el único blanco de este tipo de comentarios, que eran una constante: la madre le pedía a su marido que se peinara antes de salir a la calle, el hermano revisaba sus fotos antes de subirlas a las redes para que todo se viese perfecto o incluso la propia Susana le decía a su madre que, si no renovaba su armario, mejor que fuera al asilo a tomar algo, y no con ella a una cafetería del centro.

Era una familia que la quería, con la que había un buen clima afectivo y que estaba aparentemente bien; sin embargo, el aire que respiraban estaba contaminado de un gas invisible que contenía un mensaje claro: si no proyectas una imagen atractiva, te abandonarán o rechazarán.

Cuando se dio cuenta de ese profundo miedo al abandono y al rechazo, entendió el porqué de su fobia social y de cómo intentaba protegerse a través de su obsesión de repasarlo todo. Empezamos a trabajar esas heridas emocionales de no ser suficiente y miedo al abandono; se enfadó con su familia y puso fin a ese tipo de mensajes, se conmovió por la niña asustada que todavía era, se atrevió a contarles a otras personas su miedo a que le diesen de lado si no era atractiva y correcta, se expuso a ir hecha unas pintas y comprobó que no la repudiaban. Así, poco a poco, enfrentando sus miedos, pudo calmarlos, y estar con gente dejó de ser el infierno, por lo que, al no necesitar estar pendiente de revisarlo todo pensando, sus obsesiones disminuyeron de forma muy significativa.

¿Si te hizo tanto daño, por qué te lo haces tú?

Aparte de por la interiorización que te he explicado, nos damos caña sobre todo como un mecanismo defensivo.

La autoexigencia y el perfeccionismo son el estándar que intentas alcanzar, en la fantasía de que si llegas al mismo estarás protegido y seguro, serás tan genial y de puta madre que nadie querrá atacarte, abandonarte y rechazarte. Todo dios te tendrá admiración y respeto o sentirán amor, atracción o miedo hacia ti.

También, al ser tan genial y competente, al ser la mejor versión de ti mismo, podrás conseguir todo lo que te propongas, pudiendo alcanzar éxitos y objetivos, que no solo te darán placer, satisfacción personal o ventajas materiales, sino que harán que le gustes aún más a la gente.

Tendrás el control y la seguridad absoluta en tus relaciones, círculo social y en lo que pasa en tu vida. El dolor, por tanto, desaparecerá.

Es una fantasía guapísima, ¿eh? Es difícil no ponerse cachondo imaginándosela.

De hecho, es tan agradable que para ello generas ese juez interno, ese examinador que es la autoexigencia perfeccionista. Se trata de un cabrón insaciable y que nunca está satisfecho del todo, en gran parte, porque aspira a algo que es jodidamente imposible de alcanzar y que está enormemente distorsionado, como solo la acción de la fantasía y el miedo al dolor pueden hacerlo.

Así que ahí lo tienes, dentro de tu puta cabeza, atento a cualquier cagada, quisquilloso y meticuloso como solo un examinador hijo de la grandísima puta puede serlo, borracho de poder, evidenciando cómo otros son mejores que tú, poniendo una cara de desprecio ante tus esfuerzos fallidos de intentar complacerle, creando sueños húmedos de lo genial que sería lograrlo, mostrándote cómo le decepcionas y lo mediocre que eres sin contarse ni un pelo, sintiendo arcadas cada vez que algo evidencia lo patético, horrible, asqueroso, inepto, débil, tonto, torpe, vago, feo o aburrido que eres.

Pero ese juez interno que es la autoexigencia necesita un brazo ejecutor, alguien que le haga el trabajo sucio y se ensucie las manos (él es demasiado digno para eso), así que siempre va acompañado de su vil esbirro: el verdugo de la autocrítica.

Su función es la de machacarte cada vez que la autoexigencia considera que no lo has hecho bien, y lo hace no ya sin ningún tipo de piedad, sino que encima lo disfruta y se emplea en ello como solo los sádicos de mierda saben hacerlo. Ríete de las torturas de las checas de los comunistas, los castigos de Guantánamo o los interrogadores de una dictadura militar.

Encima, como ese verdugo también eres tú, te conoce a la jodida perfección, así que sabe dónde te duele y cómo hacerlo para que el castigo sea el más efectivo y sufriente posible. Te dirá que eres una mierda, te hará sentir vergüenza y miedo a mostrarte tal y como eres, hará que el fracaso sea algo intolerable, te gritará que te exiges más y te fustigará para que lo hagas, aunque tu espalda esté en carne viva y tú te caigas del cansancio.

Le dará igual crearte ansiedad, hundirte la imagen que tienes de ti, privarte del derecho a sentirte digno de ser amado y te amenazará con que nadie te va a querer.

Todo vale para castigarte cada vez que se evidencie lo indigno que eres o falles para que aprendas la lección y la próxima vez te lo curres más y lo hagas bien. De hecho, la autocrítica es tan creativa que a veces no hará falta ni que ocurra nada y recordará los grandes éxitos de tus cagadas, dándote cera por ellas o incluso imaginando cómo lo harás de mal en eso que tanto te importa, haciendo predicciones funestas y apostando contra ti en una casa de apuestas de internet.

En cierto modo, esto es mucho peor que el matón que te hace *bullying* en el instituto o el maltratador que te parte la cara, ya que, como está dentro de ti, no puedes escapar de él. Además, cuando el que te hace daño es externo, es más fácil de ver y de entender que eres una víctima, pero en este caso no está tan claro, ya que es un proceso abstracto e interno. También es más fácil odiar o defenderte de una amenaza externa que de una voz que está dentro de ti y que eres tú mismo.

Es un cabrón, pero solo quiere que estés seguro y a salvo, que nadie te trate mal, que te garantices el amor y la compañía imprescindibles para el ser humano y que consigas todos tus sueños, que puedas mirar a los anuncios y a los *influencers* y decirles: «No sois mejores que yo».

Quiere, como los oradores motivacionales, *coaches* y psicólogos de panfleto, que seas tu mejor versión, que desarrolles al máximo tu potencial, que logres tus objetivos, que tengas una mentalidad de tiburón y una independencia absoluta.

Si, como decía el antiguo refrán, «la letra con sangre entra», te va a hacer sangrar como un cochino en una matanza, pero la letra se va a quedar bien metidita… Así, tu débil narcisismo y frágil ego se hincharán como un globo.

Y el problema es, precisamente, cuando lo consigue, cuando a base de darte caña y llevarte al límite, eres capaz de lograr eso que deseas. Por una vez pruebas las mieles de la perfección y te das cuenta de lo increíblemente agradable que es, no solo por haber alcanzado el objetivo y las recompensas que supone, sino sobre todo por sentirse así de bien y seguro. Es como un orgasmo multiplicado por mil, como la más perfecta y placentera de las drogas, diseñada químicamente para que te sientas genial. Así que vuelves a intentarlo, pese a las pocas posibilidades de éxito porque quieres de nuevo ese chute que sentiste aquella vez que sí funcionó[9].

Además, conseguirlo, aunque sea muy de vez en cuando, parece demostrar que los estándares de la autoexigencia perfeccionista son realistas, que Adidas lleva razón cuando te dice aquello de «*Impossible is nothing*» (si te compras su ropa, claro) y de alguna manera legitima todos estos procesos, por más que la mayoría de las veces solo te generen dolor, frustración y nunca llegues a ello[10].

¿Quién quiere reconocer que está haciendo el gilipollas? ¿Quién renuncia a algo que desea profundamente? ¿Quién no ansía la vacuna contra el dolor y la inseguridad? Y es que, como dice el refrán, no hay más ciego que el que no quiere ver, y nadie quiere tomar consciencia de que somos nuestro peor enemigo o que esto viene de que figuras queridas nos han hecho sentir inválidos y poco dignos de ser amados (aunque sea sin ser conscientes), sintiendo el dolor, la tristeza y la rabia inherente a ello…

---

[9] ALCARAZ GARCÍA, M. A., REDONDO LAGO, J. M., FRAGA CAROU, I. y FERNÁNDEZ-REY, J. (coords.) (2003). *Procesos psicológicos básicos I*. Madrid: Pirámide.

[10] MARTÍN SÁNCHEZ, I. (2020). *Sesgo de confirmación. Revisión bibliográfica*.

Esto lleva a un conflicto interno entre nuestras partes y sus objetivos, tendiendo a invalidar las partes de nosotros que nos dan miedo o nos parecen inaceptables.

El problema es que, para contentar a esa parte que llamamos «voz crítica» que busca hacernos sentir a salvo, acabamos dándole demasiado poder y nos olvidamos que la otra parte de nosotros, la débil, que es machacada para intentar obligarla a alcanzar lo imposible, también somos nosotros: y es que no solo somos el verdugo que empuña el hacha, sino también la víctima que pone el cuello...

Como bien dice el filósofo existencialista Søren Kierkegaard: «También yo he sentido la inclinación a obligarme, casi de una manera demoníaca, a ser más fuerte de lo que en realidad soy».

Fustigar al caballo para que galope (hasta que reviente)

Uno de los argumentos que más me dicen los pacientes en consulta cuando trabajo el tema de autocrítica y la autoexigencia (que, por cierto, está presente en el 90 por ciento de los casos que veo a diario) es que lo hacen como estrategia para conseguir lo que se proponen.

Es sorprendente que estemos dispuestos a casi cualquier cosa con tal de conseguir unos objetivos y logros que no solo no nos darán la felicidad, sino que su bienestar se difuminará en poco tiempo. Tratarnos de forma cruel y salvaje es un precio que nos parece asumible con tal de sentirnos un poco válidos y exitosos, para así poder gustar a otros.

Por este motivo, como creemos que machacarnos nos hará más eficaces, lo hacemos.

¿Pero esto es real?

Imagina que vas montado en un caballo con el que quieres llegar a tu objetivo de la forma mejor y más rápida posible. Parece razonable pensar que, si le clavas las espuelas y lo fustigas, el caballo aumentará su velocidad, desplegando todo su potencial, así que darle caña cuando se canse es la forma de garantizar que se esforzará al máximo.

Sin embargo, esto solo puede ocurrir un número limitado de veces y no es sostenible en el tiempo: puedo azotar al caballo con la idea de estimularlo, y quizás por evitar el pinchazo lo dé todo y corra con fuerza, pero su capacidad de ir al galope es finita, así que habrá un momento en que, aunque lo desee, reventado por el sobreesfuerzo que ha hecho instigado por mi autocrítica, no podrá hacerlo más, y entonces azotarle no solo no servirá para nada, sino que le añadirá una dosis extra de sufrimiento.

Pues bien, en el juego perverso de la autocrítica, tú eres el jinete, pero también el puto caballo. Así pues, vamos a quedarnos con lo que mejor puedes conocer y en lo que eres la mayor eminencia mundial: tu propio caso. ¿Cuánto tiempo llevas machacándote y teniendo una actitud de mierda contigo mismo? ¿Has logrado perder esos kilos, ser más valiente y optimista o lo que sea que te has exigido?

Supongo que estarás haciendo una lista de todo lo que te propones y no consigues, y empezarás a ser consciente de que te estás comiendo una buena mierda a pesar de la caña que te metes.

Los terapeutas sistémicos tienen dos máximas que aplico con frecuencia: no hagas más de lo que no funciona y la solución forma parte del problema.

La primera idea y su aplicación a la utilidad de la autocrítica es evidente: si algo no ha funcionado las diez primeras veces que lo has aplicado, ¿qué te hace pensar que funcionará la vez número once? Seguir aferrado a una solución que no da resultados es una de las cosas más irracionales que puede hacerse, pero no solo no es eficaz, sino que es dañino.

Tal y como recoge la segunda máxima, un intento de solución mal planteado muchas veces acaba actuando como factor de mantenimiento del problema o agrava el mismo. Por un lado, tenemos el coste de oportunidad, ya que, cuando intento una solución que no es eficaz, no exploro otras opciones que sí podrían ser válidas. Por otro lado, muchas veces eso que implemento tiene el efecto contrario, como en este caso, darme una paliza mental que pone en marcha una serie de procesos psicológicos que no solo causan un montón de sufrimiento, sino también tienen efectos en nuestro funcionamiento volviéndonos terriblemente ineficaces[11].

En la película *La chaqueta metálica*, de Kubrick, podemos ver a un suboficial del ejército americano encargado de entrenar a varios reclutas inexpertos. Uno de ellos, al que bautiza como «recluta patoso», es particularmente zopenco, así que decide estar todo el puto día metiéndole presión, gritándole e insultándole; esto suele hacer que el pobre novato se ponga aún más nervioso y actúe torpemente en las instrucciones y ejercicios militares propios de su formación. Este bloqueo le lleva a una profunda sensación de desesperanza y de indefensión, que termina trágicamente cuando el recluta patoso mata al sargento y luego se suicida.

Aunque es una peli de Hollywood y bastante extrema, refleja muy bien cómo afecta al rendimiento y la salud mental de una persona la exigencia y crítica constante.

En otro capítulo te contaré cómo la autocrítica y la autoexigencia están detrás de muchos procesos clave para

---

[11] WATZLAWICK, P., WEAKLAND, J. H. y FISCH, R. (2012). *Cambio: formación y solución de los problemas humanos*. Barcelona: Herder.

padecer depresión, ansiedad, déficit de asertividad, trastornos de conducta alimentaria…, y creo que sobra decirte que tener una enfermedad mental no es precisamente lo que más te ayuda a darlo todo y rendir en lo que te propones. Son incompatibles con el desempeño y el funcionamiento. Precisamente por eso son un motivo de baja laboral reconocido.

Pero es que, además, es tal el nivel de ataque al que te sometes que tu cuerpo activa sus sistemas de alerta al vivirlo como una amenaza brutal y sabemos que estos niveles de ansiedad altos afectan de forma clave al desempeño de una persona: la ansiedad hace que te vuelvas más torpe, que te desconcentres, que te bloquees, que te cueste pensar con claridad, que seas menos resolutivo… Todos tus procesos de pensamiento, aprendizaje y procesamiento de la información se ven alterados y funcionan peor como consecuencia de la segregación de cortisol que se da en la respuesta de ansiedad[12].

No solo te deja *apollardao* a nivel mental, también se monta unas historias que ríete de J. K. Rowling o Stephen King. Y es que cuando aparecen las ansias perfeccionistas de la autoexigencia, tendemos más a hacer planes fantasiosos, excesivamente rígidos, inalcanzables y poco realistas, diseñando unas estrategias de mierda para alcanzarlas, lo que casi garantiza que nos metamos mogollón de tralla cuando no hemos sido capaces de alcanzarlos; esto hace que nos desmoralicemos y que acabemos abandonando, por lo que fracasamos más[13].

---

[12] Tobar Soto, L. C. (2022). «Hipercortisolemia y estrés. Impacto en las funciones cognitivas». *Revista Científica UISRAEL*, 9(1), 139-157.

[13] Powers, T. A., Koestner, R., Zuroff, D. C., Milyavskaya, M. y Gorin, A. A. (2011). «The effects of self-criticism and self-oriented perfectionism on goal pursuit». *Personality and Social Psychology Bulletin,* 37(7), 964-975.

Si pienso en mi experiencia clínica, podría decir que casi nunca he encontrado pacientes muy autoexigentes y autocríticos en una sola área de su vida. Su miedo a no ser suficientes es una fuerza muy potente, de forma que su influencia tiende a generalizarse y a funcionar siempre desde ahí. Puestos a buscar la seguridad en algo básico, es normal que no nos lo juguemos todo a una única carta (que somos neuróticos, pero no gilipollas), así que suelen presentarme listas de objetivos y propósitos de cambio más largas que un día sin pan andando por la Alpujarra granaína en agosto, y ese es uno de los motivos de sus fracasos, pues, como dice el refrán, el que mucho abarca… poco aprieta.

Un buen ejemplo nos lo proporciona la Wehrmacht, el ejército nazi, posiblemente el mejor del mundo durante la Segunda Guerra Mundial. Su enorme cantidad de divisiones, equipamiento técnico, moral de combate y organización militar eran imparables. Cuando se enfrentaron de tú a tú y sin otros frentes abiertos con el ejército francés, que a pesar de sus carencias era de los más poderosos del mundo, se lo follaron en solo un mes y medio. Sin embargo, tras esa espectacular victoria, ese enano histriónico y narcisista de Hitler se vino muy, muy arriba, así que decidió que podría enfrentarse a los países aliados (liderados por Reino Unido) en Europa occidental, a los comunistas soviéticos en Rusia y, ya puestos, apoyar en el Mediterráneo a sus aliados italianos. Por si eran pocos los que querían darle para el pelo a los alemanes, Estados Unidos se unió a la fiesta dos años más tarde apoyando a los aliados. ¿El resultado? El ejército nazi fue aplastado.

La incapacidad del dictador alemán de dejar pasar conquistas potenciales y su autoexigencia de crear nada menos que un imperio continental que duraría mil años hizo que, a pesar de la capacidad y competencia del ejército alemán, fracasaran estrepitosamente, al no poder combatir eficazmente en tantos frentes abiertos.

Esta dinámica de querer conseguirlo todo en todas partes hace que las personas sean incapaces de focalizarse en una tarea, condición indispensable para poder avanzar en la misma…

Y es que estas fumadas grandilocuentes de nuestra autoexigencia hacen que distorsionemos nuestra interpretación de la realidad y la percibamos de manera errónea, con lo que nuestro nivel de ajuste a la misma es bastante malo. Bajo su efecto es muy frecuente ver las cosas de forma dicotómica, de modo que o lo hacemos perfecto o es «una mierda», lo cual provoca que no percibamos de manera realista nuestro desempeño y avances[14]. Al final, esta sensación de no conseguir las cosas hace que nos sintamos incapaces y que nunca haya beneficios de nuestros esfuerzos, lo que termina por desmotivarnos.

Una de mis psicólogas favoritas y máxima autoridad desde los modelos cognitivo-conductuales en este tema, la norteamericana Kristin Neff, llama «látigo desmoralizador» a ese discurso interno, sádico y dañino con el que nos atacamos cada vez que cometemos un error o vemos nuestros defectos y que tiene el efecto claro de desmotivarnos.

Vamos a hacer una prueba para que veas su efecto:

«Eres una gorda asquerosa», «Menudo cobarde estás hecho», «Actúas de forma tan patética», «Jamás lograrás tener amigos», «Friki de mierda», «Vago y subnormal»… son un tipo de piropos que no le dirías a nadie, pero a ti sí.

Cuando los has leído, ¿te han motivado a cambiar? ¿Te han hecho sentir capaz de ello? ¿Después de ese juicio sientes que mereces la pena?

---

[14] Chemisquy, S. N. (2018). «Revisión teórica sobre el perfil cognitivo del perfeccionismo desadaptativo». *Apuntes Universitarios*, 8(1), 16-40.

Las personas crean un discurso, una «narrativa» de sí mismos y del mundo, de forma que se relacionan más con dicho discurso de las cosas que con las cosas propiamente dichas. Estas narrativas determinan el modo de sentir, percibir, evaluar, relacionarse y actuar que tienen con la realidad, incluidos ellos mismos[15].

Si tienes una narrativa en la que eres una mierda, no te sorprenda sentirte y actuar como si lo fueses… Así que no te enfades si luego te sientes inseguro y eso hace que la cagues[16].

Otra pregunta interesante es si tratarías con esa crueldad y exigencia a cualquier otra persona, porque estoy seguro de que no le hablarías así ni al compañero de curro que te cae como el culo.

Somos muy benévolos con las miserias de otros y muy hijos de puta con las propias.

A lo que voy a referirme ahora es un mecanismo psicológico sobradamente probado, de ahí que sea en el que más psicólogos basan sus intervenciones cuando quieren modificar la forma de funcionar de un paciente, si bien creo que se le da una importancia sobredimensionada al dejar fuera otras variables más difíciles de observar y medir… Con todo, ahí está, se haya exagerado o no su trascendencia, y juega un papel esclarecedor a la hora de explicar cómo, al final, esta mierda de darnos caña es más ineficaz que un funcionario a la hora del desayuno.

Los resultados y consecuencias de nuestro comportamiento son, en gran medida, los que determinan qué y cuánto los hacemos, por eso es tan importante lo que deno-

---

[15] PAYNE, M. (2002). *Terapia narrativa*. Barcelona: Paidós.

[16] KANE, T. D., MARKS, M. A., ZACCARO, S. J. y BLAIR, V. (1996). «Self-efficacy, personal goals, and wrestlers' self-regulation». *Journal of Sport and Exercise Psychology*, 18(1), 36-48.

minamos refuerzo y castigo cuando nos proponemos objetivos, ya que juegan un papel clave a la hora de incrementar o reducir los comportamientos.

El refuerzo es «la recompensa» que obtienes al realizar una conducta determinada, por ejemplo, tomarme una lata de Aquarius fresquito al terminar reventado de entrenar que me sabe a puta gloria o decirme en mi cabeza que lo estoy haciendo fetén. Esas recompensas hacen que interioricemos que realizar esa conducta es agradable y nos mueve a que la hagamos más frecuentemente. El castigo, en cambio, consiste en «el malestar» que obtenemos por una conducta; por ejemplo, cuando mi amiga Carmela me echa la peta por no responder al móvil, a ver si así empiezo a no ser tan pasota (y a pesar de sus broncas la quiero un montón).

Aclarados estos conceptos básicos, hemos de entender que cuando vives en la cruel dictadura de la autoexigencia, al conseguir algo, rara vez sientes que tenga recompensa o motivo de mérito, ya que, a fin de cuentas, simplemente has hecho lo que tenías que hacer. Cuando solo puedes sacar un diez para aprobar, sacar un sobresaliente no es un logro, no es más que pasar el examen. Así estamos perdiendo uno de los mecanismos que más nos ayudan a la hora de incrementar conductas que nos cuestan como correr, estudiar o hacer algo que nos da miedo...

Pero es que estos estándares altos no solo nos privan de los refuerzos y la motivación que aportan, sino que, además, tal y como señala mi antiguo alumno de prácticas y excelente psicólogo sanitario, Álvaro Amores, en su investigación sobre perfeccionismo, miedo al fracaso y síntomas depresivos: «Cuanto más altos son los estándares que se marca la persona, más fácil será que aparezca la posibilidad de fracasar»[17] y, por tanto, que haga acto de presencia nuestra simpática autocrítica a jodernos a base de bien y darnos una buena paliza. Este castigo cuando fallamos y el dolor que nos genera hacen que nos atrevamos menos a hacer cosas si no vamos a tener una garantía de éxito. Lo cual no pasa nunca, por lo que es poco probable que acabemos atreviéndonos a nada... Es llamativo aquí cómo los mismos oradores motivacionales y la psicología de panfleto que promueve toda esta autoexigencia y autocrítica, que pone tu valor como ser humano en los objetivos que alcances y tu bienestar en las recompensas (con lo cual te da miedo cagarla y no lograrlos), te exhorten todo el rato a salir de la manida «zona de confort» cuando sabemos que quienes tienen estas características que ellos fomentan son los menos capaces de hacerlo.

Es el mismo sinsentido que promover que una persona se tire el día sentado en una silla y luego animarle a correr

---

[17] Amores, A. (2017). *Perfeccionismo, miedo al fracaso y síntomas depresivos.* Madrid: Universidad Pontificia Comillas.

una maratón, y eso sí, si no lo consigue, tener los santos cojones de llamarle vago.

La voz crítica nos hace pagar un precio tan elevado por cagarla y la sociedad nos ha hecho sentir tan poco el derecho a normalizar el fallo, que mi miedo al fracaso me paraliza por completo, y al final no intento nada, lo que, paradójicamente, es la mayor garantía de fracaso posible.

Y entramos así en el que, para mí, es el proceso que más hace que la autocrítica y la autoexigencia sean mecanismos no solo crueles, sino profundamente ineficaces y estúpidos para intentar motivarnos o ayudarnos para conseguir cambios u objetivos en nuestras vidas: el del autoabandono.

La otra cara de la moneda: el autoabandono

Aunque puede parecer que es un proceso antagónico, la autoexigencia y el autoabandono están íntimamente conectados. Tan conectados que son la misma cosa, partes del mismo proceso.

Los seres humanos, como cualquier entidad biológica, tienden al equilibrio. El «ciclo de satisfacción de necesidades» es un proceso de autorregulación del organismo en el que los seres vivos, de forma biológica, es decir, innata y no adquirida, y por tanto inmodificable, están diseñados para funcionar de forma que cubran sus necesidades. Cuando tienes un déficit de nutrientes aparece el hambre que te mueve a comer. Cuando tienes falta de descanso, sueño para dormir… Igual con las emociones o con otro tipo de procesos psicológicos[18].

---

[18] Latner, J. (1994). *Fundamentos de la Gestalt*. Santiago de Chile: Cuatro Vientos.

Si observas las conductas de las personas, te darás cuenta de que si no nos vemos de forma compartimentada y reduccionista (el trabajo por un lado y la alimentación por otro, por ejemplo) y nos consideramos en su conjunto, mostramos siempre comportamientos y facetas contradictorias: así, alguien aparentemente fuerte tiene puntos de debilidad, un tímido es capaz de abrirse en canal y contar todo a sus selectas amistades u otro muy proactivo en su trabajo luego es muy pasivo en su vida familiar o de ocio (esa persona soy yo)… A veces es difícil ver la relación entre cosas de ámbitos tan distintos, pero te aseguro que están ahí. Siempre equilibrándose.

De este modo, parece que se trata de un juego de contabilidad cero donde cada acción es compensada con otra de signo contrario.

Ante la autoexigencia que nos lleva al extremo, que nunca se satisface con nada, que siempre quiere y reclama más en una ambición imposible de llenar, aparece el autoabandono indolente, que opta por resignarse, darle todo igual y no posicionarse o tomar partido por nada, más pasota que el tío del anuncio de «Me están estresaaaando» de Malibú.

Aunque desde fuera puede parecer —y así lo señalará nuestra autoexigencia— simple vagancia, se trata de un proceso regulatorio en esa búsqueda del equilibrio interno, de ahí que tenga tanta fuerza y sea tan difícil de evitar, pues cumple una función importante.

Por un lado, no es de extrañar que, tras forzar la máquina en un galope continuo en el que echamos las tripas, estemos jodidamente cansados, y que, agotados, es difícil tener ganas o capacidad de ponerse a hacer lo que uno necesita, por muy importante que sea. Además, recuerda que la autocrítica y la autoexigencia son causantes claros de la depresión, lo que no ayuda mucho a estar en un estado de ganas de luchar por nada, especialmente por la acción de los síntomas de la apatía (falta de energía) y la anhedonia (incapacidad de disfrute).

Sin embargo, este autoabandono puede estar presente incluso si no se dan estos síntomas, ya que la parte de ti que está hasta los cojones de ser atacado todo el rato y de que se le exija dar el cien por cien de forma sostenida (que luego puede no darlo, pero nota cómo le aprietan) te manipulará con la intención de que sientas que no es tan importante aquello que te pasa con tal de que no tomes cartas en el asunto.

Para ello empleará distintos mecanismos de automanipulación con los que engañarte, a fin de poder seguir indolentemente tumbado e indiferente, cual niño hipercastigado amargado que ha decidido que todo se la va a sudar muchísimo, que ya está harto de la presión de la autoexigencia y la autocrítica y que, total, como estas siempre le van a regañar y van a estar insatisfechas, para qué carajo va a ponerse a hacer una polla.

Entre sus medios, los favoritos son varias resistencias psicológicas: la desensibilización, la desvalorización, la introyección y la desviación[19], que sirven sobre todo para que te autoconvenzas de que no debes enfrentarte a las cosas que te dan miedo y necesitas.

Con la desensibilización intentará que no conectes con tu propio dolor o tus ganas de hacer ciertas cosas, ya que eso te movería al cambio; ¿qué mejor autoengaño que ni siquiera poder sentir que eso está ahí? Para ello te hará fumar porros hasta que no te des cuenta de nada, te absorberá con las redes sociales o reprimirá tus emociones.

---

[19] Pierret, G. (2006). *La terapia Gestalt: su práctica en la vida cotidiana*. Madrid: Ediciones Literarias Mandala.

Con la desvalorización manipulará tu percepción de lo que necesites cuando por fin tienes contacto con ello, diciéndote que esa cita no fue para tanto, que tampoco tienes que sentirte orgulloso por ir un día al gimnasio o que no tienes muchas ganas de ir a esa fiesta porque, total, qué pereza. De esta forma, quitándole valor a lo conseguido, se asegura de que no te comprometas o esfuerces para ir a por más...

La introyección hace que asumas sin más aspectos de tu vida y el mundo exterior sin que tomes consciencia de tu posición ante ellos. Sus frases favoritas son: «Así son las cosas» o «Qué le vamos a hacer», «Estoy acostumbrado», y mierdas por el estilo, como asumir que tener estrés y estar cansado es lo normal para no tener que cambiar tu vida.

Finalmente, la desviación buscará sustitutos de marca blanca de lo que realmente quieres, como jugar a la videoconsola en lugar de quedar con amigos, ordenar la casa en lugar de ponerte a estudiar algo en lo que te sientes tonto (este era un clásico mío en la carrera, nunca tuve la habitación más ordenada que en época de exámenes, en la que de pronto ordenar cajones que llevaban meses como una perrera me parecía de la máxima urgencia) o decir de broma algo que nos molesta realmente.

Con todas ellas se busca lo mismo: que no te parezca tan importante o necesario, que te resignes y no te posiciones ante lo que ocurre en tu vida, asumiendo la responsabilidad de enfrentar cosas que te dan miedo o que implican cambios.

Fíjate cómo, frente a la autoexigencia que eleva a necesidad cualquier meta absurda que se plantee, el autoabandono tiene el don de relativizar todo de forma que nada merezca la pena.

Ahí lo tienes, vuelven a aparecer esas dos fuerzas que se contrabalancean, creando un equilibrio perfecto.

Aparte de con las resistencias, es particularmente eficaz creándote jodidas fantasías de terror, exagerando la dificultad de las cosas que necesitas o quieres hacer; de este modo, convirtiendo algo en inalcanzable se garantiza que nunca te pongas a mover el culo... Te atrapa en el mundo mental, con una serie de pensamientos catastróficos, recuerdos del pasado y posibles peligros que provocan apatía y parálisis hasta a un niño de siete años después de beberse dos Red Bull en la cabalgata de Reyes.

Pero no solo te pinta negro lo que hay que hacerse, también te hace sentir menos capaz de lo que eres realmente. Se parece a la autocrítica cuando te dice que eres un inútil, feo, torpe, raro, pero, en vez de hacerlo para castigarte y juzgarte, lo dice como una realidad incuestionable, como una tara que te impide tener la más mínima posibilidad de éxito de conseguir las cosas o aprender lo necesario para ello. Tu incapacidad y falta de competencia se convierte entonces en la justificación para no asumir la responsabilidad y autonomía de tu propia vida.

El autoabandono ha sido interpretado como nadie en el personaje Ágorer interpretado por Ernesto Sevilla en *Muchachada Nui*. Se trataba de un superhéroe cuyo símbolo era un zurullo de colorines dibujado en el pecho, que aparecía diciendo frases desmotivadoras en diversas escenas donde la gente se estaba enfrentando a retos como estudiar una oposición («¿Para qué estudias si van a sacar muy pocas plazas?) o comprarse unos ajustados pantalones («¿Para qué te los compras si el año que viene no vas a caber?»), y cuyo lema era «Cuando deseas una cosa con mucha fuerza, al final te comes una mierda». Realmente exquisito y sublime. Imposible no partirte la polla de risa con ellos, te recomiendo buscarlo en YouTube para interiorizar realmente cómo funciona el autoabandono.

La procrastinación, uno de los temas de moda en internet y que los oradores motivacionales y gurús varios han declarado como tu mayor enemigo (que sí que te jode, pero la autoexigencia que ellos fomentan no les parece tan mala), es uno de los temas de moda en el mundillo de la psicología. Es curioso que quienes más ponen el foco en que tienes que ser tu mejor versión y conseguir tus objetivos para tener una buena autoestima hablen tanto de ella y, sobre todo, de cómo vencerla a base de fuerza de voluntad (aunque nunca explican cómo tenerla) y frasecitas motivacionales o herramientas tan útiles como «hacer un horario donde marcas tus tareas», pero apenas expliquen que no es más que una forma en la que se expresa el autoabandono.

Es un concepto que ha sido definido académicamente como «una dilación o aplazamiento voluntario ante los compromisos personales pendientes, a pesar de ser consciente de las consecuencias de hacerlo»[20]. Es otro de los mecanismos estrella del autoabandono, provocado por el miedo al fracaso y la presión que te genera la autoexigencia con sus estándares imposibles y el estado de crispación e indefensión de la voz autocrítica y su continuo discurso rabioso.

Con todo eso en lo alto, no es de extrañar que te cueste ponerte a hacer determinado tipo de cosas y que cualquier excusa sea buena para dejarlo para otro momento. A pesar de que habitualmente consideramos la procrastinación como mera vagancia o falta de fuerza de voluntad, lo cierto es que, si bien tiene algo de eso, esa es una visión muy juzgadora (lo que le encanta a tu voz crítica) y, sobre todo, reduccionista.

---

[20] Angarita Becerra, L. D. (2012). «Aproximación a un concepto actualizado de la procrastinación». *Revista Iberoamericana de Psicología*, 5(2), 85-94.

Procrastinamos porque evitar algo que nos genera malestar es lo normal, a nadie le gusta eso. Habitualmente creemos que se debe a la naturaleza de la tarea que aplazamos: es aburrido, tedioso o frustrante por su dificultad; sin embargo, ese momento incómodo suele ser más o menos abordable, salvo en algunas actividades muy concretas, especialmente si es algo importante en nuestras vidas.

Así que te intentas poner con algo que de por sí no te gusta, pero es que, encima, de compañera de viaje te ponen a tu voz crítica, para que esté dándote caña a muerte y que la ansiedad que te genera su ataque te bloquee aún más. Aplazar o dejar esa tarea se convierte en algo muy placentero, ya que no es simplemente no hacer algo coñazo (la tarea que procrastinas), es protegerse de la sensación de frustración e inutilidad que provoca la autocrítica. Esto hará que procrastinar se vea reforzado y tiendas a hacerlo más[21].

Como es un mecanismo de protección y hacerlo es una de las prioridades de tu instinto de supervivencia, tu mente buscará de forma más activa la procrastinación y cogerá mucha más fuerza... Vamos, que con este plan casi que es mejor irte de vacaciones solo con tus suegros que dejar de procrastinar.

Como ves, el problema de la procrastinación no es tanto la vagancia o la tarea, sino la acción de una autocrítica que genera tanto malestar que provoca la huida. Otra vez la autoexigencia y el autoabandono compensándose el uno al otro, expresiones que parecen antagónicas, pero que son un mismo proceso.

---

[21] STEEL, P. (2007). «The nature of procrastination: a metanalytic and theoretical review of quintessential self-regulatory failure». *Psychological Bulletin*, 133(1), 65-94.

Actualmente tengo una paciente, estudiante de odontología, que acudió a mi consulta con un cuadro distímico-depresivo. Esta patología es un tipo de depresión en la que está menos presente la tristeza y la desesperanza, pero que se expresa sobre todo a través de una enorme apatía: cuesta mucho hacer cosas y parece que las energías nos han abandonado.

Al preguntarle por qué creía ella que le pasaba todo eso, identificaba claramente que el comienzo de sus problemas llegó a raíz de no sacar la nota esperada para entrar en la carrera en la facultad que deseaba y tener que irse a la otra punta de España.

Cuando llegó su nota de selectividad y en su familia vieron que era insuficiente, fue vivido como un puñetazo directo a la cara. Incapaces de aceptar tal fracaso, ella decidió volver a presentarse un año más tarde, cuando consiguió a duras penas hacer los exámenes por el grado de ansiedad que tenía, así que la nota volvió a no ser la requerida. Triste y culpable, aceptó matricularse donde sí la cogían, lo que, tanto ella como sus padres, catalogaron de terrible decepción. La niña brillante del colegio no había logrado seguir la tradición familiar de estudiar odontología en esa universidad de prestigio.

Tras sentir el rechazo y los ataques de sus padres, ella partió a su nuevo destino, donde desde el principio se sintió incómoda tanto en las clases como con sus compañeros, a los que sacaba un año de edad y que le preguntaban el porqué de esa diferencia. Eso hizo que le costase engancharse al ritmo de la facultad, a veces prefería quedarse en la biblioteca estudiando o en su residencia sin hacer nada por no tener que socializar, y fue sintiéndose más y más aislada. Los cursos no fueron saliendo y se le atascó la carrera, quedándose cada vez más atrás, lo que hacía que fuese sintiendo más vergüenza de sí misma, más ansiedad y falta de energía. Su juez y verdugo interno la machacaban continuamente, sin darle un respiro. Se empezó a ver como una estúpida y, como no se ponía a estudiar en serio, a dudar sobre si realmente quería ser dentista...

Trabajamos en sesión su autocrítica y esa sensación de no sentirse suficiente, fomentando su autocompasión y que se permitiera sentir la tristeza adaptativa que reprimía. También confronté cómo cedía ante la sensación de fracaso en lugar de ponerse a estudiar y que consintiera que sus padres la tratasen a patadas sin defenderse. En unos meses retomó sus estudios desde otro sitio, menos agobiada con el rendimiento y las notas, puso límites a sus padres y a su voz crítica, y actualmente, seis meses después del inicio de la terapia, sigue en la brecha tras aprobar casi todas las asignaturas del primer cuatrimestre, si bien los exámenes siguen generándole ansiedad por todo lo que lleva sufrido con el temita... Ánimo, campeona.

Espero que este caso te ayude a entender que, en este juego malévolo entre tus dos partes, a ninguna de ellas le importas tú realmente, sino que cada una actúa motivada para protegerse de sus propios miedos: el de no ser exitoso y perfecto de la autocrítica y el del miedo al fracaso y a asumir la responsabilidad de su vida del autoabandono.

Ambos son procesos compensatorios motivados por la evitación del dolor y su defensividad neurótica, ya que unas veces nos obsesionamos con algo, porque cuando lo conseguimos y sentimos compensamos nuestro dolor emocional, y otras reprimimos algo en las profundidades de nuestra consciencia para no tener que verlo, aceptarlo, ni exponernos a ello[22].

---

[22] PERLS, F., HEFFERLINE, G. y GOODMAN, P. (1951). *Gestalt therapy...*, *op. cit.*

A un nivel de análisis más racional, es fácilmente entendible que la relación entre ellas es obvia: si gasto mi energía y esfuerzos en lo laboral y social, quedan pocas ganas para mi autocuidado, o es normal que tras una semana organizando contenido en redes no tenga ganas de organizar la limpieza o mi ocio, ni siquiera una orgía con supermodelos de Victoria Secret con tal de no tener que pensarlo ni esforzarme.

Aunque un poco menos evidente, podemos entender cómo la autoexigencia y la autocrítica y el autoabandono son dos procesos que a la vez son consecuencia y causa el uno del otro. Así se crea un círculo vicioso en el que el machaque de la autocrítica destroza, cansa y bloquea cualquier intento de acción, lo que lleva a ese autoabandono fruto de ese ataque, y es precisamente ese no hacer nada y esa dejación la que causa que la voz autocrítica emerja con fuerza indignada e inmisericorde, dispuesta a arrancarte la piel a tiras por tus errores y miserias.

Autoexigencia y autoabandono son despliegues ante lo mismo: no soy suficiente. Son sus consecuencias lógicas e intentos de manejarlo.

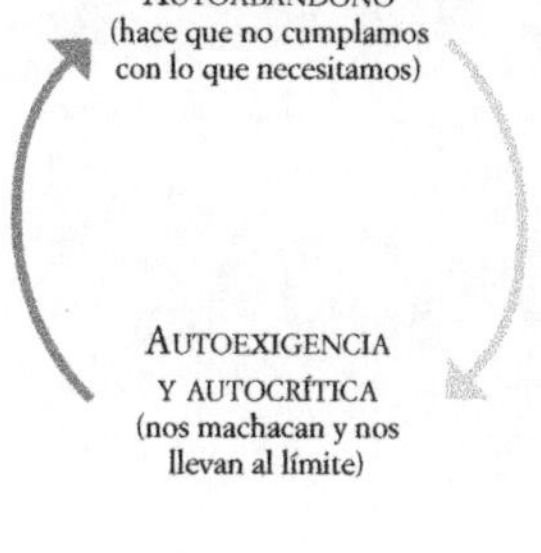

6

El precio de la perfección

Hasta ahora te he explicado cómo la autoexigencia y la autocrítica se forjan a nivel individual, su finalidad psicológica, cómo se expresan de distintas formas (perfeccionismo, autoabandono...) y los aspectos que explican por qué nos enganchamos en este tipo de procesos, a pesar de que sean ineficaces.

Entender que esto no es bueno y genera malestar psicológico es algo relativamente evidente y no es necesario tener una licenciatura en Psicología, leer la bibliografía de Freud o hacerse un curso chorra de esos de internet. Sin embargo, a pesar de que el que no sea bueno es una obviedad, sí que creo que es importante explicar por qué es mucho más dañino de lo que parece a simple vista y cómo no es solo un proceso que te da por culo, sino que lo hace de tantas formas y maneras distintas, con tanta intensidad y brutalidad, que parece más bien una orgía sadomasoquista.

Vivir bajo examen

¿Recuerdas la época de los exámenes? ¿Te agobiabas, te alterabas, estabas que no se te podía decir nada? (¿O con la mala *follá* subida si eres de Granada?) ¿Lo recuerdas como el mejor momento del año? Una cosa así que dijeras: «Madre mía, qué ilusión me hace» o «Estoy más a gustico que el copón»; probablemente no, incluso si eras de aquellos a los que se le daba especialmente bien y en los exámenes lo petabas muchísimo.

Si hace mucho tiempo que no estás de exámenes puedes pensar en otras situaciones en las que te hayas sentido que tenías que «pasar» la prueba, como cuando conocías a tus suegros y querías causar buena impresión, cuando te juzgan los otros padres en las reuniones y el chat de papás del centro educativo de tus hijos —que parece aquello un tribunal inquisitorial buscando por qué eres «mal padre»—, o las entrevistas de selección para un puesto de trabajo al que optas, por mucho que las preguntas que hacen los de recursos humanos sean entre ridículas, esperpénticas e imposibles de contestar de forma honesta si quieres el empleo. (Me imagino al del proceso de selección preguntando: «¿Cuál es tu mayor motivación para tener este empleo?», y alguien diciendo: «El dinero», y me parto el ojal de risa. Dramático el poco margen para la honestidad que tenemos hoy en día).

Estar sometido a evaluación no es algo que simplemente no sea agradable, sino que, como entendemos que no pasar satisfactoriamente esa prueba será algo que nos hará daño, nuestro psiquismo no puede evitar experimentarlo como una sensación de estar en peligro, de potencial amenaza, así que pondrá en marcha su respuesta biológica para intentar evitar que le hagan daño: la ansiedad y la rabia.

La primera tiene que ver con nuestro sistema de emergencia, con un «estar en guardia y vigilantes» que tenemos instaurados a nivel biológico como mecanismo de respuesta, es pasar a modo alerta roja para que no nos pillen con la guardia baja y nos den un buen golpe. Es importante entender que cuanto más doloroso creo que va a ser ese impacto, mi cerebro genera mayor respuesta de ansiedad; a fin de cuentas, no es lo mismo que me pueda picar una abeja a que me pueda convertir en la merienda de un lobo... Y esto, lógicamente, juega muy en nuestra contra con lo que hemos hablado de nuestro deseo de gustar como forma de sentirnos dignos de ser amados.

Recuerda que, aunque parezca algo propio de adolescentes que bailan en TikTok y sexualizan sus cuerpos (flipo con el hecho de que las redes sociales me censuren publicaciones por decir palabrotas como «joder» o «mierda», pero que un montón de jóvenes menores de edad enseñen el culo y las tetas de formas sugerentes sea algo que está fenomenal... Bueno, como diría el meme: «En fin, la hipotenusa»), nuestra parte más primitiva asocia que no encajar en la tribu o que otras personas nos amen para que nos cuiden, enseñen y protejan es igual a la muerte, así que no ser válido es un nivel de amenaza muy, muy importante en términos emocionales, nos parezca o no ilógico desde el punto de vista racional, y vas a tener el sistema de alerta hiperactivado, generando ansiedad de forma muy significativa.

Por si esto fuera poco, para tener el menú bien completito, con su primero, segundo y su todo, la ración de ansiedad va a estar acompañada de una buena tapa de rabia defensiva, pues, ante una amenaza, nuestro cerebro también genera bastante mala leche y agresividad para que podamos defendernos de la injusticia o del posible peligro que viene a hacernos daño.

El problema de todo esto es… ¿quién nos está atacando exactamente? ¿Cuál es el peligro concreto?

Y es que la búsqueda de éxito y validación es una situación jodidamente ambigua y confusa. No tienes claro a quién quieres gustar en particular (salvo a algunas personas muy evidentes), tampoco para qué lo quieres, pero lo quieres. Ni tienes claro quién te está evaluando exactamente ni según qué criterios te examina. Quieres gustarle a todo el mundo, pero a nadie en concreto, precisamente porque no lo haces por la trascendencia de esa persona para ti, porque no es una relación entre el otro y tú, sino que lo único que quieres es su validación para calmar tus miedos y alimentar un poco a tu famélica autoestima.

Así que no sabes a quién debes temer ni con quien debes enfadarte… Si sale mal y no gustas, ¿de quién es la culpa? ¿Tuya? ¿Del otro? Con ello, tu biología genera una respuesta de rabia que no sabes hacia dónde canalizar. Es más, como quieres gustar y que te digan que eres fetén, mostrar tu enfado y ponerte borde no parece la estrategia más efectiva…

Un buen ejemplo de esto son esos tíos que intentan ligar en una discoteca y empiezan intentando comerle la oreja a la chica en cuestión. Al principio son todo halagos, simpatía e incluso invitaciones, pero luego acaban enfadados, degradando a la chavala que antes era objeto de su admiración porque se sienten heridos ante el rechazo, y despreciarla es una forma de que escueza menos o de justificar ante sí mismo de modo absurdo el motivo del rechazo de ella, teniendo en cuenta las buenas cualidades de él. (Recuerdo oír muchas veces en mi Marbella natal frases como «Pero si eres una tiesa, y yo soy mucho más sofisticado que tú, ¿quién te crees que eres, niñata?»).

Lo peor de esto es que estoy segurísimo de que, al rato, tras dejar salir nuestro enfado que no podemos contener para protegernos del aguijón del rechazo, nos sentimos imbéciles por cagarla de semejante manera, ya que no solo es poco eficaz como estrategia de seducción, sino que, además, solemos tener esa vivencia de pérdida de control y culpabilidad que deja un regusto tan amargo. (Por cierto, hablo en primera persona porque he reconocer que a mí también me ha pasado y me he comportado como un capullo).

Otras opciones frecuentes, también muy de moda, y que te explicaré en detalle más adelante, son las de volcar esa rabia contra nosotros mismos en forma de autocrítica, autoexigencia, vergüenza y culpa o la de aislarnos del mundo, renunciar al contacto con otras personas y al riesgo de que no les gustemos, huyendo de los otros de manera más o menos explícita.

Además, saber a nivel racional que no pasa nada (y la chapa doctrinal que nos dan de que no debe afectarnos desde el pensamiento positivo, la psicología reduccionista, los conferenciantes motivadores o el supuesto sentido común de la calle) no ayuda a que nos permitamos sentir eso o a crearnos menos conflicto interno y confusión. Si tan estúpido es buscar la aprobación de todos, ¿por qué me torturo?; si me repito una y otra vez mis virtudes y puntos fuertes, lo que supuestamente es sinónimo de una buena autoestima, ¿cómo me afecta tanto esto? ¿Y por qué parece que a nadie más le afecta?

Todos vivimos con esta angustia y nos esforzamos mucho por intentar calmarla siendo perfectos y nadie habla de ello, lo cual nos hace sentir más ineficaces, bichos raros y sobre todo profundamente solos ante un dolor que no me atrevo a mostrar a otros, a pesar de necesitarlo desesperadamente, por el miedo al rechazo.

Así que maquillamos nuestros miedos, no nos los permitimos aceptar en su crudeza, echamos la culpa a factores externos (seguro que el chaval que intentaba ligar dice que iba cieguísimo) o simplemente lo tapamos con otra cosa para no pensarlo y sentirlo, como ver una serie de Netflix o vídeos de TikTok.

Y el problema es que, como este mensaje se ha impregnado de todo y ya le hemos dado el poder a cualquier área de nuestra existencia de ser un indicador de nuestro éxito en la vida, es una amenaza de la que no puedes escapar ni poner en pausa. Está siempre ahí, aunque no lo parezca, desquiciando tu sistema de alerta.

Joder, es terriblemente ambiguo, contradictorio y desquiciante este juego en el que estamos metidos hasta el corvejón. A su lado, *El juego del calamar* es una amigable partida de parchís.

Perfectos pero agotados

Estamos acojonados, siempre en peligro, así que no puedes bajar la guardia; quizás, solo quizás, si lo das todo y consigues petarlo muchísimo y ser exitoso en muchas variables, le gustarás a la gente y te convertirás en alguien digno de amor... Así que, ya sabes, campeón, a darlo todo, siempre.

Nos lanzamos, pues, con la mejor de las intenciones a conseguir esos objetivos que nos crean esa falsa sensación de protección y control. Intentamos tener un buen físico, mantenernos y sobre todo parecer jóvenes (cómo la sociedad eterniza la juventud y ha sometido a la oscuridad a la vejez daría para otro libro), desarrollar nuestras competencias en distintas áreas, financiamos cosas para tener la vida perfecta y luego vivimos agobiados con las letras y deudas, echando más números que un contable para llegar a fin de mes, pero no cesar en la orgía de gasto superfluo...

Pero es que llega el fin de semana y tampoco descansas, porque, como te comenté anteriormente, ahora hay que exprimir cada momento, debes tener una vida llena de planes y experiencias *instagrameables*, nada de monotonía... Así que, sencillamente, estás reventado, agotado de intentar llegar a todo. Descansar es una necesidad humana, tan importante e imprescindible como comer o cagar, y la falta de descanso es increíblemente dañina para la salud física y mental. Las alteraciones en el sueño y el hecho de no poder dormir bien son de las variables que más influyen en la sintomatología de casi la totalidad de los problemas de salud mental y afectan decisivamente en el estado de tu cuerpo o incluso en tu esperanza de vida[1].

De hecho, en japonés existe una palabra para hablar del exceso de trabajo (y actividades varias) que provoca un cansancio extremo. Se trata de *Karoshi*, que significa «muerte por exceso de trabajo», un fenómeno que empieza a ser común en algunos países asiáticos (aún más reventados de la cabeza que nosotros con la productividad y la perfección), como Corea del Sur o China, y que se está exportando a los países occidentales.

Y este cansancio no solo es perjudicial porque estés reventado, sino porque, como te impide seguir dándolo todo para conseguir lo que te has propuesto, te parece algo muy amenazante, así que tu cuerpo genera más ansiedad y rabia... Que debes reprimir o gestionar eficazmente porque también tienes que ser perfecto en tus emociones, que la salud mental está de moda ahora, oye.

---

[1] Avlund, K., Schultz-Larsen, K. y Davidsen, M. (1998). «Tiredness in daily activities at age 70 as a predictor of mortality during the next 10 years». *Journal of Clinical Epidemiology*, 51(4), 323-333.

Hoy en día decir «no puedo» está prohibido, sentir que no llegas es un problema de falta de serotonina, de compromiso contigo, de motivación o de actitud, como si no fuera la reacción normal de cualquier organismo cuando lo llevas al límite y le fuerzas a meterse en la boca más de lo que puede masticar... Todo esto te hace sentir profundamente ineficaz y culpable, lo que te provoca una indefensión a la hora de responder a los peligros de la vida y, por tanto, te genera más ansiedad y una culpabilidad que alimenta tus mecanismos de autoexigencia, búsqueda de la perfección y otras mierdas que te torturan cada puto día.

Y como todo esto parece indicar que no eres válido y por tanto no vas a gustar un carajo, necesitas todavía más sentirte perfecto, así que vuelves a la carga, a poner toda la carne en el asador, lo que te dejará exhausto y el círculo vicioso volverá a empezar... Pero lo peor de todo es que, como te he expuesto en el capítulo anterior, incluso cuando consigues ser exitoso y gustar a través de tus logros, solo estás creando una dosis de seguridad pasajera, que te quita el miedo y te ocasiona una sensación de falsa autoestima analgésica, pero que no va a la raíz del asunto, de un ego roto y herido, por lo que terminas haciendo siempre el sobreesfuerzo que te permite conseguir éxitos, aprendiendo a normalizar el hecho de vivir con ansiedad y agotamiento, eligiendo ser esclavo para «garantizar» que no te rechacen...

El descontrol de intentar tener todo bajo control

La única manera de ser perfectos y de que nuestra vida también lo sea, o al menos parecerlo de cara a la galería, es controlarlo absolutamente todo para poder influir en ello y que salga como nosotros queremos.

Recuerdo que cuando le enseñé la Alhambra a mi actual pareja, había una chica muy mona, con un conjunto incomodísimo para hacer turismo, posando para que su chico le sacase una foto. Desde luego, el palacio nazarí es un marco perfecto para una sesión fotográfica. Mientras la fotografiaba, la pobre estaba pendiente de adoptar una pose para que no se le vieran sus piernas anchas y, a la vez que le recordaba que se asegurase de que la iluminación y el encuadre fuesen adecuados, de parecer feliz y sonriente. Muy *instagrameable* ella.

Solo así conseguiría la foto ideal, la que le daría cientos de «me gusta», pero cuanto más buscaba la estampa perfecta y chequeaba que todo estuviese correcto examinándolo al detalle, tomaba más conciencia de todo lo que estaba mal, así que se sentía más frustrada y pequeña... Hasta que explotó. Le montó a su novio un cipote muy serio acerca de su torpeza, de que no aprendía por más que se lo explicase, de que no ponía interés porque era un egoísta y no la quería y, claro, el novio, al oír las palmas, se arrancó a bailar también y empezó a ridiculizar su dependencia a las redes sociales, ser una *influencer* de pacotilla y estar amargándole el viaje.

«Se montó la *gozadera*» *in the Alhambra*.

Coñas aparte, es fácil caer en el error de supremacía moral y juzgarla de superficial y caprichosa, pero la realidad es que cualquier persona que hace un despliegue de control semejante y pone tanta presión en algo que desea profundamente, acaba reventando y liándola parda. No es algo que podamos controlar, simplemente nuestro cuerpo está diseñado así.

Y es que el cuerpo humano, como el de cualquier organismo biológico, tiende al equilibrio. Como te comenté al hablarte del autoabandono, nuestro psiquismo intenta cuadrar las cuentas para que las cosas funcionen y mantenernos más o menos estables.

Este manejo regulatorio de nuestro organismo es difícilmente compatible con el deseo de querer tenerlo todo perfecto. Si quiero gustar y tener éxito para protegerme del malestar del rechazo, debo tener todo bajo control y prever los problemas, lo que provoca que mi sistema de alerta se hiperactive buscando las posibles amenazas. Esto me hace mucho más consciente de lo que está mal atado, así que intento hacer un esfuerzo para llegar a todo, lo que implica que no sea capaz de abarcarlo, algo que evidencia mi falta de capacidad en lo que menos competente me siento, y esto acaba por afectar a mi seguridad generándome más ansiedad…

De hecho, tal y como puede atestiguar cualquier psicólogo decente en activo, esta dinámica de funcionamiento es la prototípica de una persona que padece un trastorno relacionado con la ansiedad y el miedo (fobias, trastornos de ansiedad generalizada, hipocondría, agorafobia y claustrofobia…).

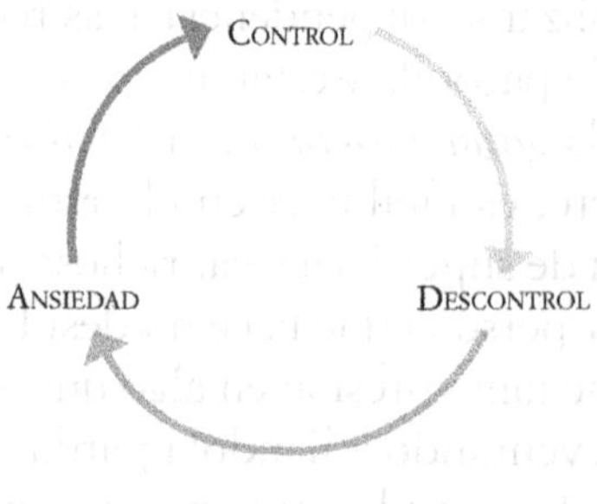

Quizás se me va mucho la puta olla, pero creo que hay algo casi poético en que la forma de regularnos de los seres humanos sea incompatible con la perfección, pues eso nos señala claramente que es el camino incorrecto y nos invita a normalizar nuestras imperfecciones sin torturarnos por ello ni forzarnos a imposibles…

Sobre qué es la ansiedad y para qué sirve se han escrito ríos de tinta. Supongo que estás bastante cansado de leer al respecto. Pero no por ello voy a dejar de contarte sobre el tema (bwua hahaahaha ← reír con risa de malo de peli).

Aunque intentaré ser rápido y conciso, refrescándote los aspectos clave para poder comprender el efecto lesivo del perfeccionismo como factor ansiógeno (es decir, generador de ansiedad), que es de lo que va este capítulo.

Básicamente, la ansiedad es nuestro sistema de alerta. Me gusta decir que es el equivalente a la fiebre en la salud psicológica: es la forma que tiene tu cuerpo de reaccionar ante algo que puede ser una potencial amenaza y de indicarte que tengas cuidado, que algo no va bien, algo de lo que debes hacerte cargo, así que pone a tu cuerpo en un estado «óptimo» para ello. Esto puede parecer raro, porque, ¿cómo es eso de que la ansiedad es el estado ideal para hacer frente a nada?

La ansiedad pone a tu cabeza y cuerpo a toda leche para que pueda prever y reaccionar ante cada posible amenaza, de ahí que tu mente se ponga a imaginar mil cosas y tu cuerpo se hiperactive con taquicardia y demás.

Es tu cuerpo diciéndote que algo no va bien y preparándote para que cojas el toro por los cuernos, disponiéndote para el combate y la acción. Por ello generará una respuesta de ansiedad, y esto no depende de cómo te lo tomes, de que te guste o no, o de que sea racionalmente absurdo; tu diseño biológico funciona así, de la misma forma que segregas jugos gástricos cuando metes comida en tu cuerpo.

Cuanta más sensación de amenaza tengas, la reacción de tu cuerpo creando ansiedad será mayor.

Para que podamos percibir algo como amenaza, tienen que darse una serie de factores. Veamos los principales.

Hay varios aspectos que actúan como modulador de la ansiedad, subiendo o bajándole el volumen: nuestra capacidad de manejar el dolor (si es poca, cualquier dolor será más amenazante), la facultad para controlar la amenaza (si soy poco eficaz, habrá más ansiedad), si puedo prever el problema o es algo que me pilla por sorpresa (ya que anticiparlo me permite responder mejor), el juicio evaluativo que hago de mí mismo ante esa situación de amenaza (si soy estúpido, culpable de la misma...) y la interpretación de la amenaza (si me parece muy grave o no...).

Es decir, lo que aumenta o disminuye la ansiedad es:

- Cómo he aprendido a manejar el dolor.
- Cuán capaz soy de controlarla.
- Cómo de previsible es la amenaza.
- El juicio que hago de mí mismo (si valgo más o menos).
- La interpretación de la amenaza.

Basándome en todo esto, para mí, la conclusión es clara: ser una persona perfeccionista es la mayor garantía de tener ansiedad de por vida. Puede sonar exagerado, pero te invito a que interpretes, desde esta óptica de la ansiedad como respuesta a una amenaza, todo lo que hemos ido concluyendo sobre las dinámicas intrínsecas o colaterales al perfeccionismo:

- Vivir sometido a examen y tener el miedo constante de no pasarlo, convirtiendo todo en un indicador de falta de valía y por tanto abocado al rechazo, y eso, lógicamente, es amenazante y genera ansiedad.
- Abarcar más de lo que puedes y llevarte al cansancio más extremo mientras sientes que debes llegar a todo o eres lo puto peor, pero no te quedan fuerzas; lógicamente, es amenazante y genera ansiedad.

- Intentar tenerlo todo controlado no solo te hará que te des cuenta de todo lo que está mal, lo cual, lógicamente, es amenazante y genera ansiedad.
- Tratar de hacerlo todo perfecto evidencia tus múltiples fallos y falta de competencia en los puntos en los que eres menos fuerte, sintiéndote débil e indefenso, pues escapa a tu dominio, y eso, lógicamente, es amenazante y genera ansiedad.
- Tener picos de descontrol profundo, bien sea en forma de ataques de pánico, pensamientos obsesivos, consumo, pérdida de control u otro tipo de idas de olla varias, no solo te da la sensación de que estás loquísimo y no hay nadie al volante, sino que además evidencia que eres incapaz de evitar que ocurran cosas por las que te odias, y eso, lógicamente, es amenazante y genera (mucha) ansiedad.

Por si todo esto fuera poco, habría otra forma en la que el perfeccionismo favorece procesos «de forma indirecta» que generan ansiedad. Como todo está contagiado y en todo se nos dice que hemos de ser perfectos, esto ha acabado abarcando, por qué no, también nuestras emociones y mundo interno. Las personas son el nuevo producto, así que también tienen que ser agradables y estéticas siempre, como un puto anuncio.

Esta tendencia es una de las que explica el auge del supuesto pensamiento positivo, fenómeno que ya he abordado en mi libro anterior. Esta filosofía perversa promueve especialmente la represión y evitación de lo que denominan «emociones negativas» (cuando son meramente desagradables porque todo proceso emocional es adaptativo), como lo son la tristeza o la rabia, y sabemos que toda emoción no expresada suele convertirse en una profunda ansiedad.

Además, el hecho de «evitarlas» nos lleva a cogerlas miedo porque nos las muestran como algo patológico en vez de un proceso normal y sano, y eso hace que nos produzcan temor y las percibamos como algo muy amenazante, ya que no solo son malas, sino que es el indicador de lo mal que lo hacemos, con lo que tenemos un doble combo que genera ansiedad.

Ese hipercontrol de nuestro mundo interno, en especial a través de la represión de emociones, implica también un incremento no solo de la ansiedad, sino también de la impulsividad-descontrol y un aumento de los pensamientos, rumiaciones y obsesiones. Toda esta sensación de descontrol sobre nosotros mismos, lógicamente, es altamente amenazante y culpabilizadora.

Por otra parte, la culpabilidad y patologización de procesos normales, como estar triste cuando te pasa una putada, que promueve el pensamiento positivo, no ayuda a que nos sintamos capaces de enfrentarnos al mundo o que nuestras reacciones sean normales y legítimas, lo cual nos hace sentir inválidos, y eso lo que genera es... ¡exacto! ¡Ansiedad!

Tiene cojones que algo que se llama «pensamiento positivo» sea tan culpabilizador y de lo más dañino que puedes hacer para tener bienestar psicológico y gestionar tus emociones.

Así pues, el perfeccionismo te genera ansiedad de forma directa y favorece un pensamiento positivo como idea de «perfección psicológica y actitudinal» que te propone unas recetas cuyos efectos secundarios no son otros que más ansiedad. Un menú completo de McAnsiedad, con complemento de ansiedad y un extra de ansiedad, por favor, que me apetece vivir puteadísimo para alcanzar una perfección irreal y que no necesito...

Porque la vida no es suficientemente jodida de por sí con su inflación, enfermedades, fallecimientos, rupturas, pérdidas, el villancico de Mariah Carey en Navidad, conflictos, paro y demás movidas que nos ocurren.

Perfectos pero tristes y vacíos

Pero el perfeccionismo no solo genera ansiedad. Eso sería poca tocada de huevos por parte de una sociedad desquiciada e infantil dispuesta a todo por gustar. También genera una profunda sensación de tristeza y un vacío existencial tocho, que quizás parezca algo más del ámbito de lo filosófico que de lo psicológico, pero no por ello es menos importante o causante de un malestar significativo en la vida de millones de personas.

Cuando uno intenta cubrir todos los estándares y llegar a todo, es difícil que disfrutemos de lo que hacemos. Por un lado, está el cansancio de ese sobreesfuerzo, y es que es difícil disfrutar de algo cuando estás reventado. Por otro, esa evaluación que nos provoca tensión, que nos aleja de la vivencia en el aquí y el ahora, pues en vez de vivirlo, estamos comparándolo con ese ideal que tenemos en la cabeza, impidiéndonos aceptarlo tal y como es, y viendo, simplemente, cómo nos hace sentir y saborear esas sensaciones que emanan de nosotros de manera natural ante el disfrute de algo de forma genuina sin pararnos a pensar si está bien o mal hecho o cómo quedará en nuestro jodido Instagram. Y eso hace que no solo estemos desconectados, sino que, además, pervierte casi cualquier actividad, aunque originalmente nos encantase. Y es que aprender a vivenciar algo, en el aquí y el ahora, sin juzgarlo, es una de las experiencias más agradables y sanas que puede sentir una persona[2].

El ser humano tiene una necesidad de espontaneidad y juego[3]. Hacer las cosas por el mero deseo de hacerlas, de cómo le hacen sentir, sin ir más allá que la propia experiencia subjetiva que le provocan. Esto no solo es una de las formas de aprendizaje más potentes del ser humano, sino que es también algo que le permite tener acceso a situaciones positivas provocadas por sí mismo, pues, si por ejemplo me gusta dibujar, esta es una experiencia grata que, más o menos, siempre está disponible y sobre la que yo tengo cierto control.

Lo explicaba muy bien Pérez-Reverte en un artículo en el que hablaba sobre su afición a limpiar armas históricas para abstraerse del mundo y estar a solas consigo mismo o de cómo los libros son para él un baluarte en el que se refugiaba ante la necedad y la ruindad del mundo. Por eso,

---

[2] García-Diex, G., Moñivas, A. y García-De-Silva, R. (2012). «Mindfulness (atención plena): concepto y teoría». *Portularia*, 12, 83-89.

[3] Rodríguez Vílchez, E. (2009). «La terapia centrada en esquemas de Jeffrey Young». *Avances en Psicología*, 17(1), 59-74.

hacer cosas por el placer de hacerlas es tan jodidamente importante, sea o no productivo, las hagamos bien o mal o les guste a los otros o no.

Este proceso por el que el perfeccionismo hace que dejemos de disfrutar de las cosas puede ser particularmente peligroso, ya que, cuando una persona pierde del disfrute, la ilusión y el placer de lo que hace en su vida, está en una situación de riesgo de padecer una depresión[4].

Me gustan los ritmos latinos, siempre he sido el típico que en las bodas se parte en la pista de baile en vez de quedarse bebiendo en la barra. Supongo que la euforia, y las copas claro, ayudan a creerme una fusión entre Ricky Martin y Chayanne aunque no sea un gran bailarín. La sensación de libertad que experimento haciéndome pedazos bailando apenas la consigo con otras cosas en mi vida, así que me la suda si otros me miran mal (ojalá fuese capaz de que me diera igual con todo, pero con esto sí).

Así que, aunque sea bastante torpe (tengo problemas de psicomotricidad diagnosticados, es decir, que estoy más descoordinado que un atáxico), me apunté a aprender a bailar salsa, merengue y bachata, esta última con nefasto resultado. El caso es que empecé a ir a una academia en Marbella, donde me lo pasaba genial porque conocí a gente nueva y el profesor, Rafa, es un tío que no solo enseña de maravilla, sino que además lo hace muy divertido y que, al ser a última hora, me servía para desconectar con la profundidad de la consulta.

Empecé en el nivel más básico, y donde casi todo el mundo lo hace dos veces y luego sube al nivel intermedio, a mí me hicieron falta cuatro. Era muy frustrante ver cómo

---

[4] SEVILLA, J. y PASTOR, C. (1994). «Depresión: Psicología de la pérdida. Un modelo de explicación e intervención para el clínico». *Informació Psicològica*, 54, 11-19.

todos avanzaban y lo hacían mejor, cómo para ellos eran sencillos procesos que para mí resultaban muy complejos. Así que empecé a ir a las clases pensando si lo hacía bien o no, a compararme con los avances de los demás, y a poner un nivel de esfuerzo y concentración que solo ayudó a que me frustrase más y más, hasta el punto de que sentía alivio el día que se me alargaba la última sesión y me impedía ir a las clases.

En esas estaba cuando fui a Cuba, y mientras mi novia de aquella época, que era una bailarina experta, gozaba salseando con un mulatazo que le daba más vueltas que una peonza, yo daba pasos torpes e intentaba con poco éxito no pisar a la chiquita con la que estaba bailando. Cuando acabó la canción, le pedí disculpas por mi torpeza, diciéndole que no sabía bailar. Su respuesta fue una de las grandes lecciones de mi vida: «¿Lo estás disfrutando? Entonces, supiste bailar». Hija de la grandísima puta. Con una frase me dio una hostia de realidad, y ahí logré comprender cómo, por esa búsqueda de la perfección y de la productividad, me estaba cargando y amargando algo que había elegido; solo con el movimiento y sentir la música ya pasaba un buen rato, me salieran o no los pasos de baile.

Convertir en «yo tengo que» algo que «yo elegía» hacer hizo que la experiencia me resultase amarga. Y esto lo hacemos con casi todo, locos por esa puta productividad y por cubrir los estándares. Ese «tengo que» hace que dejemos de ser libres, para convertirnos en esclavos, en siervos de la perfección y la autoexigencia más descarnada, y, por supuesto, disfrutar de algo que es impuesto (aunque sea por una parte de nosotros) es complejo[5].

---

[5] Stevens, J. (1976). *El darse cuenta*. Santiago de Chile: Cuatro Vientos.

El perfeccionismo, por tanto, tiene la extraña capacidad de hacer que dejemos de disfrutar al someter a examen, convertir en obligación, desconectarnos del aquí y el ahora e impedirnos fluir con casi cualquier actividad. Te dice, además, cómo debes hacerlo, de forma que dejas de hacer las cosas de la manera en la que te encajan y tratas de buscar «la forma perfecta» de realizarlas.

Esto es un parásito que pudre hasta el más dulce fruto, incluso lo más sagrado, como el amor, que se pervierte cuando deja de ser algo que nos nace y damos desinteresadamente para convertirse en otra herramienta de autovalidación perfeccionista. Un buen ejemplo de esto son los padres que con frecuencia quieren «hacerlo bien» y empiezan a caer en el perfeccionismo de las técnicas de crianza, a mi juicio exageradas en ciertos aspectos, lo que les genera mucha tensión porque incurren en un estado de hipervigilancia y evaluación continua sobre cómo educar y relacionarse con sus hijos. Al final, no solo pasan a vivir como angustiosos momentos que deberían ser bonitos y amorosos con sus hijos, sino que, y es lo más triste, les impide ser naturales y dejarse llevar con ellos. La obsesividad perfeccionista de ser un buen padre puede convertir algo hermoso como la paternidad en un puto suplicio...

Conectado con este proceso, el perfeccionismo no solo nos impide disfrutar, sino que también genera apatía, la cual consiste en no tener ganas ni energía para hacer cosas, y que es otro de los síntomas frecuentes de la depresión. Aunque en el imaginario popular la persona depresiva sea alguien con un llanto intenso y una honda tristeza, muchas veces se expresa en forma de un profundo desinterés por la vida y de la incapacidad de enfrentarse al día a día y cumplir con las obligaciones más básicas[6]. Dependiendo de la

[6] Morrison, J. (2015). *DSM-5® Guía para el diagnóstico clínico*. México: Editorial El Manual Moderno.

depresión suele expresarse más en forma de tristeza intensa o de anhedonia y apatía (incapacidad de disfrutar y de hacer las cosas).

El dejar de disfrutar de las cosas suele llevar a un profundo desinterés por las mismas; igualmente, el tener que hacerlo todo al extremo, cansados y exhaustos, con una presión importante por los resultados, un montón de ansiedad, obligándome a algo que no me nace de forma natural sino por «conseguir objetivos» o «hacerlo bien» —que, en el fondo, no son propios, sino marcados por la sociedad y el consumismo—, pues no es sorprendente que lleve a que, poco a poco, no me apetezca hacer ni una puta mierda y todo se convierta en algo tedioso y sin sentido... Si todo va a ser más complicado que el parto de la burra, pues mejor no hago nada.

La psicología conductista ha mostrado repetidas veces que el dejar de hacer actividades es uno de los factores de riesgo asociados a la depresión; de hecho, postulan que una de las tareas que deben hacerse con todo paciente depresivo es volver a «activarle conductualmente», es decir, ponerle a hacer cosas de nuevo[7].

Si bien comulgo poco con esta idea de intervención por el exceso de foco en el «hacer cosas» (productividad, objetivos y demás mierdas), creo que es evidente que pudrirme sin hacer nada no es muy bueno que digamos, pero ponerme a hacer cosas es extremadamente arduo si estoy intentando cumplir los estándares de perfección de la sociedad actual o tengo miedo al fracaso.

---

[7] Barraca, J. (2009). «La activación conductual (AC) y la terapia de activación conductual para la depresión (TACD). Dos protocolos de tratamiento desde el modelo de la activación». *EduPsykhé. Revista de Psicología y Educación*, 8(1), 23-50.

Como conclusión: es difícil disfrutar y tener ganas de emprender cualquier actividad cuando estoy exhausto o todo se convierte en algo obligado y ajeno a mi propia experiencia y criterio, y eso es precisamente lo que fomenta el perfeccionismo, moviendo al sujeto a una falta de energía e interés vital que le empuja al pozo negro de la depresión.

Por último, las personas que padecen depresión suelen sentirse extremadamente solas. Bien porque se aíslan del mundo, bien porque se sienten incomprendidas o porque su pena les impide conectar con los demás. Esta soledad aumenta los sentimientos de tristeza profunda, pues hay una enorme pérdida social y afectiva, y una percepción de sí mismo como una persona disfuncional o poco válida.

Pues bien, pocas cosas mueven más a la vivencia de soledad que el intentar ser perfecto. ¿Por qué? Porque, al final, te fuerzas tanto en mostrar «tu mejor versión» y lo ideal que es tu vida que casi nunca le enseñas a la gente tu «yo real»; especialmente el que está jodido (que es el que más necesita apoyo y cariño). Así que puedes estar rodeado de gente, puedes recibir los «me gusta» y comentarios de cientos de personas en redes, pero eso nunca te llegará ni calentará tu corazón: la fachada que has construido para gustar impide el contacto entre tu yo real y el otro, como un muro que se interpone.

Esto me recuerda al caso de Ana, una chica de veintitantos años a la que hice terapia online por unos intensos ataques de pánico. A través de la pantalla me narraba la existencia de dos partes de sí misma: la que todos conocían y querían, una chica que estaba en todos los planes y no se perdía una, segura de sí misma y con un cierto toque de *femme fatale*, que causaba furor con cada publicación en redes, donde muchos hombres le escribían intentando cortejarla. Ella se esforzaba mucho en mostrar esa Ana a todo el mundo, era la parte de sí misma que le gustaba. Sin embargo, cuando nadie la veía, se sentía una persona insegura.

Tenía miedo a que descubrieran esa parte de ella que se cuidaba mucho de ocultar, e iba cagadita viva a cada evento social o reunión en el trabajo ante la posibilidad de que le diera un nuevo ataque de pánico y tener que fingir que estaba bien o que alguien descubriera que estaba mal… Empezamos a vernos cada quince días, y cuando quitamos el foco de la ansiedad y los ataques de pánico, tomó conciencia de su profunda sensación de soledad y tristeza provenientes de una parte de ella misma, la débil e imperfecta, que, por miedo al rechazo y a que le hicieran daño, nunca mostraba a nadie.

Poco a poco, primero en consulta y luego en su vida diaria, fue dejando de reprimir esa pena, con lo que cesaron los ataques de pánico. Sin embargo, había una soledad profunda en su vida social perfecta, llena de cenas con copas, almuerzos, eventos, citas y fiestas.

Solo cuando fue capaz de ver su profunda tristeza, se atrevió a enfrentar el miedo al rechazo que tenía si no era jodidamente perfecta. Empezó a hablar de lo que le pasaba realmente, a dejar de obligarse a ir a todos los planes, a mostrar a sus seres queridos y a los nuevos chicos que conocía sus partes más «indignas» e inseguras; esto la ayudó a aceptarse, a calmar su autocrítica brutal y, sobre todo, a ser más ella y serlo con más gente, a permitir que los otros entraran y la viesen, tal y como era realmente.

Y así, en una bonita terapia que duró nueve meses, Ana no solo dejó de tener ataques de ansiedad y de sentirse sola sino que se dio el permiso para poder ser realmente ella y librarse del yugo de la perfección.

Mecanismo fruto del perfeccionismo	Consecuencias y síntomas
Evaluación continua de mí y de mi vida.	Ansiedad, rabia, autoexigencia, insatisfacción, desconexión del aquí y el ahora (foco en el objetivo mental y no en la realidad).
Sobreesfuerzo y abarcar más de lo que puedo.	Cansancio, rabia, apatía, anhedonia, ansiedad, sensación de incompetencia y fracaso, autoexigencia, no aceptación, daños de salud física.
No mostrarnos realmente para exhibir nuestra «mejor versión».	Soledad, tristeza, falsedad, autoexigencia, represión y evitación emocional (ansiedad), culpabilidad, no pedir ayuda.
Tener que hacerlo perfecto.	Anhedonia, apatía, ansiedad, insatisfacción, aislamiento.
Hipercontrol para que todo sea perfecto.	Descontrol: obsesiones, impulsividad, consumo, ataques de pánico, explosiones emocionales, fobias, consumo, atracones. Desconexión del aquí y el ahora.
«Pensamiento positivo» (perfeccionismo actitudinal y emocional).	Represión emocional, culpabilidad, falta de empatía, autoexigencia, no aceptación, desconexión del aquí y el ahora.

Los profesionales de la salud mental estamos cada día más desconcertados ante el brutal incremento de casos que son difíciles de conceptualizar según los estándares clínicos. Se trata de personas, sobre todo jóvenes y adultos de entre los dieciséis y los cuarenta años, que vienen sin una sintomatología clara más allá que cierta anhedonia, apatía o tristeza, pero nada especialmente intenso. Son muy capaces y pueden llevar una vida funcional en las áreas que solemos emplear para evaluar el nivel de ajuste de un paciente, a saber, social, laboral, afectiva y familiar. Acuden con una profunda sensación de sentirse perdidos, desmotivados a un nivel vital y sin tener muy claro qué es lo que no funciona en su vida, ya que, aunque aparentemente todo está bien, hay una desazón interna, sutil pero siempre presente, de sinsentido en aquello que hacen, de vivir cumpliendo las pautas del guion social que les ha prometido felicidad y bienestar, pero que, por alguna extraña razón, no les acaba de saciar y de hacerles sentir completos.

Desde los modelos de psicoterapia más centrados en el modelo médico, muchos de estos sujetos no presentan ningún tipo de problema, quizás, forzándolo un poco, podríamos hablar de cierto cuadro semidepresivo de tipo subclínico. Muchas veces, los pacientes reciben el alta tras una o dos sesiones en las que se les invita a centrarse en todo lo que sí funciona en su vida y que no sean alarmistas, calmándolos con el hecho de que no cumplen los criterios científicos y sanitarios para ningún tipo de enfermedad.

Otras veces reciben algún tipo de prescripción, como intentar ser más positivos, tomar conciencia y tener gratitud de todo lo que hay bueno en ellos y en su vida o quizás algún tipo de psicofármaco que les ayude a tener más energía y ganas de disfrute. El clásico «no te rayes», pero en versión sanitaria, vamos.

¿Llevan razón? No los podemos diagnosticar, pero creo que tampoco podemos decir que no ocurre absolutamente nada con la cerrazón de enfocarlo todo desde un marco sanitario y científico que sigue unos criterios de estandarización muy rígidos y que por su propia naturaleza implican cierto reduccionismo. Nuestra visión excesivamente compartimentada y con una falta de perspectiva global más allá de lo estrictamente sintomático que lleva muchas veces a la individualización del malestar puede estar siendo un hándicap para entender estos cuadros cada vez más frecuentes y que, por tanto, tienen algo de contextual y social.

Tampoco creo que ayude que el criterio clave para determinar si una persona padece un problema de salud mental sea el de «funcionalidad», especialmente en torno a los criterios de poder desempeñar una vida laboral y social. Me parece de traca, a la hora de dar un diagnóstico, que sea más importante el poder ir a trabajar que el que tu vida tenga o no sentido para ti. Todo este enfoque viene determinado por esa visión del ser humano como producto y de que lo importante en la vida es ser productivos, funcionales y capaces.

Este planteamiento, centrado tanto en si funcionas o no, conduce a la ausencia de la existencia de etiquetas y términos eficaces que describan estos procesos por parte de la psicología imperante y fomentan esta sensación de «falso negativo» (este término se utiliza en investigación científica para hablar de algo que parece no ocurrir cuando, de hecho, ocurre) que hacen aún más difícil entender qué les sucede.

Personalmente, creo que estas personas experimentan un vacío existencial importante, que les genera un malestar emocional que se ve «amortiguado» por la ausencia de un dolor agudo concreto (síntomas psicológicos) y cubrir los estándares sociales exitocentristas, lo que, por un lado, hace que duela menos, pero, por otro, fomenta esa sensación de incomprensión de la propia experiencia y realidad subjetiva. Con frecuencia, oyen juicios como «Las cosas funcionan en tu vida», «No tienes motivo para quejarte» o «Cualquiera querría estar en tu lugar» que no les ayudan nada y les hace sentirse más solos y culpables.

Para poder explicar lo que les pasa debemos tirar de postulados filosóficos, como cuando el emperador romano y filósofo estoico Marco Aurelio hablaba sobre cómo la búsqueda del placer ocupa el vacío de una vida sin principios, o de Nietzsche cuando reivindica la necesidad de tener un porqué íntimo y libremente elegido para hacer frente a la adversidad de la vida.

En esta sociedad obsesionada con la productividad y en la que siempre tenemos que estar haciendo algo, es difícil encontrar momentos de calma y reflexión.

Todo esto hace muy difícil que podamos tener ratos de introspección y sosiego para tomar conciencia, reflexionar críticamente y elegir cuáles son las verdades importantes en nuestra vida, qué es lo que realmente nos satisface y los porqués íntimos que dan sentido a nuestra vida más allá de la necesidad angustiosa y neurótica por hacerlo bien y seducir.

Al vivir centrados en los principios de otros, dictados por la sociedad, es improbable que estas personas experimenten un placer real con lo que consiguen. Sí, su vida funciona, cubre los estándares sociales y no es dolorosa, pero, ¿es realmente lo que ellos quieren? ¿Viven libres y siendo fieles a sí mismos o cumplen criterios ajenos? El placer de gustar o la calma que pueden experimentar al hacerlo bien no es más que algo efímero, que rápidamente se indigesta al no ser una elección real, sino fruto del «tengo que» de nuestra autoexigencia, o que pronto se desdibuja, creando la necesidad de un nuevo estímulo.

Creo que debemos reivindicar la puesta en valor de disciplinas como la filosofía en el sistema educativo para que nos ayude a ser críticos con el mensaje social y a hacernos nuestras propias preguntas y dotarnos de herramientas de análisis para encontrar nuestras propias respuestas. También, en el ámbito de la psicología, es preciso entender que el bienestar del ser humano es más que un conjunto de síntomas y habilidades o herramientas. Solo así podremos ayudar a las personas a encontrar su propio sentido de vida, honesto y profundo (que suele estar bastante desvinculado de los objetivos y metas que nos proponen).

Hay que señalar también la importancia de cosas que suenan añejas y rancias, como los valores o la espiritualidad, que, si bien no le encajan a todo el mundo ni son comunes para todos, ofrecen respuestas que pueden satisfacer a muchas personas cuando son libremente elegidos y no impuestos. Quizás, en este mundo de postureo de mierda que nos ha tocado vivir, si en vez de llamarlos «viejos valores», los calificáramos de *vintage*, que suena mucho más *instagrameable* y molón, la gente podría tomarlos en consideración para ver qué le pueden aportar…

En mi consulta, intento ayudar a mis pacientes a tener una mayor conciencia de ellos mismos para que puedan darse cuenta de cuáles de las motivaciones y normas que rigen su vida son elegidas y les encajan y cuáles no son más que la aceptación irreflexiva de los postulados sociales. No hay que huir del malestar y de la insatisfacción, a pesar de cumplir objetivos. Ni usar la técnica psicológica para acallar esas vivencias sin más o relativizarlas a través de técnicas de pensamiento, sino emplear estas sensaciones como una brújula que marca el norte de lo que de verdad merece la pena y nos satisface con plenitud y poder descartar aquello que, a pesar de obtenerlo, no nos sacia, tenga que ver con lo que es bueno «objetivamente» o no.

Aunque los pacientes suelen pedirme respuestas, creo que, a veces, más que darles fórmulas preconcebidas o herramientas que les marcan cómo deben actuar de forma predeterminada y en torno a la idea de competencia, es mejor ayudarles a hacerse preguntas para entenderse mejor y poder mirar en su interior, donde encontrarán sus propias e individualizadas respuestas, ya que solo ellos son expertos en sí mismos y yo solo sé de psicología clínica.

Les incito sobre todo a tener un firme deseo de lealtad a sí mismos, de congruencia y honestidad propia por encima de la búsqueda de resultados o de cubrir estándares de cualquier tipo que no sean los propios. Solo así pueden llegar a entenderse y saber qué les mueve de verdad, cuál es su verdad profunda, y una vez que lo saben, entender en qué merece la pena cargar las tintas y poner los esfuerzos en su vida.

7

CÓMO ACABAR CON LA TIRANÍA DE TU VOZ CRÍTICA

Está claro que tienes que coger a ese cabrón exigente de la autoexigencia perfeccionista y callarle la puta boca, y a ese verdugo cruel y sádico de la autocrítica y pararle los pies. Creo que se habla mucho de poner límites a los demás, lo cual está muy bien (a ver cuándo empezamos a hablar de ello normalizando la rabia y sin buenismos), pero lo que está muy mal es lo poco que se habla de hacerlo a nosotros mismos.

Te voy a explicar cuáles son las formas de atar en corto a esos dos cabrones, pero siento decirte que no se basan en tecniquitas ni en recetas que seguir paso a paso, iguales para todos y fáciles de implementar.

Lo que te voy a plantear es, ante todo, una elección en la forma de tratarte a ti mismo, y se refiere más a una actitud que, cuando se interioriza de manera honesta y elegida, nos hace funcionar desde un sitio más saludable. No confío en la fuerza de voluntad, sino en lo que denomino «cambio orgánico», consistente en conectar con emociones y sentidos profundos desde los que me sale actuar, pensar y contemplarme de otra forma, más ajustada a lo que se supone que quiero en mi vida o creo que es importante para mí.

Has de entender también que se trata fundamentalmente de un proceso experiencial, de vivir unas emociones y darse cuenta, tomar consciencia de algo que ocurre en tu interior, así que me temo que leer esto no será suficiente para que comiences a aplicarlo. Leer sobre esto y aspirar a saberlo es como pretender que por estudiar ginecología un hombre puede experimentar lo que es tener una vagina o un orgasmo femenino.

Hay una enorme diferencia entre conocer algo porque lo he estudiado y saberlo porque lo he vivido. Con esto no estoy cayendo en los absurdos postmodernistas que pretenden negar toda razón objetiva o conocimiento; simplemente diferencio qué es lo declarativo (ideas, teorías, datos...) y qué es lo experiencial (vivencias, emociones, sentimientos...).

Para saber algo en su dimensión humana he de vivenciarlo.

Espero de corazón que este capítulo, quizás el que contiene más «soluciones» al problema central del libro, te sirva, aunque no para resolverlo del todo, sí para empezar a intuirlo, para conectar con ello, para ver otro enfoque o que te marque el norte hacia el que puedes intentar caminar en tu forma de vivir la vida y la relación contigo mismo, y si haciendo eso contactas realmente, podrás empezar a saberlo y cambiar.

Vamos pues, a ello, a ver cuánto podemos rascar...

El antídoto de la autoexigencia: la aceptación incondicional

Carl Rogers, uno de los padres de la psicoterapia humanista y considerado uno de los psicólogos más importantes del siglo XX, planteaba en su psicoterapia centrada en la persona que los seres humanos solo necesitan tres cosas para cambiar por parte del terapeuta: empatía, autenticidad (que el psicólogo se muestre tal y como es) y aceptación incondicional (que el psicólogo no juzgue al paciente y le permita ser).

Lejos de técnicas y juegos terapéuticos, observó y evidenció en sus trabajos e investigaciones cómo las personas pueden cambiar cuando, en el espacio seguro de la psicoterapia, se encuentran con un psicólogo que se relaciona así con ellas[1].

Los seres humanos, por ello, no necesitan tanto que se alivie su dolor o que se les ayude a alcanzar objetivos para sanar o ser felices, sino hacerse cargo de su realidad, algo que normalmente no hacemos por nuestro profundo miedo a ser rechazados. Esto puede parecer simplista, pero te aseguro que es lo que hay en el fondo de toda terapia.

Una persona vive algo doloroso y de alguna manera es incapaz de asumirlo para provocar un cambio o adaptarse. ¿A qué se debe esto? Básicamente, a dos motivos:

- Opción A, no acepta esa realidad doliente y se resiste ante ella (aferrarse a la idea de volver en una relación que terminó, no reconocer que sus padres solo le quieren si cumple sus expectativas, encajar que está gordo y dejar de hacer dietas imposibles…).

---

[1] Rogers, C. R., Tubert, S. y Carmichael, L. (1981). *Psicoterapia centrada en el cliente: práctica, implicaciones y teoría.* Barcelona: Paidós Ibérica.

- Opción B, acepta la realidad, pero no lo que ha de hacer para cambiar o adaptarse (le da miedo llorar y hacer el duelo para superar la ruptura, le da miedo el conflicto de ponerle límites a sus padres, le da miedo liberarse, pero sentir el rechazo de otros).

A pesar de que muchos psicólogos defienden a capa y espada que el problema es «no saber cómo hacerlo» (no tener las famosas «herramientas»), se les olvida que, si te pones a algo, lo aprendes, aunque sea por ensayo y error. No saber es más la excusa que busco para no encararlo que una realidad que me impida actuar.

Aunque la terapia de herramientas puede ayudarte a hacerlo mejor y que ese aprendizaje sea más fácil, hay que señalar que decidir ir al psicólogo ya es hacerse cargo del problema y buscar las medidas necesarias.

Como bien deja claro Fritz Perls: «El ser humano renuncia a su capacidad de crecimiento y tendencia a la felicidad por la fobia al dolor».

¿Por qué nos cuesta tanto aceptar estas cosas? Pues, básicamente, porque tenemos miedo al rechazo que podemos vivir por lo que implica, ya que tememos que, de alguna manera, lo que nos ocurre o hemos de hacer evidencie que somos inválidos. Esto se debe, por regla general, a esas experiencias vividas de rechazo, abandono o ataque que antes te conté sobre cómo se forja la autoexigencia perfeccionista.

No has de culpabilizarte por ello, ni tampoco luchar contra una realidad biológica y evolutiva: el ser humano es un animal social que depende de forjar lazos afectivos y de colaboración con otros para sobrevivir.

Te invito a que lo entiendas, porque así podrás asumir tu responsabilidad de intentar proveerte de una necesidad emocional básica: la del amor y la seguridad de saber que alguien siempre estará contigo, le importará lo que te pase y luchará por ti.

Y ese alguien puedes ser tú.

La aceptación incondicional consiste en permitir al otro ser, sin enjuiciarlo o repudiarlo por ello, incluido (y es ahí donde tiene más fuerza terapéutica) en lo que no le gusta de sí mismo, en todo aquello que le parece despreciable, malvado o ridículo. Cuando la persona recibe eso, se permite explorar lo que normalmente se esfuerza por mantener reprimido y bien tapadito, ya sea mediante las resistencias psicológicas o mediante mecanismos compensatorios en un intento de sentir lo contrario.

Al hacerlo, al atrevernos a aceptar y tomar consciencia de lo que ocultamos de nosotros por miedo, suelen ocurrir varias cosas. Una de ellas es que duele que te cagas, pero, después de eso, es profundamente liberador, ya que te lo permites y dejas de gastar energía y esfuerzos en reprimirlo. Es como la sensación de estar cagándote, apretando para que la mierda no salga y el placer que sientes cuando por fin permites que el zurullo sea visible.

También te da la posibilidad mirarlo, y eso hace que lo entiendas y desde ahí puedes comprender qué necesitas y cómo hacerlo, y, por último, contactar con ello emocionalmente nos mueve a la acción y al cambio, a enfrentar los problemas.

Todo esto posibilita un mejor ajuste entre lo que vivo realmente y lo que creo que debo ser (y no obligarme a ello), lo que está comprobado que me permite sentir mayor sensación de paz interna, así como un funcionamiento más sano y eficaz[2].

---

[2] Greenberg, L. S., Rice, L. N. y Elliott, R. J., (1996). *Facilitando el cambio emocional…, op. cit.*

Este tipo de resistencias y miedos evitativos a aceptar las cosas nos impiden enfrentar el problema y permitirnos sentir. Aunque fue una idea inicialmente postulada por las psicoterapias humanistas y el psicoanálisis, otros modelos han recogido también esta idea[3].

Por extraño que resulte, la paradoja del cambio del ser humano es que para modificar una realidad primero debe aceptarla[4]. Un buen ejemplo de esto seguro que lo has visto en películas y series en las que aparecen grupos de apoyo emocional en los que las personas se reconocen abiertamente como adictos, y otros miembros de su misma condición les dan la enhorabuena por poder asumirlo y admitirlo, pues eso marca el comienzo de su proceso de sanación y significa que se están haciendo cargo de su adicción.

Si bien esto parece absolutamente necesario para cualquier tipo de cambio, en los problemas de voz crítica y perfeccionismo patológico es, además, algo sanador en sí mismo.

A fin de cuentas, esto es resultado de un rechazo interiorizado, de una sensación de que «hay algo en ti que no está bien o que es indigno de amor», que es inaceptable, en suma.

Ser aceptado incondicionalmente es lo que denominamos «la experiencia emocional correctora» que cura esa vivencia herida, es decir, vivir algo que te permite satisfacer y corregir tu necesidad de sentirte válido por lo que eres, sin necesidad de ninguna otra condición o requisito. Cuan-

---

[3] Latner, J. (1994). *Fundamentos de la Gestalt..., op. cit.*; Luciano, C. y Hayes, S. C. (2001). «Trastorno de evitación experiencial»..., *op. cit.*; Zweig, C. y Abrams, J. (eds.). (1993), *Encuentro con la sombra..., op. cit.*; Minuchin, S., Lee, W. Y. y Simon, G. M. (1998). *El arte de la terapia familiar*. Barcelona: Paidós Ibérica.

[4] Brazier, D. (1997). *Más allá de Carl Rogers*. Bilbao: Desclée de Brouwer.

do recibes aceptación incondicional experimentas que eres válido tal y como eres, que puedes ser amado, que eres digno, y que estás bien así, incluso con tus partes disfuncionales o feas.

Aparte de dejar de ser víctima de ese juez y ese verdugo cabrones, sobre todo te permite ser libre para poder elegir qué quieres hacer realmente y cómo decides enfocar lo que te pasa en la vida.

Ya tienes amor y aceptación, por lo que no necesitas tanto la aprobación de los demás (aunque siempre nos duele no tenerla) y tu voz crítica pierde muchísima fuerza, ya que ese era su motivo de existir: intentar llevarte a conseguir grandes cosas para que nadie pueda no amarte o aceptarte. Al lograrlo, ese mecanismo pierde funcionalidad, y entonces, al generarte solo dolor, deja de ser reforzante y útil, con lo que ahora sí puedes cambiarlo y lo vas desechando poco a poco sin darte cuenta.

Y es que, como te expliqué antes, el psiquismo jamás deja de hacer algo, por enfermizo que sea, mientras tenga la función de cubrir una necesidad que solo sabe satisfacer de otra manera.

El problema de base en estos procesos es que, para aceptarte, te exiges requisitos, como perder ocho kilos o ser un puto crack. Sin embargo, he de decirte, que cada vez que te pones condiciones, y por tanto implícitamente te rechazas, ese aprendizaje, esa vivencia coge fuerza y clava más profundamente las garras en tu mente y tu alma.

Es como volver a experimentarlo de nuevo cuando te lo hacían tus padres o amigos. Es darte un golpe en una herida abierta, lo que hace que nunca cicatrice.

Somos nosotros los que decidimos creer a quienes nos rechazaron y nos trataron a patadas, somos nosotros los que les damos la razón cuando nos martirizamos de la peor de las maneras. Hay en nuestro corazón un niño temeroso de que nadie le quiera y debes decidir si quieres aceptarlo tal y como es, con todas sus cosas feas, o repudiarlo tú también.

Como adulto que eres, ya no vale seguir justificándose en el hecho de que te hicieron sentir así, con que interiorizaron esa vivencia de rechazo dentro ti, porque eres tú el que se rechaza cada puto día, comportándote igual que quienes te hicieron tanto daño.

Lo que hacemos para intentar obtener el amor y la validación de otros hace que seamos nosotros los que nos faltamos de amor y respeto.

Escribiendo estas líneas no puedo evitar recordar una de las sesiones que fueron claves en mi psicoterapia, cuando Juanpe, mi terapeuta, me hizo ver que cada vez que yo le exigía a Quasimodo (ya os he contado por qué me llamaban así) ligara con tías buenas para no «ser un *pringao*», le estaba tratando exactamente igual que quienes me hicieron *bullying*: a mí tampoco me valía tal y como era, así que le pedía que demostrase que era otra cosa, en este caso, seduciendo.

Pero qué hijo de la grandísima puta fui conmigo.

Esa sesión, sin duda, fue una de esas en las que notas que algo hace clic dentro de tu cabeza, el llanto por mí mismo autocompasivo (luego leerás sobre la importancia de esto), la consciencia de mi falta de incondicionalidad y el profundo dolor asociado a ella, fue algo que me ayudó a entender cómo me hacía daño y me movió para empezar a tratarme con puto respeto. Gracias, Juanpe.

Te he estado diciendo por qué darte caña y exigirte cosas no es bueno desde las teorías psicológicas y los datos, pero ahora te lo digo simplemente como ser humano que ha sufrido también el automaltrato: tienes que parar de hacerte esa puta mierda. Por favor, deja de ser tu peor enemigo.

¿Cómo puedes conseguirlo?

Desarrollando la aceptación incondicional, algo que, te garantizo, no es nada fácil, porque nos criamos en una sociedad consumista que es todo menos incondicional, ya que necesitan crearnos necesidades e inseguridades para vendernos sus mierdas... Y porque nuestros seres queridos, a pesar de su buena intención, tienden a decirnos más lo que tenemos que hacer (lo cual es una forma de invalidarnos) en lugar de aceptarnos. Sobre lo cruel que puede ser el colegio o el instituto creo que no hay que matizar nada.

Tampoco es fácil sentirnos aceptados incondicionalmente en nuestras parejas. Casi siempre intentan hacernos cambiar, nos señalan el error o critican, lo hacen porque están hartos de nuestras mierdas y es comprensible, pero no por ello duele menos. En los peores casos, pueden incluso abandonarnos, rechazarnos o castigarnos de forma activa (y si estás en este supuesto, te invito a que te preguntes qué mierda de relación es esa).

Así que parece que te va a tocar asumir tu autonomía y la responsabilidad de esto, lo cual es, por un lado, una putada, porque es difícil, pero, por otro lado, tranquilizador, porque si algo es crucial para tu bienestar y felicidad, imagínate la puta ansiedad de que dependa al cien por cien de los otros...

La primera premisa, para empezar a aceptarte incondicionalmente, consiste en asumir que hay una parte de ti que no te gusta, y admitirla no significa que te tenga que gustar, solo que asumes que está ahí y no te mortificas por ello. Cuando muchos psicólogos hablan de que te guste lo que odias de ti me parece que no te están permitiendo aceptar una realidad (que no te gusta), y, por tanto, es otra forma de decirte que lo haces mal. Todo este buenismo y cursilería me parece una soberana gilipollez, porque, coño, es normal que haya algo que no te mole ni un pelo de ti mismo, ya que es muy posible que incluso «objetivamente» sea algo malo.

Vamos a normalizar de una puta vez que no nos gusten nuestras mierdas, porque gustar y aceptar no tienen nada que ver. Otra cosa muy diferente es que la sensación de tu propia valía dependa de ello. Y ojo, como te explicaré más adelante, aceptar algo no es sinónimo de no poder o querer cambiarlo.

Y es que el acto de amor supremo por uno mismo es poder decir: «Joder, esto no me gusta de mí, pero, aun así, voy a permitirme ser y voy a quererme y apoyarme a pesar de todo». Ahí es donde está el amor bueno y de calidad. ¿No hay más incondicionalidad en amarnos, pese a que no nos guste algo, que si todo nos encanta?

Si piensas en cómo quieres a tu gente, estoy seguro de que verás muchas cosas de ellos que no te gustan una mierda y, aun así, los quieres. Para mí la grandeza del amor de verdad es que no requiere de la perfección del otro para estar ahí, que es una red de seguridad a prueba de bombas.

La pregunta no es cómo puedes hacer que lo que no te guste desaparezca, sino si puedes amarte a pesar de ello.

¿De verdad te vas a privar del respeto, el amor que necesitas, el apoyo y la empatía porque seas un gordo, tímido, cascarrabias, vago, fracasado, despistado o lo que sea? Esa parte te necesita, joder, no seas un hijo de puta con ella.

La segunda premisa es más emocional que racional, y es la de mirar nuestro dolor, intentar poner el foco en él y darnos cuenta de cómo lo experienciamos. Esto nos cuesta porque siempre queremos tapar lo incómodo, pero es la parte de ti que sufre y ansía ser vista con ojos benevolentes. Al ver tu dolor es más fácil dejar de lado los errores y fallos, lo asqueroso de cada uno de nosotros.

Observar el defecto suele mover al juicio y la regañina correctora, observar el dolor a la empatía y la compasión.

El dolor emocional, además, nos proporciona información sobre qué nos pasa y quiénes somos, y la comprensión superior de nosotros mismos suele darnos una explicación más precisa, detallada, menos prejuiciosa y estereotipada, que, con sus grises en vez de blancos o negros, es más fácil de aceptar. Y es que no es lo mismo ver que soy celoso o muy intenso, que tomar consciencia de que tengo miedo al abandono porque en la infancia me ignoraban y eso me empuja a manejar estos temas con un desbordamiento disfuncional.

Todo se ilustra en estos dos circuitos que se retroalimentan:

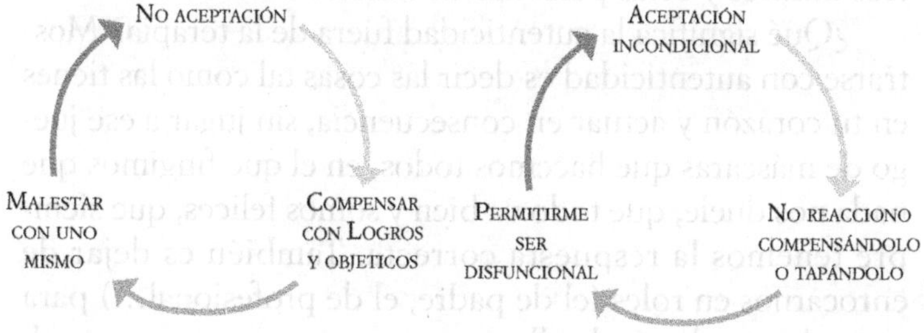

Para poder intentar hacer esto e ir conquistándolo poco a poco, nada mejor que otra de las claves de Carl Rogers: la autenticidad.

El psicoterapeuta americano hablaba de la autenticidad del terapeuta, en la idea de que se mostrase tal y como es con el paciente sin «hacer el papel de psicólogo», lo que favorecía un encuentro genuino entre el sanitario y el paciente, fomentaba la exposición emocional y reducía la autocrítica y la autoexigencia[5].

Considero que aquí fue extremadamente valiente, ya que lo cómodo es ir de listo de los cojones y de iluminado, feliz, perfecto e inmutable al malestar, que tiene todos los secretos porque sabe *muchísimo* de psicoterapia y gestión emocional (como todos los soplapollas y cantamañanas que hay dando charlitas...). Sin embargo, mostrar tus mierdas aceptándolas como psicólogo facilita que el paciente se permita ser y se acepte. Esto es así porque es mucho más fácil contarle tus movidas y miserias a otro ser humano que también tiene las suyas que a don Perfecto.

Aunque otros psicólogos de otros modelos me miran raro cuando hablo de esto, creo que es mucho más honesto y justo: si tú me vas a contar tus problemas, lo bueno es que tú también veas los míos, ¿no?

Pero lo importante de esto es que podemos extrapolarlo de la relación terapeuta-paciente a la relación con nosotros mismos y otras personas en nuestro día a día.

¿Qué significa la autenticidad fuera de la terapia? Mostrarse con autenticidad es decir las cosas tal como las tienes en tu corazón y actuar en consecuencia, sin jugar a ese juego de máscaras que hacemos todos, en el que fingimos que nada nos duele, que todo va bien y somos felices, que siempre tenemos la respuesta correcta. También es dejar de enrocarnos en roles (el de padre, el de profesional...) para escondernos detrás de ellos y no tener que mostrarnos realmente.

---

[5] Barceló, T. (2013). «Las actitudes básicas rogerianas en la entrevista de relación de ayuda». *Miscelánea Comillas. Revista de Ciencias Humanas y Sociales*, 70(136), 123-160.

Y desde luego, la autenticidad de renunciar a posturear en redes sociales, calcular el ángulo de las fotos para salir bien y meterle doce filtros a cada fotito que subes, que luego se parece a ti como un huevo a una castaña.

Sobre los beneficios de la autenticidad, distintas ramas de la psicología han postulado que cuando la persona se permite actuar como es en realidad, especialmente en lo referente a cómo se siente, se produce una disminución de la neurosis y de la sintomatología clínica (ansiedad, depresión, obsesiones, impulsividad...)[6].

A nivel de investigación se ha observado cómo aceptarse incondicionalmente proporciona un mejor autoconcepto, más resiliencia, más responsabilidad a la hora de abordar las cosas, menos evitación de emociones, problemas o pensamientos y más confianza personal[7].

Así que intenta cambiar el foco y empezar a centrarte menos en cómo quedar bien o hacerlo de la forma correcta y más en mostrarte tal y cómo lo vives. Procura ser un exhibicionista honesto y genuino.

Al principio esto te va a costar, así que puedes tratar, al final del día, de tener un momento de reflexión sobre cómo de genuino has sido en tu forma de comportarte, y que haberlo hecho o no sea tu nuevo indicador de estar «haciéndolo bien» más que intentar llegar a ningún resultado concreto.

Desde luego, no todo son beneficios, ya que ser auténtico a veces no será la opción más inteligente, y a veces es

---

[6] BENTON, R. F. (1972). «The structure of the depressive response to stress». *American Journal of Psychiatry*, 128(10), 1212-1218.

[7] BEISSER, A. (1970). «The paradoxical theory of change», en FAGAN, J. y SHEPHERD, I. (eds.), *Gestalt Therapy now*. Palo Alto (California): Science and Behaviour Books, 77-80.

más fácil ganar cuando eres lo que otros quieren o no muestras ciertas partes de ti.

¿Esto te va a hacer que la cagues muchas veces? Pues desde luego que vas a meter la pata que flipas, pero creo que eso también pasa cuando no eres auténtico, así que, puestos a pifiarla, al menos hazlo siendo leal a ti y tratándote bien.

¿Te aceptarán incondicionalmente también los otros? Pues si te cuesta aceptarte a ti mismo, imagínate a los demás… Está claro que el rechazo no gusta y duele, pero, ¿cuánto duele la falta de libertad? ¿Y la sensación de que hay algo en ti que no funciona bien? ¿Y las palizas de la autocrítica? No sé tú, pero a mí me salen las cuentas. Merece la pena.

En primer lugar, porque no sé si es bueno tener la compañía y el cariño de quien no te permite ser tú mismo, así que quizás todo este rollo de la autenticidad te viene bien hasta para hacer criba y ver quién te quiere de verdad y quién está solo si cumples sus expectativas… En segundo lugar, porque cuando te aceptas tú, ya no necesitas tanto que otros lo hagan. En tercer y último lugar, la única persona que te va a acompañar toda la vida eres tú, así que más te vale llevarte bien y no ser un cabrón con balcones a la calle contigo mismo.

Todo esto no hará que no te afecten las cosas, así que cuando te rechacen, cuando la cagues, llora, enfádate y permítete sufrir o tener miedo, eso solo habla de tu humanidad y de que, lógicamente, los golpes duelen, así que entrégate y acepta también esa experiencia propia tal y como la vives, pero, después, te invito a que te seques las lágrimas, que entiendas que es la factura que pagas por amarte incondicionalmente y sanar tu voz autocrítica; que observes cómo eres capaz de aguantar el golpe del fracaso y el rechazo sin quebrarte.

Ya no eres un puto niño pequeño que necesita el aplauso y el reconocimiento de papá y mamá, así que empieza a asumir la responsabilidad de comprometerte con ser leal a ti y a quién eres auténticamente.

En vez de, como promueven la psicología de panfleto, hablarte bonito y decirte que te quieres o aceptas sin nada que lo respalde, prueba a mostrártelo auténticamente, y ahí lo estarás diciendo con la solidez de los actos, que pesa más que cualquier discursito[8].

Esto, al principio, va a ser algo que te va a dar miedo y te va a costar. Puede que tengas que llevarlo a cabo asumiendo el coste de hacerlo con ansiedad. Ahí es precisamente donde se ve el compromiso contigo mismo y tu decisión real de cambio. No hay atajos ni trucos, aunque con todo, como con cualquier otra cosa, cuanto más lo haces, más te acostumbras a ello[9].

Como soy consciente de que todo es un poco difuso, te voy a dar una pauta clara: habla de tus fracasos, de lo que no te gusta de ti, de tus partes disfuncionales. Pero no solo de lo que es tuyo, sino que incluye hablar de lo que te da miedo que otro piense, sienta o haga cuando le enseñas eso. Comprobarás cómo esta mierda es jodida de cojones, pero que aporta en ese momento una paz interior y una liberación como pocas cosas hacen.

Para mí no es lo mismo decir: «A veces me siento feo», en genérico, que decir: «Me da mucho miedo no gustarte»,

---

[8] WATZLAWICK, P., BEAVIN, H. y JACKSON, D. D. (1971). *Teoría de la comunicación*. Buenos Aires: Tiempo Contemporáneo.

[9] CÁNDIDO ORTIZ, A., LÓPEZ MEGÍAS, J. y BALLESTEROS RYES, M. A. (2000). «Habituación y sensibilización», en CÁNDIDO ORTIZ, A. *Introducción a la psicología del aprendizaje asociativo*. Madrid: Biblioteca Nueva, 21-49.

a una persona en concreto y a la cara. Aunque lo primero ya es un gran paso y es útil, lo segundo es mucho más liberador, es el puto caviar de la sanación.

Cuando lleves un tiempo haciéndolo, verás que tu seguridad en ti mismo y tu amor propio crece y se fortalece, porque, a fin de cuentas, tú confías en que te vas a tratar bien y vas a ser un soldado leal a ti mismo, y nada da más tranquilidad que eso.

Todo esto, desde luego, no es fácil, así que no te obsesiones con la perfección en ser auténtico ni aceptarte incondicionalmente. Nunca te podrás aceptar del todo; de hecho, el reto está en aceptar que no podrás hacerlo, aunque te gustase, porque el miedo al dolor es muy potente; la cuestión es cuánto puedes llegar a conquistarlo, desde la preocupación genuina por ti.

Así que, con calma; por desgracia, esta batalla dura toda la puta vida y se libra día a día, pero, más allá del resultado, tiene un sentido en el acto de amor, lealtad y compromiso con uno que supone librarla, lo conquistemos más o menos.

No sé si le pasaría al bueno de Rogers, supongo que él lo explicaba mejor, tenía más prestigio o «Carl Rogers» suena más serio y prestigioso que «Venturica», pero, el caso es que, cuando hablo de la aceptación incondicional en consulta o clases, la gente suele decirme que entonces si se aceptan dejarán de esforzarse o todo les dará igual y caerán en el autoabandono. Y no es así para nada.

Aceptarse incondicionalmente no es que todo nos dé igual ni que nos parezca bien. Tampoco es que me resigne o no pueda cambiarlo si lo deseo. Es, simplemente, que me permito tener ese fallo sin fustigarme por ello o negarlo para proteger mi frágil ego. Puedo aceptar algo y querer cambiarlo; de hecho, es un requisito indispensable para poder hacerlo, pues solo cuando lo hago puedo dejar de resistirme o criticarme por ello, que es donde se me suele ir la energía y luego no hago una polla.

Aceptarse incondicionalmente es la forma real de hacerte cargo de una situación, y es que cuando te criticas y te quedas hecho polvo, en el fondo, no estás haciendo nada con el problema en sí mismo. Vamos, que salvo joderte la vida, no harás nada que sea realmente útil para avanzar hacia lo que quieres.

Que harás el tontopollas que decimos en *Graná*.

El antídoto de la voz crítica: la autocompasión

Si la aceptación incondicional es lo que nos permite reducir al juez de la autoexigencia perfeccionista y liberarnos de la frustración que genera la puta película que nos contamos, la autocompasión es lo que nos ayuda a domar y calmar a nuestro verdugo interno. Una dosis de humanidad que relaja a ese pequeño cabrón que nos da latigazos.

Quizás el término autocompasión te genera rechazo, ya que suena lastimero y victimista, pero no es eso. Se trata, simplemente, de que tu dolor no te resulte indiferente, de que te conmueve lo que te pasa.

Como casi siempre, es más fácil de entender si lo vemos en cómo nos relacionamos con otros: cuando Ana, mi mejor amiga (y mi hermana elegida), perdió a su padre, a mí se me partía el corazón al verla tan triste y jodida, no podía sino llorar emocionado por ella y con ella. De la misma forma que cuando la veía pasarlo mal porque se metió en una relación con un desgraciado que no la trataba muy bien, me preocupaba y me conmovía verla sufrir.

¿Qué clase de hijo de puta desalmado y amigo de mierda hubiera sido si su dolor me hubiese dado igual? ¿Y si en vez de ofrecerle un hombro sobre el que llorar la hubiese criticado por sus errores y negado su derecho al malestar?

Pues si lo ves claro en mi relación con Ana (a la que aprovecho y le mando un besazo enorme que es más bonica que el copón), lo mismo ocurre en la relación contigo mismo: si tu dolor te causa rechazo, enfado o vergüenza en vez de conmoverte y moverte a luchar por ti, no te quieres una puta mierda.

La autocompasión es una actitud de apoyo hacia nosotros mismos, de empatía con nuestro propio dolor y de responsabilizarnos de nuestra necesidad emocional de apoyo, desahogo y sostén en el dolor.

Es el abrazo que te das a ti mismo para consolarte y darte soporte en mitad del desgarro o la crisis. Es darte a ti mismo un hombro sobre el que llorar, sintiendo la seguridad que proporciona ver que importas y que alguien está a tu lado

Creo que hay algo muy valiente y humilde en la aceptación de nuestra propia vulnerabilidad, que es algo que no nos gusta asumir.

Cuando logramos ver nuestro dolor y reaccionar de forma autocompasiva, somos capaces de dejar de estar defensiva y neuróticamente posicionados en nuestra voz crítica que es la que tortura, y pasar a integrar la otra parte: la que recibe los ataques y necesita ayuda.

Es la integración de nuestras dos partes, la fuerte y la débil. No esconder ninguna en nuestro inconsciente de forma defensiva, sino asumir nuestro yo completo y exponernos a permitirnos sentir todas nuestras emociones, lo cual tiene enormes beneficios psicológicos y reduce nuestros conflictos internos[10].

---

[10] FREUD, S. (1940-1952). *Obras completas*. Buenos Aires: Amorrortu Editores.

Esto nos permite ver la historia completa, y no solo una de las partes, lo que nos hace entendernos mejor a nosotros mismos y qué necesitamos para poder superar esa crisis. También posibilita que podamos apreciar qué relación construimos con nosotros mismos y si nos estamos dando lo que necesitamos emocionalmente, y es que en la tristeza del dolor solemos necesitar apoyo, comprensión, cariño y compañía en vez de crítica, reproche o desprecio.

La autocompasión ha demostrado tener importantes beneficios psicológicos y emocionales.

Destaca por ser el más eficaz antídoto contra el veneno de la autocrítica, a la que reduce de forma brutal además de convertirla en una voz más amable y menos lesiva[11]. También ha resultado ser eficaz como tratamiento de la ansiedad, la depresión, las obsesiones y otra sintomatología de diversas enfermedades mentales[12].

Esto es algo que seguro que has experimentado cuando al conmoverte te has metido una buena llorera y has visto cómo se calmaba tu cuerpo y tu mente, desapareciendo la ansiedad y el runrún de la cabeza en una sensación profundamente liberadora.

Todo se queda en calma, por fin experimentas la ansiada paz. Más suave que un guante después de romperte y darte una buena manica de llorar.

Al reducir la autocrítica, nos resulta menos amenazante y doloroso permitirnos sentir emociones y experiencias como la tristeza, la ansiedad, la debilidad o la vulnerabili-

---

[11] WHELTON, W. J. y GREENBERG, L. S. (2005). «Emotion in self-criticism». *Personality and Individual Differences*, 38(7), 1583-1595.

[12] NEFF, K. y TIRCH, D. (2013). «Self-compassion and ACT», en KASHDAN, B. y CIARROCHI, J. (eds.). *Mindfulness, acceptance, and positive psychology: The seven foundations of well-being*. Oakland (California): New Harbinger Publications, 78-106.

dad, lo que propicia exponernos más a ellas y reprimirlas en menor medida, algo que no solo mejora nuestra gestión emocional, sino que además reduce el malestar que nos provocan, lo que hace que nos bloqueen y nos incapaciten menos[13].

Solo cuando mi dolor es capaz de conmoverme, es cuando me trato como alguien digno e importante. Esto puede parecer una tontería, pero si no soy capaz de sentirme así, no podré enfrentar las cosas que me hacen daño.

Y es que las personas solo movemos el culo y nos esforzamos, solo nos enfrentamos al dolor y asumimos el riesgo de tomar decisiones, cuando algo nos importa. ¿Quién iba a hacerlo por algo insignificante? Por tanto, si la autocrítica te hace sentir una mierda, sería ilógico que pelearas por algo que no vale nada; en cambio, si con la autocompasión logramos sentirnos significativos, seremos capaces de hacerlo.

Por tanto, la autocompasión fomenta la motivación y el sentido para el cambio.

Finalmente, la autocompasión afianza la resiliencia, que es nuestra capacidad de superar y aguantar el dolor, la adversidad y la crisis, y es que, si cuando lo paso mal puedo darme consuelo y apoyo, estoy en mejores condiciones para reaccionar y adaptarme a los momentos jodidos de la vida[14].

Aun siendo simplistas, esta sería la diferencia entre funcionar de forma autocrítica y autocompasiva:

---

[13] LUCIANO, C. y HAYES, S. C. (2001). «Trastorno de evitación experiencial»..., *op. cit.*

[14] LEFEBVRE, J. I., MONTANI, F. y COURCY, F. (2020). «Self-compassion and resilience at work: A practice-oriented review». *Advances in Developing Human Resources*, 22(4), 437-452.

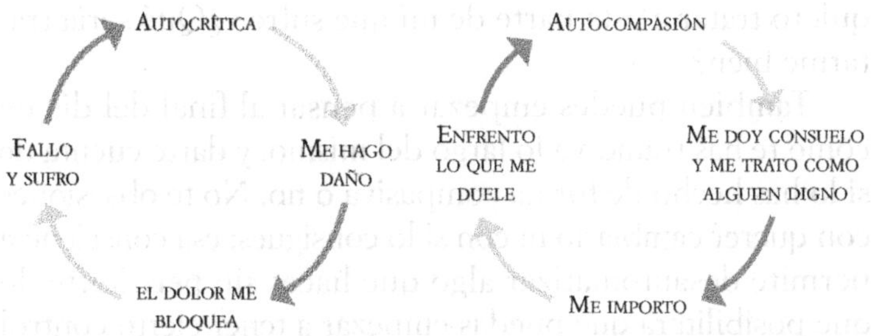

Aunque algunos psicólogos quieren convertirla en una técnica, para mí, la autocompasión es una actitud con uno mismo, no es tanto algo que fuerzo, sino algo que de pronto siento al ver mi propio dolor. Es una reacción natural a mi experiencia de sufrimiento. Por eso, para que ese proceso se dé de forma natural y auténtica, no debo esforzarme tanto en tratar de conseguirlo como en tomar una buena consciencia de mi propio dolor y sufrimiento, especialmente del que me causo a través de la autocrítica.

El problema por el que la mayoría de las veces no somos capaces de ser autocompasivos es por el hecho de que intentamos muy activamente no sentir ni ser conscientes de nuestro propio dolor.

Solo sintiendo eso, tu corazón se quebrará y experimentarás una pena real por ti mismo.

Para tomar consciencia del dolor, lo mejor es simplemente empezar a poner el foco en él. Normalmente, nuestra autocrítica, para protegernos del mismo, suele dirigir la atención al hecho de si ha sido culpa nuestra o no, así que tú debes, más allá de eso e incluso cuando ha sido cagada tuya, pensar, ¿cuánto me duele esto que me ha pasado? Una vez te des cuenta de tu dolor, olvídate de si se podía haber evitado, de cuál habría sido la forma correcta de actuar o de las consecuencias que van a venir; limítate a mirar tu parte dolorida y pregúntate: ¿cómo quiero tratar a esta parte de mí que sufre? ¿Qué sería tratarme bien?

También puedes empezar a pensar al final del día en cómo te has tratado a lo largo del mismo, y darte cuenta de si lo has hecho de forma compasiva o no. No te obsesiones con querer cambiarlo ni con si lo consigues; esa consciencia permite desautomatizar algo que haces sin percatarte, lo que posibilitará que puedas empezar a tener cierto control sobre ello. Finalmente, la incomodidad que te generará ver que te tratas mal cuando no es lo que quieres y la pena al ver tu propio dolor irán haciendo que seas cada vez más autocompasivo.

A partir de ahora, cada vez que te pase una cagada, tendrás que decidir si quieres tratarte de forma cruel y salvaje o humana y benevolente.

Quizá sea superioridad intelectual o paternalismo por mi parte, pero no puedo evitar desearte de corazón que, aunque no tuviese todos estos efectos psicológicos positivos, te esforzases en ser autocompasivo, aunque solo fuese por lealtad a ti.

Llorar por mí y por el dolor que me estaba causando con mi autocrítica ha sido de las cosas más bonitas, difíciles, liberadoras y sanadoras que he hecho en mi puta vida, así que no puedo evitar deseártelo a ti también, aunque espero que te cueste menos que a mí tener el coraje, la comprensión y el amor por mí mismo para atreverte a hacerlo.

Hay lágrimas que limpian.

8

Cuando Pepito Grillo te da por el culo

En cierto modo, la culpa podríamos encuadrarla dentro de los procesos de la autoexigencia y la autocrítica, de hecho, es algo en lo que las diferentes corrientes psicológicas no acaban de ponerse de acuerdo, de forma que algunos los engloban como un mismo proceso y otros los diferencian.

Yo opto por la diferenciación, ya que son procesos emocionales distintos y porque la culpa tiene unos contenidos muy específicos, frente al perfeccionismo, que son más amplios. Además, la culpabilidad puede darse como proceso sano y autorregulatorio, y no siempre como un mecanismo de compensación. También porque su funcionalidad, el para qué nos enganchamos en ella cuando se trata de un proceso patológico, es muy diferente de las razones a las que nos enganchamos en los procesos de la voz crítica.

Por estas características propias, las medidas para solucionarlas no son exactamente las mismas (aunque hay técnicas que se pueden utilizar indistintamente para un proceso y otro), así que intentaré exponerte las específicas para procesos de culpa patológica.

Aunque, desde luego, ya no parece algo con tanta fuerza como en épocas anteriores (está claro que ha perdido terreno el moralismo frente al éxito, el hedonismo y la necesidad de gustar), es interesante seguir analizándolo ya que sigue siendo la causa de malestar de muchas personas y porque atisbo un cierto resurgir de la culpabilidad social, pero con otros dogmas...

La culpa como proceso adaptativo

La culpa es otra de las formas en las que más nos hacemos daños a nosotros mismos. Es un sentimiento insidioso y que puede ser muy doloroso, pero, sobre todo, muy limitante.

Con todo, y a diferencia de la autoexigencia, el perfeccionismo o la autocrítica, la culpa no siempre es negativa, a pesar de que en esta sociedad hedonista tenga tan mala prensa, y, aunque, por regla general, cuando hablamos de una persona con tendencia culposa se trata de una emoción desadaptativa y dañina.

Nos referimos a una culpa «sana» o adaptativa primaria cuando se trata de una emoción que se activa al haber roto nuestro sistema de valores, haciendo algo, normalmente a alguien, que consideramos erróneo o perjudicial. Nos genera un malestar que nos permite empatizar con el otro y tiene una función de «empujarnos» a realizar una acción correctora para cubrir el daño causado, como pedir disculpas, confesar y reconocer el error y, de alguna manera, intentar «reparar» o «compensar» la cagada[1].

Hemos de mostrar arrepentimiento, sincerarnos de corazón, reconocer el daño causado en el otro y demostrarle que no somos indiferentes al mismo, «indemnizar» material o emocionalmente al otro hasta sentir que hemos podido corregir lo torcido para poder dejar el malestar culposo atrás y poder continuar nuestra vida, libres de ese enganche que nos tortura.

Este es un proceso muy adaptativo, ya que nos ayuda a poder convivir en sociedad con otros individuos con los que creamos un marco normativo de referencia de lo bueno y lo malo que nos ayuda a entender qué podemos hacer y qué no. Como te comenté en el primer capítulo, somos animales de manada y la culpa nos ayuda a no liarla o, si llegamos a ello, a hacer algo para evitar que nos echen de la tribu (en cuyo caso, estarías muerto), así que posibilita que las sociedades seamos viables, entendamos dónde están nuestros límites y a que, básicamente, no seamos unos hijos de la grandísima puta.

Si bien es una respuesta biológica y universal, ya que todas las emociones son iguales en todos los miembros de la especie humana, el contenido de lo que nos hace sentir culpables sí es cultural, con lo cual puede variar en función de cada país, familia, grupo o individuo basándose en lo que se considera negativo o no, perverso o bueno a nivel social, y también por el sistema de valores, ética y creencias morales de cada persona.

---

[1] Echeburúa Odriozola, E., Del Corral Gargallo, P. y Amor, P. J. (2001). «Estrategias de afrontamiento ante los sentimientos de culpa». *Análisis y Modificación de Conducta*, 27(116), 905-929.

Por lo general, como cualquier respuesta emocional, una vez comprendida, sentida y actuada, hemos cubierto su necesidad y función, así que esta sensación se diluye y santas pascuas. Lógicamente, hay cosas que son más fáciles de reparar o de perdonarnos que otras, pero este tipo de procesos emocionales permiten integrar la vivencia y poder seguir nuestra vida sin estar continuamente enganchados en ellos.

Las dificultades en este tipo de procesos adaptativos pueden producirse cuando nos cuesta reconocer el error, pedir perdón o hacer esa acción de reparación por orgullo, el temor a la reacción del otro (en personas muy agresivas o rencorosas) o miedo a aceptar y evidenciar nuestra propia «falla» (personas narcisistas, exponerse a situaciones en las que se sienten vulnerables, que ponen su valía en el logro de «ser perfectas» o «buenas personas»…).

Ahí, con frecuencia, es cuestión de armarse de valor, empatizar con el otro o ver que no enfrentar esa situación nos acabará causando más daño, bien sea porque ponemos en riesgo algo valioso (grupo de amigos, relación, permanencia en algún sitio que nos gusta…) o porque no decirlo nos deja sintiéndonos culpables, y eso nos suele llevar a estar todo el día dándole vueltas en la cabeza, torturarnos nosotros solos, y que, al reprimir la culpa, se convierta en ansiedad o algún otro tipo de síntoma psicológico, así que, finalmente, si quieres dejarla atrás, te tocará pasar por todo ello.

Culpabilidad en la sociedad exitocéntrica: moralismo y buenismo

Como he señalado en el epígrafe anterior, la culpa es un proceso emocional y biológico, pero qué nos hace sentir culpables depende, y mucho, de nuestra sociedad.

Uno puede ver cómo ha evolucionado el contenido, es decir, los temas de la culpa, viendo los manuales de psicoterapia de diferentes épocas. Con Sigmund Freud, la culpa estaba sobre todo ligada a la idea de pecado y los deseos sexuales. En la estricta moral católica de su época, estos deseos eran muy reprimidos y eso originaba notables conflictos psicológicos. A nuestros ojos, puede parecernos que las teorías del padre del psicoanálisis inciden demasiado en lo sexual y que Freud estaba bastante salido, pero creo que, precisamente a causa de la época represiva en la que vivió, era lo que creaba más problemas de culpa a los pacientes de entonces.

En torno a los años cincuenta y sesenta del siglo pasado, Fritz Perls hablaba de una culpa más centrada en el sentido del deber, la responsabilidad y las normas sociales, y cómo estas nos quitaban la libertad. Tiene sentido, ya que esa época fue la del apogeo del movimiento hippie, donde se normalizó el sexo, pero se empezó a luchar contra la autoridad y las normas impuestas.

Actualmente, en cambio, la culpabilidad casi ha desaparecido para ser sustituida por los sentimientos de autoexigencia y perfeccionismo, que están más vinculados al miedo al fracaso, el deseo de ser exitoso y gustar a otros para mantener una frágil autoestima dependiente del logro.

Para mí es superllamativo ver cómo en la consulta hay una diferencia brutal de que aparezca uno u otro sentimiento en función de la edad del paciente: las personas mayores tienden mucho más a la culpa y los jóvenes al perfeccionismo, y cuando sienten culpa suelo verla muy asociada a la sensación de «decepcionar» a sus padres al no cumplir sus elevadas expectativas...

Hemos pasado, por tanto, de la exigencia y la culpa de la religión a la del deber, y de esta a la del gustar y tener éxito.

Sin embargo, empiezo a ver en mis pacientes, sobre todo en los más jóvenes (de veinticinco para abajo), aunque alguno más viejuno hay, un resurgir de la culpa más moralista y patológica que se da en paralelo a la consabida exigencia exitosa. Ocurre en pacientes que «militan» en dos movimientos aparentemente opuestos, pero que, en mi opinión, son consecuencia el uno del otro y que se retroalimentan: se trata, en un extremo, de una nueva culpabilidad no vinculada a lo religioso o lo moral, pero sí igual de rígida y fanática en torno al movimiento *woke*, el feminismo radical de tercera ola, la exacerbación de lo identitario, la identidad de género y la lucha contra una normatividad (valores tradicionales, patriarcado, «privilegiados», heterosexuales, blancos...) que consideran opresora. Un aparente buenismo que se llena la boca de palabras como tolerancia e inclusión, pero que psicológicamente tiene todos los rasgos de pensamiento rígido, reduccionista e intransigente.

En el otro extremo, en menor número o voz social pero igualmente fanático y reactivo, aparece un resurgir de la moralidad más tradicional en forma de movimientos católicos o cristianos como Hakuna, Opus Dei y similares que han vuelto a poner sobre el tapete el pecado y la culpabilidad, conceptos que parecían ya muy lejanos.

¿Son estos cambios malos o buenos? La verdad es que el contenido de la moral es algo poco trascendente en términos psicológicos, ya que la psicoterapia debe basarse en la empatía, la aceptación incondicional y no juzgar el sistema de valores del paciente. Como sanitarios, nos debemos al bienestar del enfermo y a nuestro deber ético de intentar aliviarlo sin intentar influir en ningún tipo de creencias.

Lo que sí me preocupa es el dogmatismo, la intolerancia, la polarización y los patrones de pensamiento rígido y dicotómico (es decir, verlo todo en blancos y negros, buenos o malos) ya que sabemos que influyen de manera clara en muchos problemas de salud mental[2].

También veo una actitud cada vez más enjuiciadora y menos empática con según qué temas en los psicólogos y psiquiatras residentes de salud mental a los que doy clase en la Seguridad Social, al igual que observo estupefacto cómo proliferan en las formaciones y temarios de los estudios de psicoterapia y salud mental contenidos que tienen que ver más con lo ideológico de un tipo y otro en función de la institución, que con los datos científicos, los modelos de psicoterapia existentes y lo basado en la práctica clínica…

También flipo cuando me entero de que, en facultades de psicología de universidades en España, se decide no hablar de determinado tipo de teorías y enfoques sobre temas «sensibles» para que ninguno de sus pusilánimes alumnos pueda sentirse ofendido, inseguro o incómodo.

El método científico en particular y la construcción de conocimiento en general se basan en la premisa de que debemos estar abiertos a todas las hipótesis siempre que se argumenten y justifiquen (con datos o de otra forma), así que eso de censurar o convertir en tabú planteamientos en el lugar de estudio y debate que es la universidad me parece dantesco. Como también creo que lo es el hecho de que no se acostumbre a los psicólogos, que en consulta atenderán a personas con toda clase de enfoques, a escuchar, convivir y hasta empatizar con formas de entender la realidad distinta e incluso que les puedan parecer incómodas, porque es lo que tendrán el día de mañana en sus consultas.

---

[2] YÉPEZ RIVADENEIRA, P. E. (2019). *Rigidez cognitiva y malestar psicológico según el nivel de educación en adultos que reciben atención psicológica*. Quito: Universidad de las Américas (tesis de licenciatura).

Así que no me voy a cortar un pelo y lo voy a decir, aunque sé que por toda esta parte me van a llover hostias de toda clase y colores: hijos de puta, dejad vuestros enfrentamientos, vuestros juicios de valor, vuestros buenos y malos, vuestro clientelismo turbio y vuestras ideologías fuera de las consultas y las aulas sanitarias, que ser clínico y atender el sufrimiento del otro, sean cuales sean sus ideas, es de las pocas cosas intrínsecamente buenas que puede hacer el ser humano. Joder.

La culpa patológica

Existe otro tipo de culpa que no solo no es adaptativa, sino que, además, causa un malestar muy significativo a montones de personas. Se trata de una tendencia culposa que no tiene un motivo muy definido, que es particularmente reactiva y tirana.

La culpa no solo nos duele cuando aparece haciéndonos sentir malos, sino que ejerce una influencia mucho más dañina, ya que acaba condicionando nuestra forma de funcionar y de relacionarnos. Y es que la culpa patológica es, ante todo, muy, muy limitante.

Lo que hace más fácil de distinguir a la culpa patológica del proceso emocional sano de la culpa adaptativa es su carácter indiscriminado (nos hace sentir culpables por casi cualquier tema), la facilidad con que se activa (con que algo tenga un atisbo de «maldad» hace su aparición junto al malestar que provoca), la intensidad de la inquietud que genera y la imposibilidad de satisfacerla para no quedarnos enganchados en ella.

En el estudio de por qué se forja una culpa patológica en una persona, encontramos explicaciones muy similares a las que hemos visto en los procesos de autoexigencia y autocrítica: haber vivido experiencias de alto dolor emocional donde sufrimos abandono, castigo o rechazo intenso como consecuencia de actuar de una forma que era considerada como «malvada».

Si nuestra mente es como una cebolla, en la que las capas superficiales se fundamentan y apoyan sobre las más internas y nucleares, tenemos en el núcleo esa sensación, ese esquema emocional, de la vivencia de ser inválido e indigno de amor, y sobre ella se creará una narrativa, es decir, un discurso de uno mismo de ser una persona mala y que tiene deseos y conductas perversos; finalmente, en la capa más superficial, un autoconcepto de sí mismo como «malo» o «perverso». Todos estos niveles van en la misma dirección (siempre es así) y le crearán un sentimiento de malestar profundo.

Nuevamente, la intensidad del daño por las consecuencias de aquello que nos hace sentir culpables, la frecuencia con la que se nos ataca, si quien lo hace es una figura importante para mí, si la recibimos siempre de la misma persona o de varias y hasta qué punto el ataque es desproporcionado o no, hará que la interioricemos de forma más enfermiza o no y la vivamos de un modo más o menos real (es decir, que evidencia que somos malvados). También es muy importante si se me censura en general o solo un aspecto de mí.

Como en el caso de la autoexigencia y el perfeccionismo, desarrollamos la culpa patológica como un mecanismo defensivo o una conducta de autocensura para evitar caer en comportamientos, actitudes o «formas de ser» que nos vuelvan a crear ese malestar por el castigo que sufrimos.

Y es en eso, en su funcionalidad, en qué circunstancias nos intentamos proteger a través de ella, donde encontramos las grandes diferencias entre la culpa patológica y los procesos explicados en capítulos anteriores.

La cara B de la culpabilidad: fantasía de control, miedo y rabia

Si algo hay que reconocerle a la culpa patológica es sobre todo el hecho de que es un disfraz de puta madre. Esto puede parecer raro, porque normalmente no mostramos a otros por qué nos sentimos culpables (aunque a veces sí que hay un exhibicionismo culposo que tiene que ver más con otros procesos, como te explicaré más adelante), así que, ¿a quién ocultamos cosas con la culpa? Pues, como en tantos otros aspectos, a nosotros mismos, y es que el autoengaño es una de las grandes tendencias psicológicas.

Hay cosas que nos cuesta admitir, por cómo nos hacen sentir, por lo que implican, por lo que nos «obligan» a hacer o por la reacción de otros a eso. La culpa, entonces, actúa como un eficaz freno de mano que nos impide reconocernos, y, desde luego, mostrar o actuar ante los demás esa verdad interna: si tapamos algo con culpa, si nos sentimos mal con solo asomarnos a ello, tenemos la garantía de que no lo reconoceremos, y, como dice el refrán, ojos que no ven… corazón que no siente.

Y una polla.

Ya que, en el fondo, el autoengaño es un proceso raro en el que, al conocerte, eres el mejor engañándote, pero a la vez, no puedes negar tu puta realidad interna, que al final te explota en la cara y sale desbordante, te genera un montón de sintomatología o te enganchas a lo que usas para taparlo, aunque nunca te acabe de convencer, que es precisamente lo que hacemos con la culpabilidad patológica.

Así, la culpa es un proceso habitual para no tener que aceptar una realidad. Como cualquier psicólogo que vea pacientes sabe, es muy frecuente que algunos de ellos se culpen de determinados sucesos para no tener que asumir que han ocurrido.

A este respecto, son muy interesantes las investigaciones del psicoanalista Winnicott, que realizó estudios con niños pequeños víctimas de abuso o maltrato por parte de sus padres. En las sesiones con ellos encontraba que casi todos, cuando se les preguntaba por qué creían que les había sucedido eso, respondían diciendo cosas como que «Soy malo», «Mi padre lo hacía para educarme», «Yo le provoco» o «Necesito que corrijan mi mala conducta».

Al principio, el psicoanalista infantil pensó que ello se debía a que, posiblemente, los padres agresores, para justificarse, daban ese tipo de excusas a sus miserables actos. Sin embargo, Winnicott se dio cuenta de que muchos niños no habían recibido ese tipo de explicaciones por parte de los padres (hay gente tan enferma que es capaz de hacerle daño a un chiquillo sin necesitar justificarse... Lo hace y punto), y era imposible que lo hubiesen aprendido en otro lugar, ya que este tipo de sucesos nunca se producen en público ni se habla de ellos, ya que, de lo contrario, esa situación cesaría al intervenir otro adulto. De ello dedujo que eran los propios niños los que daban esa explicación de los hechos.

«Es mejor sentir que se es un demonio en un mundo de ángeles, ya que, si me arrepiento, la redención es posible, pero si soy un ángel en un mundo de demonios, haga lo que haga, estoy condenado». Con esa frase tan poética, Winnicott nos muestra cómo la culpabilidad ayuda a tener una fantasía de control a la que podemos aferrarnos para no aceptar nuestra vulnerabilidad, de forma que es menos amenazante pensar que soy malo, pues, si me porto bien, dejarán de hacerme daño y por tanto depende de mí, que asumir el hecho de que la gente puede hacerme daño y yo estoy indefenso[3].

---

[3] PHILLIPS, A. (2007). *Winnicott*. Londres: Penguin Book.

Este tipo de sentimientos y discursos centrados en lo que podría hacer y no hago o en aquello que no hice para evitar una situación son frecuentes en personas a las que les cuesta asumir una pérdida, como el fallecimiento de un ser querido o la ruptura de una relación importante ante la que no pueden hacer nada[4].

En la fantasía de «que hubiera pasado si», la persona escapa en su mente de una realidad que le cuesta asumir, aunque le torture profundamente.

No me resisto aquí a volver a citar textualmente a un psicoterapeuta, Nathaniel Branden (una de mis grandes influencias teóricas en el tema de la culpa), ya que sus palabras me parecen profundamente liberadoras cuando dice: «Donde no hay control no puede haber responsabilidad, y donde no hay responsabilidad no cabe remordimiento de conciencia alguno. Pesar, sí; culpa, no».

Otras veces, la culpa aparece no para eludir una realidad o crearnos una sensación de control, sino para protegernos con ella de otras emociones. Sentir culpa para no sentir tristeza o rabia es una reacción habitual y que deja a la persona enganchada en la misma, ya que la «necesita» para tapar y protegerse de otras emociones que pueden resultarle amenazantes[5].

De hecho, creo que esta es la explicación detrás del éxito de algo con tan poca pobreza teórica y culpabilizador del pensamiento positivo, con sus mensajes de «Todo depende de cómo lo enfocas» o «Si quieres puedes», y es que nos

---

[4] Mejía Correa, M. P. y Fernández Fuente, S. (2012). «La culpa en el duelo». *Poiésis: Revista Electrónica de Psicología Social*, 23, 1-8.

[5] Tie, S. y Poulsen, S. (2013). «Emotionally focused couple therapy with couples facing terminal illness». *Contemporary Family Therapy*, 35(3), 557-567.

crean una fantasía de control de nuestro bienestar: pase lo que pase, si eres suficientemente positivo, serás capaz de que no te duela o de conseguirlo.

Es llamativo cómo una sociedad que se supone que ha dejado atrás las creencias rituales y mágicas abraza con fuerza este tipo de teorías que se rigen por las mismas normas, aunque nos culpabilicen y juzguen sin cesar solo por el miedo al dolor o al fracaso.

Somos una sociedad de cobardes incapaces de asumir el dolor inherente al hecho de estar vivo.

Pero es probable que la culpa patológica aparezca con más frecuencia cuando se trata de protegernos de la rabia y del conflicto al que esa emoción nos empuja. Muchas veces, detrás de las personas con una tendencia excesiva a la culpabilidad y que más sufren por ello se encuentran profundos enfados y sentimientos de rabia reprimidos[6]. Si tengo mucho miedo a enfrentarme con alguien, bien porque no me siento seguro de ganar ese conflicto o porque me dan miedo sus consecuencias (fin de la relación, que otras personas me repudien o juzguen...), culpabilizarme a mí de lo que ocurre con frases como «Mi jefe se pasa, pero es que yo soy un desastre» o «Con lo bueno que es mi marido, qué me costará ceder en esto» o «Es normal que mi novia se enfade, tengo que ser más detallista», lo que hago es quitarle legitimidad a mi rabia y de esa forma es más fácil reprimirla o invalidarla para no meterme en una pelea cuyas consecuencias me dan miedo.

De hecho, a veces, como mecanismo defensivo, ante emociones que nos resulta amenazante sacar hacia fuera, las «retroyectamos» hacia dentro. La culpa sería, pues, una

[6] BRANDEN, N. (1983). *El respeto hacia uno mismo*. Barcelona: Paidós.

rabia hacia el otro volcada hacia nosotros mismos porque da menos miedo[7].

En mi consulta encuentro repetidamente un patrón de personas a las que les cuesta poner límites y defenderse y que padecen una culpa patológica clara.

Quizás por estos motivos, la culpa patológica aparece más en las relaciones que son muy importantes para nosotros: familia, pareja, amigos, o con figuras que tienen mayor autoridad y poder, como jefes, profesores o padres. En esos casos, culparnos a nosotros es menos amenazante que un conflicto con alguien que percibimos como más fuerte o al que nos da miedo perder.

No es casualidad que las personas que tienen una dependencia afectiva y emocional de sus parejas tiendan a juzgar más duramente sus conductas y a sentirse culpables[8]. Así, muchos teóricos feministas postulan que la culpabilidad es un sentimiento más presente en las mujeres debido a su tradicional dependencia del hombre, algo que se ha visto corroborado por investigaciones de psicología social[9].

El miedo al rechazo, a la pérdida del otro, es otro de los factores de mantenimiento de la hipersensibilidad culposa, que se activa no ya a la mínima que hacemos algo que otras personas puedan rechazar, sino por lo que creemos que podemos ser rechazados[10]. Ejemplos de esto podemos encontrarlos en aquellos que se sienten culpables por tener

---

[7] Pierret, G. (2006). *La terapia Gestalt: su práctica…, op. cit.*

[8] Klass, E. T. (1987). «Situational approach to assessment of guilt: Development and validation of a self-report measure». *Journal of Psychopathology and Behavioral Assessment*, 9(1), 35-48.

[9] Valor-Segura, I., Expósito, F. y Moya, M. (2014). «Gender, dependency and guilt in intimate relationship conflict among Spanish couples». *Sex Roles*, 70(11), 496-505.

[10] Branden, N. (1983). *El respeto hacia uno mismo…, op. cit.*

dinero o éxito laboral o por mostrar y evidenciar su atractivo físico delante de sus amigos menos afortunados en este sentido.

Este miedo a dejar de tener un vínculo con el otro y buscar cosas que nos calmen al demostrar que lo tenemos, compartir un sistema de valores con otras personas y culpabilizarte según unos criterios comunes, puede engancharte porque te crea la sensación de que formáis parte de algo que os une (ser creyentes, animalistas o lo que sea). Otras veces, las personas se torturan culpabilizándose porque piensan que otros aprobarían que se reprochase su forma de actuar y que, si se atacan así, los demás no les rechazarán[11].

Esta idea de que culpabilizarnos puede ser una forma de «mantenerme unido» con otros está presente en lo que se conoce como «lealtad invisible», una teoría que explica cómo muchas personas son incapaces de no repetir patrones disfuncionales aprendidos de sus padres, como por ejemplo ser alcohólico o hacer cosas que estos no lograron (ser feliz, tener éxito...). Otros consiguen romper el patrón, pero desarrollando una profunda culpabilidad que les tortura, ya que sienten que, al hacerlo, traicionan a ese familiar al evidenciar su falta de capacidad o cobardía[12].

Hasta ahora te he dado la chapa sobre cómo empleamos la culpa patológica para evitar el dolor o lo que nos da miedo, ya sea en forma de conflicto y rabia o hacer algo que desagrade al otro y nos abandonemos en relaciones importantes. Pero ahora aparece la otra gran motivación de la culpa: el miedo a asumir el control y la responsabilidad de nuestra propia vida.

---

[11] McKay, M. (1991). *Autoestima: evaluación y mejora..., op. cit.*

[12] Boszormenyi-Nagy, I., Spark, G. M. y Pardal, I. (1983). *Lealtades invisibles*. Buenos Aires: Amorrortu.

Las personas culposas viven bloqueadas para actuar apoyándose en lo que quieren realmente, ya que siempre se refrenan en ir a por todas para conseguir lo que desean. Cuando tengo miedo de responsabilizarme del control y la autonomía de mi vida, prefiero renunciar a mi criterio y asumir los valores de otro y vivir conforme a ellos, torturándome cuando no los cumplo.

ESPERA, QUE HAY INCLUSO CARA C: LA CULPABILIDAD PATOLÓGICA COMO DISFRAZ NARCISISTA

Quizás esta es otra de las modalidades que cuesta comprender de la culpabilidad patológica, y es el hecho de que en ocasiones este automachaque, a pesar de hacernos sentir mal, puede ayudarnos a tener una imagen idealizada de nosotros mismos, ya que, a fin de cuentas, una alta culpabilidad puede entenderse como la prueba inequívoca de que me exijo mucho a ese nivel o me preocupo por ser una buena persona. Así, encontraríamos una sensación agridulce en la culpabilidad, ya que nos hace daño, pero también nos proporciona una buena imagen de nosotros mismos[13].

La realidad es que, como me gusta decirles a mis pacientes en consulta, a veces la culpa no es un indicador de ser malas personas, sino más bien de lo contrario, puesto que los hijos de puta no se sienten culpables ni se rayan sobre si lo que hacen está bien o mal. Sin embargo, este razonamiento llevado al extremo puede hacernos pensar que, si nos sentimos muy culpables, es que somos más buenos que Gandhi.

Socialmente podemos encontrar ejemplos representativos de esta idea en fenómenos de verdadero exhibicionismo culposo como en los penitentes que se fustigan para expiar sus pecados (¡Dios mío, qué devoto y piadoso, míralo cómo sufre para redimirse!) o en escenas de blancos arrodillados pidiendo perdón por sus privilegios a negros, como vimos en Norteamérica a raíz de la doctrina *woke*, o de hombres que se autodenominan «*aliades*» y piden perdón a las mujeres por su mera condición de varones o por hacer cosas que les puedan hacer sentir incómodas tan absurdas como ir andando en la misma dirección, uno detrás de otro a altas horas de la noche simplemente porque sus caminos coinciden (¡qué grandes adalides de la igualdad de género y cuán intelectual o éticamente superiores al poder comprender así a esos colectivos oprimidos!).

¿Qué finalidad tienen estos exhibicionismos aparte del de sentirnos moralmente superiores? ¿Quién coño se humi-

---

[13] McKay, M. (1991). *Autoestima: evaluación y mejora, op. cit.*

lla en público y delante de todos por algo que no ha hecho, si no es para ser aplaudido y admirado?

¿Te has dado cuenta de que, además, estas personas necesitan continuamente colgar estas demostraciones en las redes sociales? Lo mismo yo soy muy raro, pero si me avergüenzo de algo o creo que lo he hecho mal, no voy mostrándolo a todo el mundo.

Es algo parecido a las personas que son superbrasas exhibiendo en redes sociales su altísima calidad moral o ética, a través de compartir imágenes o subir *stories*, mostrando su adhesión a determinadas causas o emotivos acontecimientos relacionados con algún colectivo (pero no hacen nada que ayude a cambiar realmente las cosas...), y es que, al final, veo, veo, postureo.

Con esto no quiero decir que el feminismo o la moral católica siempre sean una actividad narcisista. He tenido la posibilidad de conocer a grandes activistas sociales, como Javier Barbero (psicólogo clínico, concejal de Más Madrid y uno de mis profesores universitarios que más me influyó) o Paula Fraga (jurista penalista feminista), que actúan motivados por unos ideales en los que creen firmemente y lo hacen desde la coherencia con su sistema de valores. También a cristianos como José Antonio García Monje (psicólogo, sacerdote y uno de mis profesores de psicoterapia Gestalt) o Isabel Mariscal (monja y pedagoga, directora de la Asociación de Amigos del Pueblo Latinoamericano, con la que colaboré como psicólogo sanitario en su ONG atendiendo a inmigrantes sin recursos), que hacían una excelente labor social, impulsados por sus creencias y fe.

Se puede estar de acuerdo o no con la forma de entender el mundo de estas personas, pero desde luego son profundamente congruentes y comprometidas. Y también añadiría que por lo menos hacen algo más allá de posturear en redes sociales e ir dando lecciones de ética a los demás si no es con su ejemplo.

Lo que quiero explicar es que muchas veces hay un exhibicionismo culposo y una instrumentalización de las creencias o ideologías (sean estas del tipo que sean) con una finalidad narcisista para elevarse moral o intelectualmente por encima de otros o crear un sentimiento de pertenencia a una comunidad y autopercibirse como superiores por ello.

En consulta oigo con frecuencia a personas asumir que su falta de asertividad a la hora de defenderse y poner límites, la represión de unos sentimientos de rabia que les dan miedo o los sacrificios que realizan aceptando cosas en su vida que no quieren, son debido a que son muy «buenas personas y se preocupan mucho por los demás» o «demasiado empáticas».

Veo estereotipos que responden a este patrón, como aquel que es el típico que siempre cede a lo que quieren los demás, que permite que le pisoteen o que se sacrifica por todos. Luego te cuenta encabronado lo mala que es la peña y no valoran lo que hace, pero, cuando le preguntas por qué no los manda a la mierda, asegura que «de bueno es tonto», y ahí encuentra una justificación que le permite no tener que hacer nada al respecto y que, encima, le da un barniz de bondad y calidad moral al tema.

También está el que interioriza el rol del cuidador, y continuamente se sacrifica y pone de lado sus necesidades (y su vida) para atender a la persona que lo está pasando mal. Desde luego, es digno de aplauso cómo renuncian a todo y lo mal que se sienten si por un momento, por atenderse ellos, descuidan al otro. Es llamativo cómo se las apañan para estar siempre cuidando a alguien, pasando de una persona jodida a otra que terminan necesitándole, porque casi los inutiliza, y cómo se quejan, pero a la vez se vanaglorian de lo mucho que han pasado y de la situación tan dura que soportan... Me parece que ese cuidar tanto a otros es la forma de no tener que cuidarse a ellos y hacerse cargo de sus putas vidas.

Aunque, lógicamente, no todo responde a nuestra parte enferma, y esas explicaciones tienen algo de verdad; lo jodido del autoengaño es que coge una parte cierta para estirarla y tapar debajo lo que nos cuesta asumir...

Pero el que esté libre de pecado que tire la primera piedra, y es que yo soy una persona que tiende a caer en sentimientos de culpa y extrema preocupación por otras personas, especialmente mis parejas.

En mi terapia actual, que me ha ayudado mucho a desmontar esa culpa neurótica, hemos encontrado cómo me encanta verme a mí mismo siendo «el caballero de brillante armadura» y una buena persona (algo que mis padres siempre recalcaban como lo más importante y a lo único que aspiraban que yo fuese en la vida). Para mí, esto es jodidamente importante, así que verme a mí mismo así me hace sentir muy bien.

Por otro lado, me he dado cuenta de mi miedo a que el otro no quiera estar a mi lado si no soy capaz de atenderlo y cubrir sus necesidades, y un miedo a «ser como mi padre con mi madre», ya que, a pesar de que era un hombre bueno y generoso, le costaba entender a mi madre y tendía a mostrarse indiferente con lo que ella le pedía (quizás compensaba su entrega en el trabajo con un egoísmo en su pareja). De pequeño recuerdo haber visto a mi madre sufrir mucho con ello, y, como siempre he empatizado especialmente con ella y me da mucha pena por todas las enfermedades que le hicieron sufrir, tengo miedo a provocar el mismo sentimiento en mis parejas. Para protegerme de todos estos miedos y sentirme buena persona, desarrollé una culpabilidad muy sensible, que saltaba a la mínima, lo que garantiza que mis parejas no se sentirán como mi madre, que yo no soy en eso como mi viejo (ojalá me pareciera en casi todo lo demás) y que, al tener a mis parejas muy bien atendidas y colmadas, nunca querrán dejarme.

Como ves, mi miedo a no servirle o gustar al otro también está presente en esto. Es curioso cómo las experiencias muy dolorosas acaban influyendo en casi todas las áreas de nuestra vida.

Esto puede que te parezca una puta ida de olla, pero darme cuenta en mi terapia de que no soy tan buena persona ha sido de lo más duro que he enfrentado en mi vida… y también de lo más liberador. Ser mala persona era uno de mis grandes miedos, y darme cuenta de que no soy un cabrón, pero tampoco San Ventura, y que aun así la gente que me quiere sigue a mi lado y que yo puedo aceptarme con ello, me ha dado muchísima libertad a la hora de elegir cómo quiero comportarme y qué decido.

¡Qué esclavo era ser ese caballero de brillante armadura!

Con todo esto no quiero decir que todo el que ayude, cuide o ceda ante otro lo haga únicamente porque es un cobarde, sino que, si es un patrón repetitivo, además de una bondad genuina, también hay un miedo que te cagas.

El coste de la redención

Tener un sentimiento tan cabrón como la culpabilidad no es algo que nos haga sentirnos bien a nadie.

De hecho, la culpabilidad patológica contribuye de forma clara a la posibilidad e intensidad de la depresión[14] y de

---

14 Kim, S., Thibodeau, R. y Jorgensen, R. S. (2011). «Shame, guilt, and depressive symptoms: a meta-analytic review». *Psychological Bulletin*, 137(1), 68-96.

la ansiedad[15], así que está claro quc buena lo que se dice buena, pues no es... También sabemos que la culpabilidad excesiva puede llevar a las personas a estar revisando continuamente su comportamiento y evaluando sus sentimientos, pensamientos y conductas, algo que sabemos que lleva a lo obsesivo y la rumiación[16].

Prácticamente podemos aplicar a la culpabilidad todos los problemas psicológicos, de malestar emocional y salud mental que hemos visto en la autoexigencia y en la autocrítica, ya que, en este sentido, funciona de forma casi idéntica...

No digo que los sentimientos obsesivos, la depresión o la ansiedad sean poco jodidos en sí mismos, pero me parece que es poco comparado con una verdad fundamental: la culpa es un sentimiento que nos quita muchísima capacidad de elección y de permitirnos llevar nuestra vida hacia dónde queremos realmente.

Me gusta mucho cómo lo dice en su Instagram el psicólogo español Sergi Rufi: «Si no nos sentimos rechazados, no nos sentimos libres ni auténticos».

Creo que la psicología actual, excesivamente miope al reducirlo todo a síntomas y conductas problema, es incapaz de ver más allá del impacto directo que genera un proceso en términos de los síntomas que provoca, pero, aunque no haya sintomatología, ¿no es terriblemente dañino no sentirnos libres?

Prefiero mil veces vivir con ataques de pánico, problemas de sueño o no parar de darle vueltas a la puta cabeza,

---

15 Cândea, D. M. y Szentagotai-Tătar, A. (2018). «Shame-proneness, guilt-proneness and anxiety symptoms: A meta-analysis». *Journal of Anxiety Disorders*, 58, 78-106.

16 Rachman, S. (1993). «Obsessions, responsibility and guilt». *Behaviour Research and Therapy*, 31(2), 149-154.

pero ser libre en mi vida y tomar las decisiones que quiero. Poder ser coherente conmigo mismo.

En primer lugar, porque creo que el malestar psicológico es algo con lo que se puede convivir y paliar a través de la medicación y las técnicas psicológicas, pero llevar una vida de mierda en la que te has traicionado y perdido el respeto a ti mismo, no. Sobre todo, porque con el síntoma siempre se puede hacer algo, pero la vida es un bien finito, que cuando la tiras por el sumidero y la malgastas viviendo según los criterios de otros por miedo al rechazo o de forma sumisa por evitar el conflicto, eso es irrecuperable.

Espero que esto te esté dejando un mal sabor de boca, porque eso es que estás contactando contigo mismo y eso te moverá a la acción responsabilizada.

Puedes vivir sintiéndote seguro, resguardado en tu imagen moralista de buena persona, yendo de mártir y de Santa Teresa de Calcuta por la vida, garantizando así que nadie te repudiará, pero vas a ser un infeliz de cojones, y nadie tendrá que perdonarte nada, pero, al final de tus días, cuando hagas balance, tú tendrás que perdonarte muchas cosas...

Librarnos de la culpa a través de la rabia

La aceptación incondicional, la autenticidad, la autocompasión y la congruencia (que te explico en el próximo capítulo) son también aplicables para combatir la culpa. Sin embargo, como te he ido contando, la culpa patológica, a pesar de compartir cosas con la autoexigencia perfeccionista y la autocrítica, tiene características propias que requieren de abordajes específicos.

Y por eso incluyo estas dos «soluciones», la rabia y el perdón, para superarla. Como siempre, lejos de pautas concretas o libros de recetas, te hablo de algo más ambiguo, pero que, a mi entender, te ayudará más a tomar consciencia, comprenderte y, desde ahí, que puedas elegir libremente si te identificas en ello y, en especial, si estás dispuesto a pagar el precio que tiene implementarlas, aunque comprende que todo tiene un precio, ya que enfrentar la culpa tiene su factura, pero no hacerlo y vivir torturado por ella también.

Vamos al lío.

La rabia, para mí, es el elemento clave en el tratamiento de la culpa patológica, de esa que no tiene un motivo concreto, que se activa casi por nada, hipersensible y reactiva como ella sola la muy cabrona. Su finalidad muchas veces es evidentemente defensiva: culpabilizarme por todo me ayuda a no tener conflictos con otras personas, a atacarme a mí para no hacerlo a otros porque me da menos miedo o preocuparme tanto por los demás que si los tengo contentos y atendidos no querrán pelear conmigo.

Se trata de una compensación clara para evitar el conflicto, por eso no puedes intentar erradicarla mientras sea útil y eficaz para evitar esas peleas que te dan tanto miedo. Pero, si aprendes a dejar de reprimir la rabia y partirte la cara por ti cuando toca, no necesitarás compensarla, taparla o atacarte para evitarla. Muerto el perro se acabó la puta rabia.

Así que, cuando te sientas muy culpable con algo, empieza a tomar consciencia de qué te toca los huevos de esa situación o persona, qué hay de injusto en eso, en qué te parece que no se te atiende o valora lo suficiente.

Pero estate alerta, muchas veces no será por ese tema en concreto por el que te sientes culpable, pero sí por algo que pasa en la relación con esa persona o grupo.

Cuando lo veas, aunque no parezca tan grave, empieza a permitirte sentir esa rabia y a darte cuenta de cómo tiendes a quitarle hierro, resignarte, relativizarlo... Eso es lo que haces para no tener que asumir la responsabilidad de meterle mano al negocio.

Después, te recomiendo pasar a la acción: verbalizar tu rabia con lo que le dirías a esa persona, imaginarte teniendo una conversación, incluso desahogarte con un tercero poniéndola a parir. Esto seguro que te alivia, pero te pido, por favor, que no te quedes en la técnica psicológica, en la charlita por detrás y en el desahogo catártico, que, si bien ayuda mucho, no es la vida real.

Ten en el coraje de ser fiel a ti, asume tu autonomía y pelea por tu bienestar. La psicología no puede ser el recurso para evitar cobardemente lo que toca en la vida.

No te voy a criticar por el miedo, porque, joder, todos tenemos miedo, tenemos para exportar por palés: a que nos rechacen, a que nos hagan daño, a que nos abandonen, a que nos ataquen si empezamos a plantar cara. Cuando llevo mucho tiempo dejando pasar y reprimiendo la rabia, es difícil ponerse delante del otro, pero no puedes esperar a tener seguridad en ti mismo para hacerlo, y es que esta es el resultado de hacerlo, de mancharte de barro en la trinchera de la vida por ti, si es menester.

Cada vez que te atreves a hacer algo que te acojona, forjas seguridad en ti mismo a base del compromiso amoroso contigo. Y es que sentirnos seguros, al igual que el amor real e incondicional por uno, no es algo que se tiene o no, es algo que se construye haciendo cosas que nos cagan de la hostia. Tomando decisiones y enfrentando problemas.

Puede parecer raro, pero la rabia que defiende es sobre todo un acto de amor, es una rabia amorosa. Si amas algo y no lo defiendes, realmente no lo amas una mierda.

Mira cómo hasta la perra más afable y bonachona, una labradora de esas de Scottex no dudará en morderte la yugular si vas a hacer algo a su camada de perritos. Mira al soldado ucraniano que está matando y muriendo por proteger a su patria y a su pueblo porque los ama. Mira al activista político enfrentándose al sistema para reducir la opresión e injusticia de su causa.

Así que te toca escoger: defenderte y poner límites o evitar eso preocupándote siempre por cómo se sentirán los demás para protegerte del conflicto y viviendo toda la vida con esa culpa ahí dando el coñazo...

Está bien que te preocupes por el dolor de otros, pero también por el tuyo. Amarás al prójimo como a ti mismo, que dijo Jesucristo y todo eso. Que dirás: «También dijo lo de la otra mejilla», y te diré «También echó del templo a los mercaderes a latigazos porque esa era la casa de su padre», y claro, si amaba a su padre no iba a dejar que mancillaran, profanaran y se cagasen en ella, así que no dudó en dejar fluir y expresar su rabia amorosa.

Ahora ya piénsalo y dale una vueltita...

A este respecto siempre aparece el buenismo imperante en muchos psicólogos que hablan de que la asertividad «es defender tus derechos sin herir al otro», pues vamos a ver, te hago *spoiler* de la vida real y no de los mundos de unicornios: no siempre es posible. A veces, por desgracia, toca devolver los golpes, y aunque sean en defensa propia, al otro le van a doler. Hay ocasiones en las que tienes que ver al otro herido o sangrando por tu acción defensiva o de poner límites, es incómodo, es jodido y te sientes mal si no eres un cabrón con pintas, de la misma forma que el conflicto, aunque liberador, nunca es divertido. Pero eso forma parte del precio a pagar por defenderte y vivir sin la tortura de la culpa defensiva y neurótica por todo.

Ve de menos a más, intenta minimizar al daño al otro, pero defiéndete con uñas y dientes; al final, si no te importa a ti tu malestar, no le va a importar a nadie. Y si no querían llevarse una leche, un bufido o una mala contestación, que no hubiesen ido a tocarte los cojones, a fin de cuentas, por eso recogen la filosofía y la ética del derecho el «derecho a la legítima defensa».

Sanar la culpabilidad a través del perdón

La otra idea básica es el perdón, en este caso, con uno mismo.

Es un tema peliagudo, la verdad. Por un lado, me toca bastante los huevos cómo se trata normalmente desde la psicología de panfleto imperante. Por su alto nivel de buenismo, por su imposición («Tienes que perdonarte o tienes que perdonar»), que creo que no solo es algo cruel eso de obligar a perdonar a una persona a la que han hecho daño, sino también algo ineficaz, ya que dudo seriamente de que el perdón, como la autocompasión, dar abrazos para liberar oxitocina o tantas otras recetas, sean efectivos cuando no son de corazón y se hagan solo por su efecto o por cumplir la prescripción terapéutica.

Desde la investigación y la práctica clínica sabemos que perdonarnos, cuando es de corazón y real, tiene un componente profundamente liberador y sanador[17]. Perdonarnos nos permite liberarnos de ese proceso que nos hace daño y nos mantiene enganchados al pesar o la culpabilidad.

Aquí lo fácil sería hablarte de que tu dolor importa tanto como el de otros o de que quizás no puedes aliviar el dolor de lo que has hecho, pero sí el que te estás causando a ti mismo en el presente, y si te perdonas puedes, como mínimo, detener uno de los sufrimientos que provocas.

Sin embargo, no soy capaz de decirte que te tienes que perdonar, creo que eso es una decisión que solo tú puedes valorar según tu ética.

---

[17] Enright, R. (2017). *Las 8 claves del perdón*. Sitges: Eleftheria.

No sé si tienes que perdonarte o no, creo que es cosa tuya, pero asegúrate de que es algo libre y no una compensación, una instrumentalización o algo movido por el miedo; así pues, te contaré dónde solemos ponernos la zancadilla y por qué para no darnos la absolución.

A veces, no perdonarnos tiene que ver con esa finalidad narcisista («Soy tan bueno que no puedo perdonarme» o «Aunque me perdone el otro, yo no lo hago», lo que implica que tu criterio es más importante que el del otro).

Con frecuencia convertimos el hecho de que la otra persona no nos ha perdonado, o ya no puede hacerlo (un fallecido, una ruptura…), en una excusa para no perdonarnos nosotros, algo que podríamos hacer, pero que implicaría sentir que «rompemos» nuestro vínculo al tener otro criterio y asumir la autonomía de este.

No perdonarme ni considerarme digno de ello puede ser también una sutil estrategia para no tener que responsabilizarme realmente de mis actos, de forma que me machaco y me autodestruyo por ello, lo cual me jode, pero me ahorra el mal rato de tener que hacer esas acciones que sí serían realmente reparadoras o que me permiten cambiar lo que ocurre y vivo como perverso. Este patrón es habitual en los adictos, que prefieren no perdonarse por lo que hacen y así seguir drogándose para evadirse de su culpabilidad, pues si lo hicieran, tendrían que enfrentar el reto titánico de dejar de meterse.

Recuerdo el caso de Ramón, un paciente que me decía en consulta que no podía perdonarse, ya que en el pasado había maltratado a su hijo. Venía muy arrepentido, porque, además, el chaval se piró de casa y renegó de su familia en cuanto tuvo la edad para ello. Cuando exploramos por qué perdonarse era algo tan inasumible, me comentó que, aunque no tuviera puto sentido, era lo único que tenía para seguir sintiéndose vinculado a él a través de esa culpa.

Ambos, él y su hijo, le odiaban por lo que había hecho, y eso les unía de cierta forma.

Yo le planteé si cambiar y dejar su alcoholismo no era una buena forma de hacer algo por sí mismo y por su hijo, de hacerse cargo de verdad del problema de fondo que había hecho que se comportase tan mal con su crío. Le encajó y le pareció un modo más responsable de ser coherente con el amor a su hijo, su arrepentimiento por sus actos y querer redimirse de verdad. Qué duda cabe que también era más adaptativo y sano que machacarse el hígado en una espiral autodestructiva...

En *La cura Schopenhauer*, de Irvin D. Yalom (que además es catedrático de psiquiatría en la Universidad de Standford), una novela de cuya lectura disfruté como una perra, uno de los personajes dice una frase que me gustó tanto que casi me la tatúo en el escroto: «La terapia comienza donde termina la culpabilidad y empiezas a responsabilizarte de lo que te pasa».

Cuando doy las soluciones, suelo intentar terminar los párrafos haciendo dos cosas: exhortándote a que te importe tu dolor y te trates con decencia o metiendo los dedos en la herida de lo que haces cobardemente para que tomes consciencia y sientas una incomodidad que te mueva al cambio. Con respecto al perdón, como ya te he dicho, no tengo ni puta idea sobre qué es ser coherente, así que, en este caso, no te voy a decir una polla.

9

El valor de la congruencia

En mi libro anterior recibí muchas buenas valoraciones, pero, aunque minoritarias, también algunas críticas. Aunque he de reconocer que me escoció leerlas, fue una tarea a la que me dediqué con empeño, entre otras cosas, por respeto ya que, si alguien invierte tiempo en escribirme, creo que yo debo invertir tiempo en leerlo.

Por otro lado, las leí porque, y espero que no te ofenda (si me escribiste para decirme que soy la polla, te doy las gracias), suelen ayudarme a reflexionar y mejorar más las críticas, porque me permiten ver «los puntos vulnerables» de mi discurso para poder argumentarlo mejor y porque me permiten ver mis errores para tratar de aprender de ellos, aunque intentando ser compasivo con mis fallas, lo que, he de reconocer, no siempre consigo.

También me viene muy bien porque, para una persona que ha dependido de gustar y seducir, que le escupan en la cara y normalizarlo le viene muy, pero que muy bien.

El caso es que, más o menos, las críticas que suelen hacerme se catalogan en tres tipos:

A) Dices muchas palabrotas. Que es cierto, y, la verdad, me gusta hacerlo tanto por autenticidad (en mi vida privada hablo igual y paso de hacer el personaje) como porque con mi estilo confrontativo y navajero intento exhortarte, removerte y zarandearte para que muevas el puto culo y te esfuerces por tratarte dignamente. También suelo contestar, no sin cierta chulería, que Pérez-Reverte o Camilo José Cela también son bastante soeces cuando quieren y no por eso son malos literatos. Confundir el decir palabrotas con incultura o chabacanería me parece que es tener poco alcance de miras. Finalmente, quiero señalar que decidí atacar el buenismo y el pensamiento positivo no solo mediante argumentos, sino también de forma estética.

B) Te repites mucho. Totalmente de acuerdo, me repito más que el puto salmorejo.

A veces lo hago porque quiero recalcar una idea, o enfocarla desde distintos puntos de vista y matices, pero lo cierto es que acabo siendo un pesado de cojones, tengo que aprender a comunicar sin hacerlo tanto.

C) El tuyo es un mensaje para débiles y gente que no quiere avanzar. Aquí, aparte de gente que creo que necesita sentirse superior llamando débil a otros con una clara finalidad narcisista, creo que profundizan poco en la idea de aceptación, autocompasión o no exigencia.

Parece que permitirme ser sin exigirme y regodearme en mi dolor me lleva a un camino de autocomplacencia y a una justificación para poder ser un vago o un pusilánime que no pelea por lo que quiere en la vida.

Creo que no es así para nada, pero sí que reconozco que, mal entendido o instrumentalizado de forma patológica, puede ser empleado como una forma de no asumir la responsabilidad de elegir.

Así que esta idea te la voy a desarrollar y a repetir en toooooodo un capítulo. Si te quieres cagar en mi puta madre por cansino, te lo voy a poner fácil: la noble señora se llamaba Carmen Olea Porcel (D.E.P.)

NO SOLO LLORAR POR NOSOTROS Y DARNOS ABRAZICOS

El «desapego patológico» es aquel en el que la persona decide no desear nada en su existencia y asumir lo que viene sin posicionarse ante ello. De esta forma, asume el rol del espectador en lugar de actor activo, intenta que nada le importe como forma de protegerse y evitar el dolor, que no es sino una renuncia a vivir la vida[1].

De forma parecida, creo que hay un peligro potencial de caer en esa especie de complacencia con nosotros mismos si no estamos vigilantes. Y es que, si nos quedamos en la mera aceptación incondicional, podría darse la resignación, y si lo hacemos solo en la autocompasión del victimismo, no nos cuidaremos en cosas que sí deseamos cambiar de una manera sana.

Así, en vez de asumir verdades incómodas y pasar a la acción, solo he de decir frases de mierda como excusa, tipo: «Yo soy así» o «Me permito tener mis fallos» o «Me acepto tal y como soy».

Por eso, la congruencia es probablemente el aspecto clave junto al de la aceptación incondicional de nosotros

---

[1] NARANJO, C. (2008). *Carácter y neurosis. Una visión integradora*. Santiago de Chile: JC Sáez Editor.

mismos. De hecho, yo no soy capaz de entender la una sin la otra, son las piernas que nos soportan, y solo moviendo una y otra podemos andar.

La congruencia consiste en que lo que hacemos e intentamos conseguir sea lo mismo que sentimos, pensamos y queremos realmente en nuestro interior.

La aceptación incondicional nos permite ser nosotros mismos sin exigencias y es una «defensa pasiva» ante el mensaje de la sociedad moderna. En cambio, la congruencia se presenta como un «arma activa» para poder ser libres y actuar en la vida.

¿Qué son el cambio, la ambición o los objetivos sanos? Para mí, son aquellos que ponemos en marcha porque los elegimos honestamente.

No lo hacemos desde el mensaje social, nuestros miedos o la tentación de tener posibilidades de éxito, sino porque, como algo es importante para nosotros, decidimos asumir la responsabilidad de intentarlo.

Cuando lo elijas, asegúrate de que no conviertas en necesidad algo que quieres, lo cual está muy bien ya que todo no tiene por qué ser profundo, para que no te lleve a la ansiedad o a justificar cualquier precio para conseguirlo.

Puedes querer adelgazar, comprarte ese bolso carísimo que te encanta o ascender en el curro, pero recuerda que no es algo que necesites realmente, por lo que, si sale mal, puedes vivir sin ello. Como no lo necesitas, tampoco merece la pena joderte la vida para tenerlo ni obsesionarte con ello.

Cuando acepto que algo me importa, eso me mueve, casi que me compromete, a una acción lógica y coherente con ello. La cuestión de aceptarse no es dejarlo estar o que me tenga que gustar todo de mí; es que decido quererme y tratarme bien, a pesar de que eso no ocurra. De la misma forma, precisamente porque me importa, haré lo que esté en mi mano por mi bienestar y lo que quiero en mi vida, y eso implica mover el puto culo y estar dispuesto a ensuciarme las manos por conseguirlo.

La coherencia no es contemplación metafísica o introspectiva, es acción.

En caso contrario, de poco me vale darme cuenta de lo que me ocurre y lo que necesito, ya que lo estoy ignorando. Y no solo se peca por acción, sino también por omisión.

Los psicólogos y demás figuras del desarrollo personal que no están metidos en este rollo de la dictadura de la productividad tienden a estar impregnados de cierto rollo «alternativo y hippie», muy *new age* todo. Aunque me gustan más, observo con preocupación cómo emplean metáforas y conceptos muy buenos, pero que mal utilizados son peligrosos: una meditación, una silla vacía, un ejercicio de conexión y expresión emocional que me provoca un alivio momentáneo y cierta toma de consciencia…

Técnicas que hago yo solo en la terapia o mi casa, sin cambiar nada en mi vida real, que es poco más que un opiáceo con el que aliviar mi malestar, un placebo que me crea la fantasía de estar haciendo algo con mis problemas. Para que algo sea realmente terapéutico debe movernos al cambio en nuestra vida presente, en el aquí y el ahora.

Amar, me gusta decir cuando me pongo moñas y a lo Paulo Coelho, no es algo conceptual, por eso es un verbo y no un sustantivo: es que es algo que se actúa, que se ejecuta. Por ello te invito a que te alejes de ese falso amor que es la autoestima evaluadora dependiente del logro y que te trates desde el amor.

Y es que el amor propio tiene también mucho de pelea y de rabia para protegernos, poner límites y conquistar lo que necesitamos y queremos. De tomar decisiones difíciles. De hacer lo que creemos correcto o nos pide el corazón. De esforzarnos y hacer lo que está en nuestra mano. De compromiso con nosotros mismos y estar dispuestos a pagar el precio en dolor, rechazo, cansancio, renuncia o miedo que siempre implica.

Supongo que el éxito del pensamiento positivo, la psicología de panfleto y el reduccionismo de los modelos de psicoterapia más centrados en los hábitos y técnicas psicológicas se debe fundamentalmente a que nada de lo que he citado en el párrafo anterior es agradable ni gratis, sino que, por el contrario, es una factura muy alta, pero, a mi entender y el de la psicología humanista que defiendo, ese es el precio a pagar.

Sin embargo, esos recursos pueden aliviar los síntomas y reducir el malestar, pero si no somos congruentes, no podremos ser realmente felices. Aunque hay corrientes que critican la idea de felicidad y dicen que no existe, yo sí creo que puede conquistarse. La felicidad no sería la alegría o la ilusión, que son momentáneas, sino un estado de satisfacción con nuestra vida y sentirnos en paz con nosotros mismos, sin conflictos internos.

Se ha podido observar que las personas que aprenden a ser congruentes de forma sostenida en el tiempo, en su sentido más amplio (es decir, aceptándose a sí mismos y sus emociones y siendo auténticas a la hora de vivir su vida y decidir, de forma que lo que hacen concuerda con lo que realmente quieren y sienten), consiguen no solo una mejora de la salud mental, sino que experimentan, además, una serie de cambios en cómo funcionan a nivel psicológico y se enfrentan a las cosas[2]:

- Una mayor consideración positiva hacia sí mismos.

[2] Rogers, C. R., Tubert, S. y Carmichael, L. (1981). *Psicoterapia centrada...*, *op. cit.*

- Una mayor confianza y más control sobre su forma de comportarse.
- Mejoras en su relación con los demás, debido a que aprenden a ser más tolerantes y realistas con las expectativas que se hacen sobre los otros.
- Mayor apertura hacia la vida, es decir, a lo que pueda pasar, ya que el paciente se percibe como más capaz de poder enfrentarlo.
- Se sienten menos vulnerables ante los problemas.
- Más flexibilidad y ajuste a la hora de enfrentar los problemas.
- Más autocompasión y menor nivel de autoexigencia.
- Más tolerancia a la frustración
- Su conducta se vuelve más creativa y adaptada a las situaciones.

Como puedes ver, vivir la vida con congruencia y honestidad en su sentido más amplio, es algo que va mucho más allá de una mejora en el sentido de la salud mental y los síntomas psicológicos y emocionales, es el factor determinante para una existencia más plena, para manejar mejor las putadas y fracasos de la vida y para sentirnos más libres a la hora de elegir y de poder aceptar la realidad sin automanipularnos defensivamente, lo que nos impide reaccionar de forma adecuada a ella.

Incluso se plantea que este aspecto es la clave de la salud mental: la falta de elección y de congruencia siempre lleva a la enfermedad[3], que sería un efecto secundario de la misma.

---

[3] ROGERS, C. R., TUBERT, S. y CARMICHAEL, L. (1981). *Psicoterapia centrada…, op. cit.*

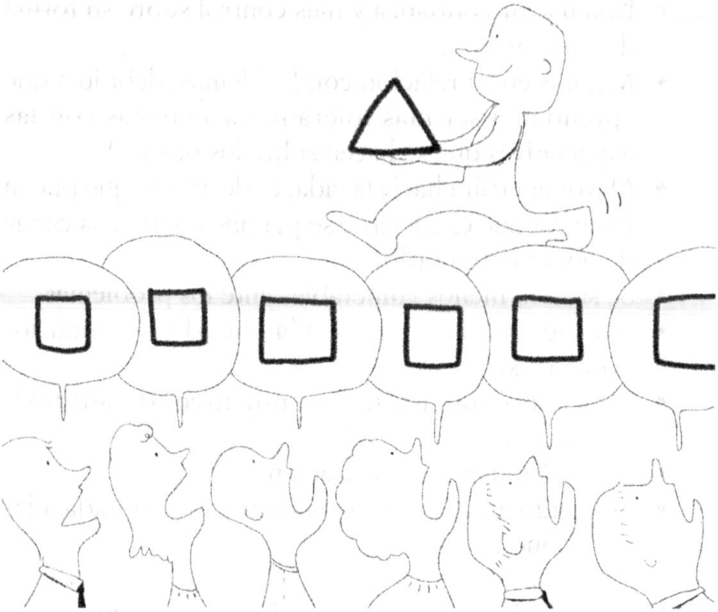

Desvincularnos del resultado

Normalmente, en mi consulta, cuando veo a mis pacientes evaluar si lo están haciendo bien o mal, tienden a basarse en los resultados como medida a la hora de emitir su veredicto. Si consiguen sus objetivos, si entra dentro de lo que la sociedad o su círculo consideran «bien» o si hay recompensas agradables, sean estas materiales (dinero, conquista, prestigio...) o sensaciones (placer, competencia, reconocimiento...) entienden que lo están haciendo de forma adecuada.

En una sociedad que ha elevado el logro al nivel en el que el valor de un ser humano depende de ello o que ahora parece encaminarse a la dictadura algorítmica de «los datos» para saber cómo de bueno es algo (para hablar de un autor ya señalamos más sus ventas y seguidores que su obra, por ejemplo), es complicado no dejarse llevar por esta perspectiva.

Esto, a mi entender, tiene un peligro muy alto, y es que, por un lado, cada vez nos oímos menos y, por el otro, cada vez le cogemos más miedo a cagarla o hacerlo mal, de forma que nos volvemos cobardes y solo nos atrevemos a enfrentar algo cuando creemos que podremos conseguirlo.

Me sorprende que desde la psicología se plantee el optimismo, la reinterpretación de las cosas o la recompensa o sensación de éxito como las motivaciones para funcionar en la vida.

Básicamente nos vienen a decir que para que hagas las cosas necesitas creer que eres capaz, que el escenario no es tan jodido y tienes opciones de lograr que salga bien. Es decir, hazlo si lo vas a petar muchísimo, que si la vas a cagar no hagas una polla.

También hay una lectura indirecta en todo este rollo de la mentalidad exitosa: vas a fracasar, pero si persistes lo acabarás consiguiendo porque aprenderás y lo harás mejor, los errores son una oportunidad y si no lo intentas seguro que no lo consigues y bla, bla, bla... Vamos, que te comprometas contigo no como un fin en sí mismo de congruencia y lealtad, sino como medio para el éxito.

Si bien está claro que sentirnos competentes o con probabilidades de éxito nos anima a todos a hacer cosas[4], que esa sea la condición para que nos pongamos a hacerlo es bastante jodido.

¿No somos capaces de encajar el fracaso? ¿Tan frágil es nuestro amor propio? Y, sobre todo, ¿dónde está la lealtad con nosotros mismos?

---

4 KANE, T. D., MARKS, M. A., ZACCARO, S. J. y BLAIR, V. (1996). «Self-efficacy, personal goals...», *op. cit.*

Con respecto a las recompensas y objetivos, pues, bueno, nos generan cierto bienestar agradable, pero no eres un puto perro que necesita una galletita para hacer lo que considera que debe hacer.

Así que, frente a la psicología y las charlas motivacionales que te proponen que hagas las cosas para conseguir objetivos o porque sabemos que hace que liberes no sé qué neurotransmisor u hormona que es la polla, yo te propongo desde mis cojones hartos de tanta mierda deshumanizada que hagas las cosas por un motivo: el puto respeto a ti mismo.

Y sin congruencia no hay respeto (ni amor, ni honestidad, ni aceptación, ni lealtad…).

Si para tomar decisiones en la vida necesitas garantías de éxito o una pequeña recompensa, tu problema no es tanto todo lo que no vas a hacer por miedo al fracaso (ya que rara vez tenemos esas garantías), sino que eres un cobarde de la hostia que se abandona.

Lógicamente, eso influye en tu amor propio y seguridad en ti mismo.

Así que intenta acallar los fantasmas y demonios que te hablan de pasarlo mal, de que no merece la pena o del miedo al fracaso con una pregunta interna: «¿Hacer esto es congruente conmigo y es tratarme bien?».

Si la respuesta es sí, échale huevos y hazlo por ti. Si la respuesta es no, pon excusas de mierda, pon límites o hazte el tonto, pero no lo hagas.

Esto es fácil de decir, pero muy duro de hacer, y es que, por muy comprometido que estés con tu congruencia para que las cosas salgan mal, duele. Y no hay forma de que no lo vivas así, pues es algo que en su propia naturaleza es eso, doloroso.

De todos modos, encontrarás consuelo en esa idea de «He sido congruente», «Actuando así me he amado», «Era lo que elegía de corazón» o «He sido fiel y leal a mí mismo». Y eso no hará que te duela menos, pero sí que te dará una sensación de profunda satisfacción y hasta de orgullo por ti. Eso te ayudará a seguir comportándote así.

Intenta por favor, evaluar lo que haces menos en términos de bueno-malo, éxito-fracaso, gustar-rechazo, y más en términos de si es congruente contigo.

La parte de ti que sufre, tú como ser humano, necesita menos juicio y más lealtad.

La brújula y las fuerzas para ser congruentes: emociones

Supongo que después de llevar un rato leyendo este capítulo estarás pensando: «Vale, Ventura, toda esta mierda de la congruencia parece algo buenísimo y que me tengo que aplicar, pero, joder, qué duro es, ¿alguna ayuda?». Pues te voy a poner los que yo creo que son los mecanismos internos que poseemos biológicamente y otros elegidos por nosotros mismos que nos ayudan a implementarla, pero recuerda: intentarlo es ya una victoria en sí mismo y un profundo acto de amor propio.

Las emociones son el mecanismo biológico de regulación por excelencia del ser humano. Son un conocimiento que va en nuestro código genético para reaccionar de forma adaptativa a nuestras necesidades y es algo que ha pasado de generación en generación en nuestra especie porque es tremendamente útil.

De manera parecida a las lucecitas del salpicadero de un coche, se activan cuando hay algo que necesitamos y no está cubierto. Es la forma que tiene tu cuerpo de decirte: «Eh, melón, que necesito X y no lo estás haciendo».

Expresado así esquemáticamente podemos indicar que cada emoción sirve para regular una de las siguientes funciones[5]:

- La rabia sirve para protegernos y defender lo que amamos.
- La tristeza para integrar y superar el dolor y también para descansar, pedir ayuda y rompernos para podernos reconstruir.
- La culpa/vergüenza para reparar el daño causado y tener una intuición que nos ayude a encajar en sociedad y a regular la separación entre lo común y lo íntimo.
- La ansiedad o miedo para indicarnos que algo nos hace daño o es amenazante para nosotros. También para señalarnos que estamos al límite y forzando la marcha.
- La sorpresa nos ayuda a retener aquello que es diferente, focaliza nuestra atención y nos motiva.
- La alegría nos ayuda a compartir con otros, nos llena de energía y nos hace más expansivos y agradables con los demás (reforzantes).

Aunque hay psicólogos que lo incluyen en otras categorías porque tienen ciertos matices especiales, también voy a añadir con fines didácticos, aunque no sea teóricamente del todo ortodoxo, otro proceso:

- El amor/apego nos ayuda a crear vínculos entre nosotros, a sentir que formamos parte de algo, a proteger y cuidar, a sentir algo como valioso.

---

[5] Greenberg, L. (2000). *Emociones: una guía interna…, op. cit.*

De forma muy similar a cómo nuestro cuerpo crea estados y sensaciones físicas para indicarnos necesidades fisiológicas como el hambre (comida), sueño (descanso), excitación (sexo), frío/calor (temperatura) o sed (hidratación) también lo hace para estas necesidades psicológicas.

Fíjate que se parecen a las de tipo físico que acabas de leer en el sentido de que provocan sensaciones en nuestro cuerpo. Y es que todas nuestras emociones se expresan en forma de cambios corporales, a veces muy sutiles, y saber percibirlos nos ayuda mucho a entender, sentir y gestionarlas mejor[6]. Así que, como consejito práctico, cuando tengas sensaciones corporales raras en una situación, como un nudo en la garanta, tensión en la mandíbula, opresión en el pecho, algo que se corta en la boca del estómago... suelen ser indicadores de que hay algún sentimiento que estás reprimiendo. Fíjate que, aunque parecen sitios al azar, todas ellas tienen que ver con el circuito de la entrada y salida de aire de tu cuerpo, de la nariz/boca al diafragma, y es que es a través del «corte» de la respiración como solemos reprimir corporalmente las emociones. Para poder conectar con esa sensación que te da una información importante, intenta pensar: «¿Qué emoción corto con esta sensación corporal?» o «Si esta sensación hablara, ¿qué diría?» o «¿Qué estoy sintiendo y me da miedo aceptar o expresar?».

Sé que suena a puta paja mental, a mí también me pareció rarísimo cuando me lo explicaron, pero funciona.

Todas estas cosas, aunque racionalmente las tachemos de insignificantes o poco serias, son la forma que tiene nuestro cuerpo de indicarnos que ahí ocurre algo que subjetivamente es transcendente para nosotros. Por eso son

---

6 GENDLIN, E. T. (1969). «Focusing». *Psychotherapy: Theory, Research & Practice*, 6(1), 4-15.

una información tan valiosa, aunque en vez de hacerlo con argumentos, se exprese con sensaciones.

De hecho, normalmente, los occidentales estamos bastante desconectados de nuestras sensaciones corporales, sobre todo porque, como te he comentado antes, nuestro pensamiento se basa sobre todo en la idea de que lo racional es lo importante, y lo emocional/corporal una chorrada. Que la razón manda sobre la emoción.

Esto, que neurológicamente sabemos que no es real[7], nos cuesta mucho no creérnoslo, porque es la base de nuestra cultura, y es lo que, para mí, explica en parte que se popularicen tanto las terapias psicológicas y teorías basadas más en la idea de la interpretación de las cosas como clave del bienestar, y si bien cómo vemos las cosas es importante, cómo nos permitimos sentir emociones tiene un peso más determinante en el bienestar psicológico[8].

Por estos prejuicios culturales, tendemos a bloquearlas o a juzgarlas como buenas o malas, cuando todas tienen una función. En vez de escuchar lo que nos dicen y aceptarlo sin más, solemos relativizarlas o querer manipularlas a través del pensamiento en cuanto son amenazantes o desagradables.

Me hace mucha gracia que, cuando algo nos provoca una sensación agradable, jamás nos planteamos relativizarla

---

[7] Sierra, M. (2010). «El cerebro triuno: más allá de la neuropsicología y la psicología evolutiva». *Revista de Neurología*, 50(4), 243-247.

[8] Ruiz, F. J. (2012). «Acceptance and commitment therapy versus traditional cognitive behavioral therapy: A systematic review and meta-analysis of current empirical evidence». *International Journal of Psychology and Psychological Therapy*, 12(3), 333-358. Church, D. (2013). «Clinical EFT as an evidence-based practice for the treatment of psychological and physiological conditions. *Psychology*, 4(8), 645-654.

o quitarle hierro; nadie dice: «Buf, me voy a calmar, que estoy disfrutando demasiado» o «Voy a pensar en frío y tomar distancia, que esto me pone muy alegre». Sin embargo, eso sí que lo hacemos cuando algo nos provoca ansiedad, rabia, culpa o miedo, lo cual demuestra que ese supuesto afán de ser «racionales y objetivos» en verdad es algo que tiene más que ver con nuestra defensividad y miedo a reconocer determinadas verdades internas incómodas o amenazantes.

Por ello nos encanta ignorar o quitarle valor a esa información que nos dan las emociones, como cuando decimos: «Mi padre no es tan malo», pero cada vez que llegan las Navidades me da ansiedad porque tengo que ir a pasar unos días con él y sé que va a haber mal rollo, o «Tengo que estar agradecido por tener un trabajo», aunque en él sienta una rabia que me come por dentro porque percibo que se me trata de forma injusta.

Tus emociones son subjetivas, evidentemente, pero es que la manera de vivir nuestra vida y cómo nos afecta es una experiencia subjetiva, no objetiva. No debemos caer en el error tan de moda hoy en día de pensar que porque sintamos algo es objetivamente así para todos, pero lo que sí hemos de entender es que el hecho de que tú lo vives es un fenómeno objetivo.

Por ejemplo, una persona puede no ser atractiva, pero a ti ponerte más caliente que la matrícula de un cohete.

Que algo sea subjetivo no lo hace inválido ni menos real para ti, y es que el modo en que tú lo vives y qué emociones te despierta son un hecho real.

Mi novia es china. Para mí, es la más bonica, guapa, mejor y más genial del mundo. Si lo pienso desde el punto de vista racional, hay unas 756 millones de chinas según los censos, por lo que la probabilidad de que me haya tocado la mejor de todas ellas es básicamente la misma que la de que me toque el Euromillón dos veces seguidas en el mismo mes. Si de verdad fuese tan racional, lo lógico entonces sería dejar una relación en la que soy plenamente feliz (aunque tengamos nuestras mierdas como todas las parejas), porque es muy probable que haya otras mejores a ella, y probar suerte con otras chinas.

¿Qué puto sentido tendría hacer esa gilipollez?

Puede que algo sea objetivamente falso, pero las personas vivimos el mundo desde nuestra propia subjetividad y a la hora de cómo te sientes y qué te provoca bienestar, importa muy poco cómo es realmente.

Las grandes verdades de la vida, las cosas que más nos llenan o le dan sentido a nuestra vida no son objetivas, sino subjetivas y emocionales. No hay un motivo de por qué me decidí por la psicología en vez de por la historia más allá de mi propia sensación de que me interesaba más, de la misma forma que no la hay para que mi mejor amigo me importe más que la mayoría de mis familiares.

Probablemente, si lo racionalizo y analizo, encontraré los motivos por los que estoy enamorado de mi novia o tengo esa conexión con mi mejor amigo, pero eso es solo analizar una experiencia, no es cómo lo vivo yo en mi interior.

Incluso si la evidencia muestra lo contrario, no va a hacer que yo lo viva como algo menos real. Mi vivencia es real en sí misma. Saber que no es cierto no va a cambiar lo que quiero a esas dos personas y lo mucho que me afecta cualquier cosa que les pase.

Es por eso que, aun entendiendo que no son racionalmente ciertas, no debemos relativizar o invalidar el valor de nuestra experiencia.

Para saber identificar una de esas subjetividades importantes, aquí tienes un pequeño truco: si hablando, recordando o viendo algo, te emocionas, suele ser el indicador de una verdad profunda para ti, de significado real en eso que te provoca esas ganas de llorar.

Así, las emociones, no solo nos dicen qué necesitamos o qué es importante para nosotros, sino que, además, nos ponen en un estado corporal y mental óptimos para hacer lo que cubre esa necesidad (besar, pedir ayuda, llorar...) y nos moviliza de forma natural a ello[9].

Incluso en las situaciones más intensas emocionalmente e importantes activan una enorme energía interior, eso que llamamos fuerzas de flaqueza y que es el instinto de supervivencia, pues, como ya te he explicado, todas las emociones están muy vinculadas con la misma.

Es esa garra, esa casta que te permite esforzarte a tope, atravesar el dolor y aguantarlo, hacer aquello de lo que no creías que eras capaz. Es, junto con el sentido y los valores, lo que nos permite enfrentar la adversidad.

Si renuncias a la emoción reprimiéndola o tapándola, si la relativizas o le quitas valor, estás prescindiendo de toda esa fuerza y de esos procesos que te permiten mantenerte a flote (como llorar para liberarte, por ejemplo), que precisamente necesitas en los momentos más jodidos, por lo que, aunque duela, permítete sentir plenamente todas tus emociones, incluidas las desagradables.

Por tanto, la emoción es una de las grandes claves motivacionales del ser humano y de las que más nos mueve a la acción[10]. Por eso cuando sentimos algo de forma intensa resulta tan difícil dejar hacerlo, aunque a veces sepamos que no nos conviene, y es tan complejo hacer cosas que sabemos que nos vienen bien si no conectamos emocionalmente con ellas.

---

[9] Pierret, G. (2006). *La terapia Gestalt: su práctica..., op. cit.*

[10] Estrada, L. (2018). *Motivación y emoción.* Bogotá: Fundación Universitaria Área Andina.

Puedo contarte mil ejemplos de esto, como cuando era pequeño y me daban miedo los perros, yo sabía que, si se notaba, los otros niños me verían como un gallina, e intentaba no sobresaltarme cuando ladraban o se acercaban a mí, pero era totalmente incapaz, o las veces que he intentado reírme para fingir que algo me hacía gracia con alguna persona que quería camelarme.

Si reprimimos las emociones o las intentamos controlar, no solo me provocaré otros problemas psicológicos (casi siempre se convierten en ansiedad o descontrol), sino que, al final, acabarán apareciendo de forma descontrolada en el peor de los momentos.

Es como si en un río construyo una presa porque me da miedo el agua. Al principio todo va guay porque el agua no pasa, pero, tarde o temprano, la presa estará al borde de su capacidad y en ese momento el agua tendrá que salir, con el problema añadido de que tendrá tanta presión que ya no será controlable y ahí sí que arrasará con todo, siendo muy dañina.

Como no puedo evitar el agua ni controlar el caudal del río, lo único que puedo hacer para que no se acumule y sea un mal mayor es dejar que fluya tal como viene, porque cuando es poca agua, sí que puedo más o menos manejar cómo y por dónde sale.

Hemos de ser humildes con nuestras emociones y aprender también a aceptarlas, ya que no podemos elegir cómo nos sentimos ni qué nos lo produce.

¿Acaso has elegido qué personas te caen bien? ¿Qué cosas te resultan entretenidas? Ojalá fuese así para que me encantase ir al gimnasio y aprender contabilidad para no liarla haciendo el trimestre del IVA.

Una vez satisfecha toda emoción, desaparece y deja paso a otra que demanda ser cubierta. La vida, por tanto, es un continuo fluir de emociones que nos ayudan a obtener lo que necesitamos[11]. Es tu parte más biológica ayudándote a funcionar y ser congruente.

La sociedad actual, que se obsesiona con la perfección y hacerlo todo bien, que nos juzga continuamente, nos pone muy difíciles ser emocionalmente honestos y actuar de forma coherente con ello. Flaco favor nos hacen tantos expertos que nos dicen tanto qué hacer y nos preguntan tan poco cómo nos sentimos.

Yendo a una capa más profunda, si no nos permitimos sentir y atender lo que nuestras emociones nos dicen, es imposible ser congruentes con nosotros mismos, ya que no sabemos lo que nos pasa y cómo vivimos lo que nos ocurre.

Algo que me toca bastante los cojones es que ahora todo dios habla sobre la importancia de las emociones y dicen que habría que aprender inteligencia emocional en la escuela y demás movidas. Todo eso está muy bien, pero creo que, actualmente, es el miedo al rechazo por lo que sentimos y a no ser suficientes lo que nos impide sentir y actuar nuestras emociones, no el conocimiento o la formación al respecto.

En esta era de postureo, de buenismo, de positividad barata y de querer gustar a cualquier coste, permitirse sentir libremente es un acto de rebeldía para el que hay que ser muy valiente.

Si queremos normalizar la salud mental, nos hacen falta menos técnicas, falsas deconstrucciones, menos cursos y libros que nos dicen qué ser y cómo serlo, ya que no son más que una nueva norma impuesta, encima con un falso barniz de ciencia y progreso social. Lo que hay que recuperar y poner en valor es algo tan básico como la congruencia para atrevernos a ser nosotros realmente y poder comportarnos de forma honesta.

---

[11] Perls, F., Hefferline, G. y Goodman, P. (1951). *Gestalt therapy, op. cit.*

No necesitas tantas pautas y herramientas, la respuesta está en ti. (Joder, con esta frase parezco un maestro Jedi).

Es muy llamativo que no tengamos ningún mecanismo biológico innato que nos mueva a querer hacerlo bien o a ser la mejor versión de nosotros mismos y, sin embargo, sí tengamos unas emociones que van en nuestro código genético que nos empujan a ser congruentes.

Parece que, visto de esta forma, la naturaleza nos lo deja bastante claro, ¿no crees?

Tus emociones son como la brújula que te marca el norte de lo que sientes, de lo que necesitas y de hacia dónde te tienes que dirigir. Es tu cuerpo pidiéndote congruencia a putos gritos, generándote malestar si no eres honesto y no actúas; a ver si así le echas cojones de una puta vez.

El mapa y el porqué para ser congruentes: los valores y el sentido de vida

Fíjate que en todas las teorías y explicaciones que te he dado cuando te hablaba de la culpa, la autocrítica y la autoexigencia perfeccionista se transmitía la misma idea: una parte de ti, más innata e instintiva, te dice lo que necesitas, y otra, más cultural y aprendida, te da permiso o no para ello.

En este conflicto entre tus partes, las dos tienen la misma importancia, pues ambas son realidades del ser humano que interactúan entre sí, y lo importante es encontrar un buen ajuste que permita la expresión y alternancia de ambas, satisfaciéndolas de forma adecuada[12].

---

[12] Latner, J. (1986). *The gestalt therapy book: a holistic guide to the theory, principles, and techniques of gestalt therapy developed by Frederick S. Perls and others*. Maine: Gestalt Journal Press.

Y es que todo lo social y cultural no es malo. Aunque lo demonicemos actualmente, la normatividad tiene un valor antropológico claro que nos permite convivir en sociedad, saber cómo debemos comportarnos (no puedo tirarme pedos delante de otra persona) o darnos una idea compartida y común sobre cuestiones concretas (lo que entendemos la mayoría de personas por ser guapo). Como son un montón de ideas que nos permiten y facilitan funcionar como sociedad, son algo con cierta resistencia al cambio y que tienden a mantenerse en el tiempo, pues si cambiasen continuamente no nos enteraríamos de una mierda y esto sería un cipote que flipas.

Creo que es importante señalar que la normatividad es algo que simplemente está ahí, inherente a toda sociedad. Y es que si bien antes parece que idealizábamos lo normativo y era una verdad incuestionable, ahora se considera que todo lo que lo sea es el demonio. No sé por qué, cada vez tengo más la sensación de que la sociedad actual y sobre todo las redes son como un adolescente que pasa de ver a sus padres como perfectos a rebelarse sistemáticamente contra ellos...

Para comprender por qué la normatividad no es, en sí misma, algo que nos oprima es especialmente importante saber la diferencia entre el introyecto y lo asimilado, así que te lo voy a explicar.

Desde pequeños estamos expuestos a todo tipo de mensajes y experiencias que nos transmiten lo que está bien y mal, cómo deben ser las cosas, lo que es esencial y toda esa historia.

A pesar de que no podemos elegir estar expuestos a ellas, hay veces que la persona interioriza estas ideas, y tras razonar sobre ellas, decide hacerlas propias y le encajan, pasando a ser algo asimilado que le viene bien. Otras ideas las asume sin más, de forma que son neutrales y no le afectan. A pesar de todo, hay algunas que no nos encajan, pero que, fruto del dolor o del rechazo, me fuerzo a interiorizarlas, a hacerlas mías, pasando a ser algo introyectado, ajeno a mi realidad, pero que tiene fuerza dentro de él y se obliga a ello para protegerse de ese miedo, lo que le genera un profundo malestar.

Por explicarlo de manera sencilla, es la diferencia de comerme algo que me gusta tras masticarlo y digerirlo para que me nutra, y comer algo que me da asco, así que lo trago sin más porque me obligan, pero por eso no lo digiero, se me indigesta y me sienta mal.

Los valores son uno de los grandes temas en los que se puede dar este proceso. Desde pequeños se nos inculcan unos en detrimento de otros, probablemente a una edad en la que no tenemos mucha capacidad de juicio, sin saber si nos hacen sentir bien o no.

A mí, por ejemplo, de pequeño me educaron en la fe católica a una edad en la que yo no podía decidir si me cuadraba aquello o no. A medida que iba creciendo, fui reflexionando sobre mi forma de vivir la religión y decidiendo qué partes me valían y las asimilaba, como la idea de caridad, y qué partes no, como su planteamiento sobre el placer sexual. Por suerte, yo me sentí muy libre de elegir que no me iba esa forma de entender el sexo, así que he sido capaz de no aceptar esa parte y no introyectarla, por lo que no me condiciona a la hora de vivir mi sexualidad.

En cambio, los valores que no encajan y se quedan como introyecto, nos hacen sentir mal, juzgándonos, obligándonos a cosas y prohibiéndonos otras. Vamos, que los valores introyectados le dan munición por un tubo a la autoexigencia y la autocrítica patológica para que nos dé por el culo a base de bien.

Por el contrario, cuando son valores asimilados porque los elegimos, son algo muy positivo, ya que nos ayudan a actuar en la manera en que queremos vivir, a ser congruentes y a entender qué es realmente importante para nosotros. Están ahí en un punto raro, porque tienen una parte racional, otra emocional y, a veces, una espiritual. Aunque no sea desde lo biológico, al igual que las emociones, nos mueven a comportarnos de modo coherente con ellos y nos dan fuerzas para hacerlo de forma continuada a lo largo de nuestra vida, incluso cuando hacerlo muchas veces nos suponga pagar un alto precio. También nos dan un discurso, unas ideas y rituales o costumbres que nos ayudan a poder aplicarlos a nuestro día a día.

Hay que entender que estos procesos psicológicos se dan independientemente de cuál sea el contenido de esos valores y sus ideologías asociadas, ya sea el sexo libre hippie o la importancia de la tradición conservadora. Ambos, en diferentes personas, pueden ser algo beneficioso cuando es asimilado o negativo cuando es introyectado.

Así, los valores asimilados son un facilitador de la congruencia y los introyectados un jodido hándicap para ello. Nos ayudan a mantenernos congruentes y honestos, a pesar de lo que nos pasa o de lo que piensen otras personas,

Por eso es peligroso no tenerlos o desconectarnos de ellos, pues, como dice el psicólogo conductista Steven Hayes: «Cuando las personas pierden contacto con sus valores personales, su comportamiento es controlado por la conformidad social, el deseo de agradar a otros o por la evitación».

También es importante tener en cuenta que, al ser algo que el sujeto elige, los valores de uno no tienen por qué ser los mismos o válidos para otro. Eso dependerá de lo que se le inculque, lo que le demuestre su experiencia de vida y sus propias decisiones.

Algo parecido ocurre con el sentido de vida. Recuerdo que cuando me leí ese maravilloso libro que es *El hombre en busca de sentido*, me impresionó profundamente su autor, el psiquiatra humanista Viktor Frankl, cuando dice: «El sentido de la vida no es algo que tú le preguntas a la vida: "¿Cuál es tu sentido?". Es algo que la vida te pregunta a ti: "¿Qué sentido vas a darme?"».

Este doctor observó que las personas enferman y se quiebran ante el dolor cuando no tienen un sentido de vida, ya que esta carencia los lleva a la desesperanza, y sin embargo cuando sí lo poseen, son más resilientes, tendentes a la esperanza y capaces de manejar las situaciones adversas[13]. Personalmente puedo decir que lo que me ayudó a enfrentar momentos muy jodidos ha sido mi deseo de ser coherente con aquello que tenía sentido para mí.

Cuando mi madre estaba en sus últimos meses de vida, en fase terminal de su cáncer, tenía el cráneo hundido a consecuencia de las operaciones para sacarle tumores del cerebro, la radioterapia, la medicación fortísima. La lucha contra la enfermedad durante casi dos décadas había deformado su cuerpo y estaba calva, bizca, con la boca llenas de llagas y los dientes torcidos, el cuerpo lleno de escaras de estar tanto tiempo en la cama. Además, no sé muy bien por qué, olía jodidamente mal. Ir a darle la mano y a ver cómo se moría no era nada fácil para mí, máxime cuando mi padre se había muerto apenas dos años antes y me iba a quedar huérfano con veintidós años. Joder, ni siquiera podía tener una conversación con ella ya que casi no podía hablar por una afasia y su dificultad respiratoria, así que iba, me sentaba a su lado, lloraba y le cogía la mano.

Le decía que la quería, que podía morirse ya y descansar, que había aguantado lo suficiente como para que no

---

[13] FRANKL, V. (2015). *El hombre en busca de sentido*. Barcelona: Herder.

tuviese que preocuparse por nosotros y seguir luchando. Le daba las gracias por cómo me había criado y amado, por todo lo que había enfrentado por nosotros.

Cada vez que iba al puto hospital a estar con ella era un mal rato de la hostia y yo estaba muy asustado, pero tenía la fuerza de ir un día tras otro sin dudarlo, para acompañarla en su agónico camino a la muerte. Para ir allí a llorar con ella, solo para demostrarle que la quería y que su dolor no me era indiferente.

Ese era mi sentido de vida en aquel momento, y aquello que me dio fuerzas para enfrentarlo, pues como dice Nietzsche: «El ser humano puede con cualquier cómo cuando tiene un buen porqué».

Mi porqué era el amor a mi madre.

Cuando murió sentí liberación y la lloré mucho, y creo que haber actuado de forma coherente y fiel a mi sentido de vida de amar a mi madre y ser congruente con ello fue lo que más facilitó mi proceso de duelo. Al escribir estas líneas no puedo evitar emocionarme lleno de recuerdos dolorosos, imágenes feas y tristeza, pero tampoco sentir el orgullo y el amor en mi pecho, hacia mi madre y hacia ese chiquillo de veintidós años… que le echó cojones y fue congruente; permitirse sentir, llorar, asustarse o mostrar el dolor no le impidió (más bien al contrario) aguantar todo aquello y actuar de la forma necesaria siendo leal a sí mismo, y a sus sentimientos hacia su madre moribunda.

Pero, aunque esto te emocione y te ablande un poquito —te agradezco la empatía y espero darte pena de corazón, que no creo que sea malo que tu dolor emocione a otros—, te lo muestro para exhortarte a ti a buscar tus valores y tu sentido de vida. Porque ahí encontrarás algo con lo que frenar la necesidad de logro y aprobación de otros para así ser realmente libre. Son los grandes facilitadores de la congruencia.

Creo que toda terapia tiene mucho de ponerse en duda a uno mismo, para poder discernir quién eres realmente, qué te ocurre y, luego, qué decides hacer con ello. Diferenciar entre elecciones y automatismos, dejar de funcionar por la evitación al dolor o los criterios de otros, ver qué valores y sentidos son introyectados y cuáles elegidos, para desechar los primeros y poder vivir conforme a los segundos.

No tienen por qué ser cosas muy grandes y épicas, muy idealistas, «amar a mi familia», o «querer tratarme bien» son tan válidos y positivos como «crear un mundo más justo» o «expresarme a través del arte».

Cuando los encuentres, alégrate de cojones, pero también ten muy presente que esos son los tuyos, y no tienen por qué valerle a nadie más. Creo que esto es especialmente importante hoy en día, entre tanta polarización y bloques que parecen marcar nuestra sociedad moderna (aunque ya ha pasado en otros periodos).

Debemos practicar la empatía no solo con las emociones, sino también con las formas de entender la realidad y la ética de los demás. Es un equilibrio complejo entre defender lo nuestro, ser congruentes y permitir al otro ser, especialmente cuando lo que el otro es choca frontalmente con lo nuestro.

Quizás sea cuestión de poner el foco en lo que hacemos en vez de juzgar tanto lo que hacen a otros, ya que es en lo único que podemos tener control y por lo tanto responsabilidad.

Y es que, a diferencia de lo que puede parecer si se hace una lectura superficial, error en el que creo que caen quienes atacan este concepto, la congruencia y el proceder conforme a mis sentimientos no fomentan el egoísmo o el yoísmo, ya que las personas también sienten y ejecutan de forma coherente aspectos como la preocupación por el otro, el interés desinteresado, la compasión o altruismo. Ser congruente también implica actuar conforme a mis valores y mi empatía, que son los que nos ayudan a manifestar esos sentimientos en formatos socialmente aceptados (solidaridad, convivencia, justicia...).

Te pido, por tanto, que trates de buscar los tuyos, teniendo el coraje de escuchar tu voz interna por encima de lo que te dice la sociedad, los expertos, los medios, el papa, los políticos, la autoayuda, las redes, yo y mi puta madre en un caballo. Revisa lo que crees y mira qué te encaja de verdad, porque al seguirlos, si son elegidos, vas a encontrar una paz mental de la polla, una enorme determinación y coraje, pero también vas a pagar una gran factura de rechazo, crítica, dolor, adversidad y juicio, así que, ya que el precio es tan alto, que al menos apoquines por lo que tú y no otros han elegido para ti.

Como decía el filósofo Kierkegaard, «Es muy aventurado ser uno mismo. Es más fácil y seguro ser como los demás», y lleva mucha razón, pero es muy difícil ser feliz y estar satisfecho viviendo según los criterios de otros en lugar de los propios.

Soy poco de fórmulas y recetas, pero creo que todas las semanas (quizás al principio te venga bien a diario para coger soltura) le dediques un tiempo a ver lo que has hecho y elegido cada día, y si es congruente con tus sentimientos, con lo que quieres y con lo que es importante para ti. Te aseguro que te va a sorprender lo poco leal que eres contigo mismo.

No te tortures, nos lo ponen muy difícil, y sin consciencia es casi imposible cambiarlo. Hazlo y serás consciente, que es la mitad del trabajo; te faltará echarle cojones para lograr el supremo acto de amor que es responsabilizarte de ello en lugar de criticarte.

Muchas veces no vas a ser capaz de ser congruente, por falta de consciencia o porque te faltarán cojones, pero el camino de la congruencia dura toda la vida, se implementa segundo a segundo en el aquí y el ahora; detrás de cada decisión y acto viene otro, así que siempre tienes una oportunidad de intentar ser congruente y leal contigo mismo. Si la cagas, no tendrá mucha trascendencia, porque luego vendrán otras decisiones, siempre podrás tratar de reparar el error, así que no te tortures ni autoexijas; recuerda que tú también dudas y fallas, así que, simplemente, desde el amor, el respeto, la lealtad y el compromiso contigo mismo, cuando veas que te alejas de tu camino, procura ser congruente otra vez.

La vida es muy larga para pasártela viviendo conforme a las reglas de otros para conseguir su aprobación o «me gusta» en redes sociales.

La vida es muy bonita, pero tiene mucho también de batalla. Sé un soldado leal a ti mismo.

Eres un fulano que elige

En capítulos previos te he hablado de que existen un montón de movidas sobre las que no tenemos ningún control, como el sistema económico, la mentalidad imperante, los mensajes de los medios de comunicación o nuestra estabilidad económico-laboral (capítulos 1, 2, 3 y 4) y también individuales, que, a pesar de serlos, son ajenos a nuestro control, como nuestra biología, historia de vida, el nivel de exigencia y aceptación que hemos recibido, las sensaciones e ideas que nos han metido sobre cómo somos y cómo han moldeado nuestro comportamiento a través de recompensas y castigos (capítulo sobre autocrítica y culpa).

Para muchos teóricos y autores, estos aspectos suponen un determinismo en el que el ser humano no puede más que reaccionar condicionado por todos ellos, sin libertad alguna ante realidades que escapan a su control. Otros plantean que estudiándolos se puede ayudar a la persona de modo que sea capaz de realizar cambios externos que faciliten que pueda funcionar de la manera que desea. La psicoterapia humanista y la filosofía existencialista (que son mis bases teóricas de referencia) se cagan en esos planteamientos y postulan que el ser humano es, ante todo, un sujeto libre y con capacidad de elección.

Si bien no podemos elegir qué nos afecta y qué no (por mucho que nos vendan la moto desde el pensamiento positivo), ni mucho menos qué cosas nos ocurren o cómo es el mundo en el que vivimos, creo que en nuestra vida podemos decidir.

No creo que haya un conflicto individual vs. social o libertad vs. determinismo; creo simplemente que el ser humano está influenciado por una serie de factores que limitan lo que puede hacer o no, o cómo se siente y vive determinadas cosas. También tiene una serie de necesidades que influyen y hasta condicionan sus actos, pero no por ello es menos libre.

Lejos del «si quieres, puedes» de la meritocracia deforme actual, de historias de superación vacías, el ser humano es capaz de elegir su forma de vivir las cosas cuando, en lugar de decidir someterse y dar por válidos esos aprendizajes, toma la determinación de rebelarse ante ellos, e independientemente de hasta qué punto consiga hacerlo, habrá ido más allá de sus circunstancias y lo que le ocurre.

Aceptar una realidad que no eliges no te impide decidir tu postura ante ella.

Por muy jodida y desbordante que sea una situación, por mucho que te veas obligado por las circunstancias, eso siempre podrás hacerlo.

Hay factores que ayudan a ser conscientes de las influencias externas, de nuestros traumas e historia de aprendizaje o nuestro espíritu crítico ante el mensaje social, pero, al final, es más una capacidad de aceptación incondicional, preocupación genuina por nosotros y de asumir la responsabilidad de nuestro propio bienestar.

Hay que decidir echarle cojones y actuar coherentemente a pesar del rechazo, el fracaso o el sufrimiento.

Cuando hablo de estas cosas, muchas personas se quedan con la idea de que la congruencia es hacer lo que quieres o piensan que vivo en el país de la piruleta y no tengo en cuenta aspectos como pagar facturas y otras responsabilidades.

No confundas la libertad y la capacidad de elección con ser una persona displicente, que solo hace lo que quiere y le apetece, gobernado por el deseo y la falta de voluntad. A veces, para ser coherentes con lo que hemos elegido, hemos de optar por hacer cosas que no queremos.

Ser congruentes implica mucha mierda, como, por ejemplo, ir a un curro que no me gusta para ser coherente con aquello que quiero dar a mis hijos y para lo cual necesito dinero, o acudir al gimnasio porque deseo cuidarme o renunciar a acostarme con otras personas porque elijo ser fiel a mi pareja.

Hay un concepto de ética, el del acto supererogatorio (sé que la palabra tiene cojones), que aprendí leyendo la novela *Jantipa o del morir*, de Ernesto Castro. Dicha obra cuenta la conversación y debate filosófico que mantienen tres prisioneras judías en un campo de concentración nazi que intentan evitar la ejecución de la judía Edith Stein (también conocida como Santa Teresa Benedictina de la Cruz). Para ello quieren cambiar su nombre, que aparece en la lista de seleccionados para la cámara de gas, por el de otra prisionera que es una mala persona.

En este diálogo, tratan de convencerla de que acepte esa estratagema, pero ella les explica que, aunque no quiere morir, para ser coherente con sus ideas, decide elegir el martirio: ese es un acto supererogatorio, hacer lo que no elegimos para ser coherente con algo que elegimos. (Para mí, otra prueba más de que siempre podemos tomar nuestras propias decisiones y somos esencialmente libres en ello, incluso en las situaciones más extremas e impuestas).

La otra gran mentira con la que solemos automanipularnos para no elegir y ser congruentes es decir que una situación es muy difícil o que no somos capaces de enfrentarla por no tener los conocimientos o las capacidades necesarias. Puedes no saber hacer algo, carecer de las «herramientas» precisas, y, aun así, intentarlo, aunque sea de forma torpe. Te aseguro que, si te pones a ello, poco a poco, a pesar de que no domines el asunto como te gustaría, algo conseguirás e irás aprendiendo, ya que el ser humano tiene una capacidad natural para ello.

Aunque suene raro, la guerra de Afganistán es un buen ejemplo de ello. Frente al todopoderoso ejército norteamericano, compuesto por la flor y nata de sus militares, una cantidad ingente de recursos y tecnología punta, estaban las humildes y primitivas tribus afganas hostiles a la invasión. Así, en ese escenario, estaba Johnny O'Connor, de Wisconsin, un marine norteamericano de veintitrés años, bien equipado con un rifle de asalto M-16 y todos los accesorios, que se desplazaba en vehículos blindados, que dormía y comía en un «confortable» cuartel con suministros y comida garantizados, y que además estaba apoyado por tecnología de satélites e informes de los servicios de espionaje que compraban voluntades e información con dinero, alianzas, prebendas, tortura y amenazas. Sin embargo, el bueno de Johnny se preguntaba qué coño hacía allí; le importaban una buena mierda aquel pedazo de tierra agrietada y seca, todos aquellos musulmanes fanáticos, que además eran muy hostiles con él y estaba deseando volver para hacer una barbacoa con Windy, su novia rubia de tetas operadas.

Frente a él estaba Abdul Khawar Qurban, de una pequeña aldea cercana a Kandahar, un pastor cabrero de simpatías talibanes, de cincuenta y cinco años, equipado con un destartalado fusil AK-47 de cuando los soviéticos invadieron el país en los años setenta, una chilaba y unas alpargatas, que comía lo que podía y se refugiaba en las cuevas o dormía al raso. No tenía una mierda de adiestramiento militar o doctrina; eso sí, Abdul tenía algo muy claro: no le gustaba que aquellos infieles de mierda estuviesen allí, tras reventar su país en una invasión ocurrida hacía muchos años y que les dijesen en qué tenían que creer o cómo habían de vivir; a él, su patria y su gente sí le importaban.

Abdul se enfrentó a Johnny primero con tácticas guerrilleras y atentados, aprendiendo sobre la marcha y con los medios que podía y le acabó ganando la puta guerra.

El afgano fue jodidamente congruente, el americano supongo que también, porque aquello no le importaba personalmente, era a su país, a sus políticos y mandos militares a quienes les importaba. Y es que rara vez se consigue una implicación real en algo que es más un «tengo que» o «debo» que un «yo elijo» honesto.

Desde luego, las cosas no siempre salen así (aunque a los afganos les salió dos veces: contra la invasión soviética y contra la norteamericana apoyada por la OTAN); a veces lo intentas con el mismo empeño que Abdul y te comes una buena mierda... Pese a ello, este fragmento de la historia reciente es un buen ejemplo para exponer que no importa tanto si las condiciones son favorables o no, si sabes o no hacer las cosas, sino que es más una cuestión de decidir vivir con coherencia y enfrentar las cosas, en intentar cambiarlas para que sean como tú quieres realmente.

Como mido 1,69 nunca podré ser jugador de baloncesto en la NBA, ya que no reúno los requisitos necesarios, pero si para mí es algo realmente importante y con sentido, puedo decidir que, aun aceptando mi limitación, voy a entrenar duro para jugar al nivel más serio y profesional posible, por ejemplo, en una peña federada o en una simple pachanga con amigos, pero dándolo todo. No será tan satisfactorio como ganar millones de dólares y petarlo muchísimo, pero si de verdad me encanta ese deporte, seguro que lo disfrutaré y me sentiré satisfecho con ello.

Tus resultados se ven determinados por tus capacidades y factores externos. Tu compromiso y amor a ti mismo delimitan tu elección.

Recuerda que tu bienestar no depende tanto del resultado, de que las cosas salgan bien o mal o de lo competente que eres, como de tu nivel de congruencia a la hora de vivir la vida y de cómo construyes la relación contigo mismo.

Así que deja de poner excusas, de quejarte sin asumir la responsabilidad de tu vida y empieza a intentar ser coherente, no desde la exigencia, sino desde el profundo respeto a ti mismo, desde la decisión de ponerte de perfil ante tu sufrimiento.

10

El valor de lo que no valoramos

Este capítulo es un poco bajona. Me estaba quedando todo muy épico y emotivo y ahora voy a hablarte de un montón de cosas que no tienen precisamente mucho glamur e intensidad. En la sociedad actual, que busca siempre consumir de forma bulímica subidones emocionales, esto vende más bien poco. Supongo que por eso se habla poco de ellas en conferencias, libros de autoayuda y demás mierdas, porque son igual de estimulantes que ver a dos búlgaros jugando al ajedrez.

Pero que no sean espectaculares no quieren decir que estas cuestiones no sean importantes ni que la vida no esté llena de ellas, de la misma forma que el amor en una relación larga tiene mucho de polvo ratonero sin pena ni gloria, de ver pelis absurdas juntos, de hacer favores y *man-*

daos, de limpiar o de aguantar a los amigos/familia coñazo del otro.

Así que, venga, vamos a ello, así descansamos los dos, y en la Conclusión prometo removerte un poquito más, que, si has llegado hasta aquí, es que te gusta que te metan caña.

Quietud y coñazo

Pues, básicamente, que está bien no hacer nada. Creo que es un jodido acto de rebelión en la época actual, en donde priman la productividad, el rendimiento y hay una continua dependencia del éxito, de gustar, de exhibirnos…

Podría hablarte de cómo el aburrimiento fomenta el ingenio y la creatividad, pero creo que voy a pasar. Tira los días, no pasa nada, te lo juro. No tienes un puto déficit de días, puedes permitirte tirar el tiempo, ya que este siempre está ahí, esperándote cuando quieras cogerlo.

Podría decirte que para valorar lo especial necesitas que haya cosas anodinas y grises. Pero creo que eso sería buscarle algo productivo o bueno, así que simplemente no todo tiene que ser sorprendente, único, bonito, intenso o útil.

Podría plantearte que, a veces, solo en la quietud y aburrimiento, en la nada, hay un espacio para que la consciencia pueda darse cuenta de cosas importantes que nos ocurren por dentro. Es más fácil oír esa voz suave que hay en nuestro interior cuando no hay ruido tentador fuera, desde luego. Con todo, más allá de eso, quiero señalarte una verdad evidente: de aburrimiento o de no hacer nada no se muere nadie.

Ese domingo mirando la tele sin verla, en encefalograma plano y sin pensar (para esto te recomiendo las pelis esas malas de sobremesa), ese paseo a ningún sitio, mirar por la ventana *ennortao* en el autobús o cualquiera de este tipo de movidas son una verdadera dosis de la necesitada medicina del descanso.

Hacemos más cosas que nunca. Nos divertimos más que nunca. Logramos más que nunca.

No descansamos una polla.

Necesitas estar tranquilo, necesitas parar un poco, necesitas tomarte unas vacaciones del modo hacer y estar en el no hacer. Cuando te digo esto no me refiero a que medites y pongas la mente en blanco, sino a que pierdas el tiempo y no hagas una mierda. Solo eso.

Con todo, creo que te vendrá muy bien, para conocerte a ti mismo y darte cuenta de qué se mueve dentro de ti, experienciarte un par de veces perdiendo el tiempo y no haciendo nada. Así, al menos, te garantizarás que cuando haces algo, lo haces porque quieres y no porque le tienes miedo o no sabes estar parado, que es algo muy habitual.

Pascal decía que la mejor manera de saber si alguien está en paz consigo mismo es ver si puede estar en una habitación sin hacer nada ni ningún tipo de distracción, más allá que su propia consciencia. (Por cierto, tiene cojones que un tío que era filósofo, matemático y teólogo hablase de no hacer nada, el cabrón).

Aunque no aprendas una polla, sin hacer nada puede hasta que descanses, y eso es mucho. Muchísimo. Creo que hablarte de los beneficios y necesidades del descanso a nivel médico es una obviedad y en su efecto sobre el estrés[1].

Además, el aburrimiento forma parte de la vida, así que más te vale ser capaz de abandonarte a él sin que eso sea un puto drama, porque, si no, menudo estrés de cojones y pre-

---

[1] «Napping may help with blood pressure management». *ScienceDaily*, 28 de febrero de 2011.

sión tener que entretenerte todo el rato. Solo si eres capaz de manejarlo, serás realmente libre, porque, de lo contrario, vas a hacer mil mierdas, comprar movidas, quedar con gente que no quieres nada más que por protegerte de ello, que creo es, precisamente, lo que la sociedad de consumo busca.

De hecho, recientes investigaciones han demostrado que el aburrimiento es útil para vencer la procrastinación[2] y que fomenta determinado tipo de procesos mentales, como la creatividad[3]. Más allá de investigaciones y de querer convertirlo en algo útil, creo que no hacer nada, con todo lo que conlleva, es necesario.

Lo que quiero transmitirte es que al igual que una planta requiere unas condiciones para poder crecer, la consciencia precisa de las suyas propias: aburrimiento, quietud, silencio, pausa, divagación, falta de objetivo o intencionalidad, descanso…

Muchos de mis grandes «darme cuenta» de algo los he tenido mientras viajaba en bus, hacía tiempo tomando un café entre dos pacientes, mientras esperaba en una cola y similares. Ahí tienes un momento cojonudo para ver qué te ronda por dentro, preguntarte qué está pasando en tu vida y cómo te sientes con todo ello.

Para poder hacer todo esto, claro, en esos ratos muertos no estaba mirando el móvil, porque, si no, es imposible.

Estamos llamando autocuidado solo al autocuidado productivo o consumista, como hacer deporte, irse al spa, el diita de compras, el homenaje de chuletón y cubata, la

---

[2] Chun Chu, A. H. y Choi, J. N. (2005). «Rethinking procrastination: Positive effects of "active" procrastination behavior on attitudes and performance». *The Journal of Social Psychology*, 145(3), 245-264.

[3] Mann, S. y Cadman, R. (2014). «Does being bored make us more creative?». *Creativity Research Journal*, 26(2), 165-173.

rutina de cremas o comer bien y saludable, pero en todo eso yo veo muchos componentes de buscar logros, de querer encandilar a otros, de que es socialmente bien visto… Y de subirlo a Instagram.

Descansa. No hagas nada. Cuídate. Simplemente has de estar.

Cosas porque sí

Hoy es lunes, ayer, domingo, bajaba de Formigal con uno de mis mejores amigos y jefe, Jota, con una buena resaca, pero contentos de un finde entre colegas con muchas risas, anécdotas, fiestas y una buena mano de esquiar que nos dimos. No estábamos bonicos, pero sí satisfechos y con un viaje de horas por delante. Con esa tendencia a la profundidad de pacotilla que da la resaca, la carretera ante nosotros y dos psicólogos divagando, pasó lo que tenía que pasar. Así que reflexionamos sobre nosotros y el mundo, dimos solución a los males sociales, pero no a los nuestros, y echamos un buen rato.

El caso es que hablando salió el tema de que debíamos organizar eso todos los años, porque cada vez nos juntábamos menos y era la polla y tal, y que, con tanto curro, viviendo cada uno en un sitio y sobre todo los que empiezan a tener niños, si lo dejábamos pasar, no nos reuniríamos nunca. Esto nos llevó a hablar del coñazo que es tener que organizarlo todo tanto, y cómo echábamos de menos cuando éramos estudiantes universitarios en Granada donde no teníamos un pavo, pero todo era fácil: cualquier bar con tapas grandes nos valía por cutre que fuese, a veces ni quedábamos porque sabíamos que nos veríamos en el botellódromo (en mi época de estudiante solo dejaban hacer botellón en una plaza en la que nos juntábamos todos, uno de los sitios donde he vivido los mejores momentos de mi vida) y luego, borrachos como piojos, íbamos a cualquier garito sin planearlo. El frío que hacía bebiendo al raso a las dos de la mañana en Granada en febrero, repetir siempre el mismo plan, beber alcohol barato, la ausencia de música o no tener donde sentarnos... Todo eso nos daba bastante igual.

Es curioso que ahora, volviendo de un finde en Formigal por todo lo alto, en un buen coche y parando a comer un chuletón, aquello nos parezca la puta gloria y el *summum* de la diversión. Supongo que parte del secreto de este planazo era que no teníamos muchas expectativas de nada, no nos daba para una opción mejor y que salíamos a lo que surgía.

Pero ahora, para quedar con alguien, todo ha de estar planificado y decidido con antelación. ¿Dónde está la espontaneidad? ¿Qué espacio queda para ella?

Resulta difícil que surja algo improvisado y no te puedes dejar llevar porque los días están excesivamente estructurados y con planes que cumplir.

Toda esa planificación impide que nos abandonemos ligeramente a la improvisación y a la incertidumbre, en el buen sentido de la palabra, dificultando que nos dejemos llevar y fluir y renunciando al control y a otras cosas muy necesarias psicológicamente. Tampoco nos permite alejarnos de la productividad y del rendimiento, de la obsesión por hacer algo a todas horas y de exhibirlo. Cuando te pones a planificar las cosas sueles tener ya un objetivo en mente; además, cuando tienes algo planeado, creo que es muy difícil darte permiso para mandarlo a tomar por culo, obligarte a ello es algo que casi sale en piloto automático.

Quizás me apetecía cuando lo planeé, pero no ahora, con lo que nos cuesta ser congruentes.

Se habla mucho de cómo nos dejamos llevar y eso nos lleva a la zona de confort, pero creo que no se hace sobre los peligros de cómo no podemos conocer cosas nuevas cuando todo lo tenemos planeado y organizado. Nos hablan de fluir y estar en el aquí y el ahora pero solo en el ratito planificado de hacer *mindfulness*, luego vuelve a tu vida productiva, donde todo tiene una dirección y un objetivo o requiere esfuerzo y está bien o mal hecho.

Esto no solo se aplica a las cosas que hacemos, sino también a nosotros mismos. Queremos tanto gustar que mostramos siempre una faceta, el hacerlo bien no nos deja dejarnos llevar, descubrirnos en algo o incluso vivenciar algo que puede ser incómodo, pero un rico aprendizaje.

Si va a ser jodido, lo queremos tener bien atado o tener técnicas psicológicas para manejarlo.

Se nos olvida que las cosas, en buena medida, deben aparecer de forma espontánea y orgánica, aplicadas a la vida real y lo cotidiano, y no como resultado de técnicas psicológicas pautadas en su duración y ejecución pero desvinculadas de la vida real. Hay cosas que deben autorregularse y surgir sin planificarse, y para ello hemos de, simplemente, permitir que se den las condiciones adecuadas.

Los niños necesitan ser espontáneos y disfrutar improvisando en el juego. De hecho, a las personas que no se les permite esto en la infancia tienden luego a las metas obsesivas, a la represión emocional, a la búsqueda del control y la dependencia del logro[4]. Del mismo modo, no creo que sea descabellado pensar que si ahora, en la vida adulta, nos permitimos esa espontaneidad, podremos refrenar más fácilmente el perfeccionismo que nos oprime.

Lógicamente, ya no somos niños pequeños, ni tiene sentido intentar serlo, pues sería negarse a aceptar la realidad. Lo que intento señalar, es, simplemente, que podemos buscar esa espontaneidad y ese disfrute en formato adulto, pasando del criterio de los expertos y permitiendo que aparezca en consonancia con nuestra forma de ser y nuestro estilo.

¿Gobiernas tu agenda y tus planes o son ellos los que te gobiernan a ti? ¿Qué espacio te dejan para lo que surja o cosas no planeadas? Son buenas e incómodas preguntas.

Vínculos afectivos

La importancia de las relaciones sociales y de tener buenos vínculos afectivos es otra de las cosas que ninguna rama de la psicología pone en duda. Sin embargo, es llamativo que toda la industria del desarrollo humano les haya dado tan poca importancia, a pesar de que la evidencia científica que

---

[4] Rodríguez Vílchez, E. (2009). «La terapia centrada en esquemas de…», *op. cit.*

los avala es brutal. Tener contacto regular con personas a las que queremos es de vital importancia, más decisivo que el deporte, la meditación, conseguir objetivos, salir de la zona de confort, ser positivo o cualquier otro de los temas con los que nos dan la murga[5].

Cuando no podemos construir una red de apoyo social —que es la forma técnica en la que llamamos en psicología a disponer de una serie de personas a las que vemos con frecuencia y con las que tenemos vínculos afectivos—, el impacto sobre la salud es terrible; de hecho, es tan grave como fumar un paquete de cigarros al día, la hipertensión o la obesidad[6].

Esto se debe sobre todo a que el contacto social y los vínculos afectivos son grandes amortiguadores del efecto del estrés, algo que no solo nos crea problemas a nivel psicológico sino también físico[7].

Y es que las relaciones humanas, cuando son sanas y crean vínculos afectivos, pueden ser más potentes que las propias técnicas psicológicas. Incluso en la terapia, la relación entre el terapeuta y el paciente es más sanadora y provoca más cambios que los recursos técnicos que usa el psicólogo[8]. Poder hablar de lo que nos pasa, diciéndolo tal y como

---

[5] Pinker, S. (2022). *El efecto aldea*. Madrid: El Funambulista.

[6] Waldinger, R. (2015). «What makes a good life? Lessons from the longest study on happiness». TEDtalk. https://www.ted.com/talks/robert_waldinger_what_makes_a_good_life_lessons_from_the_longest_study_on_happiness/c

[7] Larzelere, M. M. y Jones, G. N. (2008). «Stress and health». *Primary Care: Clinics in Office Practice*, 35(4), 839-856.

[8] Asay, T. P. y Lambert, M. J. (1999). «The empirical case for the common factors in therapy: Quantitative findings», en Hubble, M. A., Duncan, B. L. y Miller, S. D. (eds.). *The heart and soul of change: What works in therapy*. Washington: American Psychological Association, 23-55.

lo sentimos, es una potente técnica psicológica o pastilla ansiolítica. Poder sentirnos escuchados por otro, especialmente si este lo hace sin juzgarnos y de forma compasiva con nuestro dolor, es una buena cirugía emocional que alivia la presión del absceso infectado de pus emocional reprimido.

Creo que hay algo muy bonito y esperanzador en el hecho de que, aunque los profesionales de la psicoterapia lo hagan de forma optimizada (o eso se supone...), todas las personas podemos ayudarnos unas a otras solo con interesarnos por el otro, escucharle, estar ahí y que no nos sude la polla lo que nos cuenta.

Actualmente, en España existen cuatro millones de personas que se sienten solas casi a diario, lo que va de la mano con el 7,9 por ciento de la población que se siente aislada y con la mitad de la población que aseguraba haber experimentado un sentimiento de soledad intenso en el último año, según el informe «La soledad en España», elaborado por la Fundación ONCE en 2015. Esto es llamativo, porque no son unas cifras desdeñables, a pesar de que seamos un país donde el problema de la soledad está más amortiguado que en la mayoría de los occidentales, por el hecho de que juntarse con los amigos o la familia va en el ADN de nuestra cultura.

A esta sensación de aislamiento social también habrá contribuido el hecho de que, en nuestra sociedad líquida, donde todo es mutable, las personas que antes estaban arraigadas toda la vida en un mismo lugar, ahora cambien continuamente de entorno: migraciones de una ciudad a otra, pasar por diferentes empresas y trabajos, relaciones de pareja múltiples, familias cada vez más pequeñas y frágiles... Todo ello, combinado con ciudades cada vez más grandes e impersonales, donde vivimos rodeados de desconocidos, a unos metros de un vecino del que apenas sabemos el nombre o desayunamos en cafeterías que cambian de dueños y empleados rápidamente, de forma que nos sentimos cada vez menos vinculados a la comunidad, grupos de personas o entidades sociales de las que formamos parte.

Lógicamente, el teletrabajo, las compras online, el autoservicio en la hostelería o el comercio o la telemedicina tampoco ayudan especialmente a no sentirnos solos.

Con esto no estoy demonizando la soledad, que puede ser algo maravilloso cuando es elegido y disfrutado, sino que me refiero a esa soledad a la que nos vemos forzados cuando experimentamos dificultades para poder tener contactos, abrirnos o vincularnos con otras personas (normalmente, personas que tienen miedo a que les hagan daño, precisamente porque han experimentado eso en distintos momentos de su vida y ha sido muy doloroso) o porque llevamos un modo de vida que, aun estando esas personas ahí no es fácil poder contar con ellas de verdad, ya sea porque están lejos, porque no tenemos tiempo para verlas o porque, a la hora de priorizar en qué invertir nuestro tiempo y esfuerzos, lo acabamos haciendo más en cosas productivas, actividades individuales, consumo y similares, que, paradójicamente, es a lo que más nos invitan desde toda esta narrativa de la autosuperación.

Me parto la polla especialmente con cuentas de redes sociales sobre «mentalidad exitosa» y «hábitos de triunfo» o mierdas de ese calibre, supuestamente vinculadas al mundo emprendedor y en las que se habla sin cesar de la importancia de sacrificar las actividades agradables y hacer únicamente cosas productivas como secreto para llegar a lo más alto (porque ser empresario de éxito depende solo de eso y no de tu formación, tener un buen plan de negocio, una buena idea, contactos, capacidad financiera ni otras mil variables más). Hacen hincapié en dejar de quedar y tener relación con gente que no te aporte contactos, conocimientos o hábitos productivos, que ese tiempo que echas en irte de cerves podrías aprovecharlo leyendo libros de educación financiera o haciendo deporte... En fin.

Y con esto llegamos a un punto que me parece crucial. Cómo estamos llevando la obsesión de la productividad y los modelos de consumo al área de las relaciones sociales.

Como el ocio ahora también es un área susceptible de productividad, es importante lo que hacemos en la misma. Tradicionalmente, en España, quedar con la gente era un fin en sí mismo, no era algo que hacías para conseguir nada. Recuerdo que cuando estuve tres semanas de intercambio en un instituto de Seattle (pese a lo cual sigo hablando menos inglés que Chiquetete), me sorprendió ver que los guiris solo se relacionaban en torno a actividades: apenas existía el quedar por quedar, siempre era para «hacer algo» tipo el club de debate o el equipo de lacrosse, lo típico que ves en las pelis americanas.

«¿Esta gente no sabe quedar y ya?», recuerdo que preguntaba a los otros chavales españoles que estábamos allí. Si bien entiendo que las ciudades americanas no incitan mucho al contacto social (todo está a tomar por culo y cada uno vive aislado en su urbanización, supongo que de ahí la importancia de la relación con el vecino), me sorprendía que no tuviesen un hábito tan común para los españoles como el hecho de juntarnos por el mero placer de hacerlo.

Poco a poco, y gracias a Dios con mucha resistencia cultural por nuestra parte, este modelo se va implementando también aquí, especialmente entre los jóvenes y los críos. Observo en las terapias de familia a chavales que por las tardes apenas tienen tiempo para estar con sus colegas, ya que todo son clases de no sé qué mierdas y actividades extraescolares, unas agendas más apretadas que las tuercas de un submarino y unos padres que solo pueden hablar con ellos en el tiempo que pasan entre llevarlos de una actividad a otra. Creo, y esto me da una pena que te cagas, que fui la última generación para la cual una parte importante de su infancia consistía en irse a la placeta del barrio a encontrarse con los amiguetes sin otro objetivo que el hecho de verse y pasarlo bien.

Cuando, en la consulta o en los bares, le pregunto a la gente qué es lo que de verdad le importa en su vida, casi siempre sale la misma respuesta: su gente. Sin embargo, qué poco ponemos el foco y el esfuerzo en ella y cuánto en los objetivos, en ser «nuestra mejor versión», en proyectar una imagen o en el consumo.

Desde la industria del desarrollo humano no te hablan de esto porque no pueden venderte ningún curso o libro de autoayuda. Desde la psicología o psiquiatría, me temo, no lo hacemos mucho, porque, aunque sabemos su importancia, nuestra intervención siempre es en el ámbito individual.

Así que me parece genial si quieres aprender a meditar, salir a correr, comer comida real, leer libros de autoayuda, practicar yoga o ir al gimnasio, pero, por favor, no dejes de llamar a tu abuela, de tomarte unas tapillas con tus amigos cuando puedas, de hablar por las noches con tu pareja antes de dormir, de echarte un cafelico con ese amigo que es tu confidente, de juntarte con tu familia... Cuida tu aspecto, tus objetivos, tu diálogo interno, tus sueños, tu nutrición, tu entorno, pero, sobre todo, déjate de polladas y cuida a tu gente, queda con ella, copón.

Te aseguro que es lo que más va a influir en tu bienestar emocional y psicológico, en tu salud física y, ya de paso, te hará la vida más agradable, calentita y humana.

La rutina monótona

Qué manía le tenemos a la rutina. Parece lo puto peor del mundo. Al parecer, es tan grave que hasta se carga relaciones, como la de Shakira y Piqué, que seguro que tenían más rutina con sus viajes, giras, eventos y vida a todo trapo que

Manolo y Encarni del barrio de Vallecas que llevan toda la puta vida juntos en donde la novedad viene de los fichajes del Real Madrid y la telenovela, el cotilleo del barrio o la siempre cambiante y alcista factura de la luz. No sé cómo coño lo hacen.

«Escapa de la rutina», «Haz que cada momento sea especial» y mierdas por el estilo, nos dicen, creando así una nueva y estresante rutina basada en intentar que todo sea *instagrameable*, diferente y novedoso.

No soy un puto amargado, está bien buscar algunas novedades, no apoltronarnos y ser apáticos, tener curiosidad, ilusión o ganas de probar cosillas, pero creo que le hemos cogido tirria de más, viviendo como opresivo la ausencia de novedad, lo confortable de lo cotidiano y conocido.

Te recuerdo que el cerebro humano está hecho para buscar lo conocido, lo previsible y estable, porque le da una sensación de control y seguridad, fruto de saber qué hacer y qué puede pasar. La incertidumbre siempre genera ansiedad. Puede que te parezca que tu sistema nervioso es un coñazo y un aburrido, pero no por eso va a cambiar la forma en la que funciona tu biología, es la que es, así que más te vale asumirla y vivir en concordancia con ella que forzar cosas para las que, sencillamente, no está diseñado.

Ponemos el foco en lo que queremos conseguir, en el viaje, en lo diferente, en el plan del finde, y apenas atendemos o somos conscientes de lo que ocurre en nuestro día a día. Si eres de los que quiere huir y escapar de tu realidad cotidiana, eso significa o que estás *achicharrao* con la autoexigencia perfeccionista, o que tu día a día es una puta mierda, así que te recomiendo que te armes de valor y revises qué pasa en tu rutina que te resulta tan opresiva y difícil de vivir, porque es donde transcurre el 90 por ciento de tu tiempo.

Desde luego que limpiar, currar, hacer trámites y demás no es lo más divertido ni estimulante, pero que te genere un malestar significativo es mal indicador, como también lo es el hecho de que siempre necesites sensaciones, planes o cosas nuevas hasta el punto de tener cierta dependencia de ello, y que lo pases mal cuando esto no ocurre. Por experiencia clínica te diré que suele ser una cortina de humo para tapar cosas que te dan miedo y no quieres afrontar.

Puedes también aprender a valorar y darte cuenta de lo que aportan a tu vida cosas que muchas veces no hacemos o pasan desapercibidas y que para mí son pequeños grandes placeres, como desayunar en la calle (algo que me puto flipa), la conversación banal con el portero o con el del comercio de la esquina, ese tiempo para uno que puede ser el camino de ida y vuelta al trabajo, la bienvenida amorosa de tu mascota o lo buenas que están comidas sencillas y poco glamurosas pero riquísimas, como los macarrones con chorizo o las lentejas.

Si tienes mesa camilla y braserito en invierno, ya no te tengo que explicar nada más, ¿verdad?

No sé si esto es lo que dicen muchos compañeros míos de practicar y fomentar la gratitud. Tampoco te voy a recomendar que cuando tengas problemas te dediques a mirar estas cosas en vez de enfrentarte a la mierda, que siento comunicarte que no va a desaparecer sola. Simplemente, intenta darte cuenta de todo eso que hay en tu día a día y a lo que ya te has acostumbrado sin valorarlo.

Conclusión

El ser humano tiene una necesidad de sentirse digno de ser amado. Su instinto más primitivo le grita que su supervivencia depende de ello, de forma que, emocionalmente, esa es una realidad que nos angustia por mucho que de manera racional podamos entender que no es así y ese instinto, precisamente por estar ligado a nuestra supervivencia, es imposible de dominar con técnica psicológica alguna.

Desde pequeños, nuestros cuidadores y padres —y, conforme pasan los años, los iguales—, nos censuran una serie de aspectos de nosotros mismos a través de un rechazo que nos hace mucho daño emocional, o nos estimulan y dan su aprobación a otras facetas nuestras, recompensándolas con afecto, cariño, beneficios o premios. Otras veces, estas experiencias vienen de los amigos durante la niñez y la adolescencia. Todo esto lo vamos interiorizando y se convierte en algo que hace que aprendamos a frustrarnos y a no ser cabrones narcisistas egoicos, pero también a desarrollar una sensación de que hay algo en nosotros que no está bien, que es inválido y poco merecedor de amor, algo que nos aterra profundamente. Por ello, aprendemos a esconder esas partes nuestras que nos avergüenzan, reprimiéndolas y culpabilizándonos por ellas.

Por irracional que sea, este sentimiento es algo que tiene mucha fuerza y que puede acabar gobernando nuestra vida, influyendo en nuestras decisiones.

Pero no solo las personas con las que tenemos contacto nos moldean, sino que también, y como telón de fondo, nuestra sociedad crea una normatividad que, si bien tiene un valor adaptativo al crear una narrativa común y formas de comportamiento que nos permiten vivir en sociedad y saber qué esperar, pueden volverse opresivas si no sabemos desarrollar una voz interna que nos haga ver nuestro propio criterio y sentirlo como algo válido y legítimo.

Aunque esto ha ocurrido desde el comienzo de la civilización, parece que la sociedad moderna ha ido deshumanizándose rápidamente por los efectos de la tecnología, los avances científicos, el bienestar social y por el desarrollo de un consumismo que se ha distorsionado y crecido tanto que es una caricatura atroz que se ha comido los valores tradicionales, el valor de la humanidad o la importancia de los mecanismos colectivos que permitían la justicia social y la igualdad.

Se ha sustituido la exigencia de la moral o el deber por la exigencia del gustar.

Todo se ha reducido a lo material, al logro y a ser aprobado por otros, de forma que las distintas ideologías buscan cómo ofrecerte una perspectiva y unas soluciones que te permitan sentirte valioso y alimentar tu narcisismo sin importar si para ello deben deshumanizar, juzgar, culpabilizar a «los otros» o ignorar su dolor, ya que es algo que se merecen por su cualidades y errores, sea como persona o como colectivo.

La sociedad de consumo ha llegado a entender en profundidad el miedo más básico y visceral del ser humano, y ha comprobado que es muy, muy potente; por eso lo explota de forma eficaz a través de la publicidad, los medios y las narrativas. Como ser humano, tienes mucho miedo a no ser suficiente, así que hacerte sentir poca cosa es la mejor forma de venderte mierdas que no necesitas pero que logran asociar a través del *marketing* a ciertas variables que nos «garantizan» que vamos a gustar y que nos quieran, y cómo ser atractivo y hacerlo todo bien, en una búsqueda de una fantasía de control infantil imposible de conquistar.

Tienes tanto miedo a que no te quieran que estás dispuesto a casi cualquier cosa para conseguir aquello que te haga más «querible».

La psicología mayoritaria, que como toda disciplina está muy influenciada por el marco mental de la época y la sociedad en la que viven quienes la desarrollan y aplican, ha caído (a pesar de que tantas figuras eminentes alzaran la voz en contra) en fomentar la idea del desarrollo humano en términos de evaluación de competencias y logros para garantizar una frágil y dependiente autoestima, en lugar de reivindicar y defender la congruencia, la humanidad, la compasión y la autenticidad como contrapesos a los problemas que crean el exceso de fuerza de esas ideas en la dinámica social.

Los vástagos deformes del *coaching*, los oradores motivacionales y otros gurús han llevado estos problemas al extremo. Así, lo que debería haber sido remedio se convirtió en parte del problema.

Querer alcanzar objetivos, esforzarnos por conseguir cosas y ser ambiciosos no tiene nada de malo; de hecho, puede ser una profunda fuente de satisfacción, placer y mejora material (que no humana), siempre y cuando no caigas en el error de colocar tu valía y bienestar en ello. De lo contrario, tu necesidad creada te hará estar dispuesto a cualquier cosa por alcanzarlo, incluido el alimentar tu autoexigencia perfeccionista y tu autocrítica, ese juez y verdugo interno, cruel y despiadado que te machaca sin parar y que te trata como las mierdas, de forma mucho más perversa e inhumana de lo que harías no ya con tu amigo o familiar, sino con cualquier otra persona.

Y todo eso te lo haces tú.

Tampoco creo que debas avergonzarte de tener miedo. Eso lo tenemos todos: al dolor y al rechazo, a no valer… A lo largo de tu vida muchos hijos de puta se han encargado de alimentar y abonar esos miedos para que crezcan grandes y fuertes cuando te hicieron daño.

Te juro que yo me acojono cuando pienso que lo que soy y le ofrezco a mi novia pueda no valerle y entonces me deje; a que mis amigos, que son la familia que tengo, se olviden o alejen de mí y ya no pueda contar con ellos en mi vida, especialmente en los malos momentos, por mucho que me hayan demostrado ya mil veces que están ahí y me quieren, y es que por mucho que me esfuerce neuróticamente en ocultarlas y compensarlas, son bien conscientes de mis mierdas (gracias, bonicos, os quiero).

Lo que te propongo (aunque debería emplear un nosotros, porque esto también me viene bien) es que, en vez de odiar esa parte tuya disfuncional, intentes abrazarla, no para que mejore y cambie, sino por simple y pura humanidad. Por decencia y respeto contigo mismo, porque no quisiera que el sufrimiento de nadie, especialmente el tuyo propio, te sea indiferente o te provoque rabia o hastío en vez de conmoverte (pese a que luego recuerdes que no es tu obligación salvar a todo dios).

Para ello, nada mejor que escuchar a tu propio dolor, sentirlo y conectar con él, con la parte que se lleva los latigazos de la autocrítica, la culpa y el perfeccionismo.

Si tú te eliges, a pesar de todo lo que apesta y no te mola una polla de ti, no serás tan dependiente del logro o de la validación ajena. Querer gustar estará ahí, pero perderá fuerza y eso te permitirá no solo tener menos autocrítica, menos ansiedad, menos cansancio, menos insatisfacción, menos frustración, menos vigilancia, menos envidia, menos procrastinación, menos miedo, menos ideas obsesivas y, en general, mejor salud mental y bienestar psicológico, sino que, sobre todo, posibilitará que seas más libre, no partiendo de negar la realidad de tu ser en un delirio postmodernista, sino de vivir en congruencia con tus verdades internas, tus emociones y tu sentido de vida y valores elegidos libremente.

Esto no solo irá de llorar por ti y de hablarte de forma amable en la intimidad de la consciencia, sino también de pelear, defender y enfrentarte a la adversidad, la vida, la sociedad y los otros. La vida es bonita, pero también es una lucha, y más te vale ser un soldado leal a ti mismo.

No estás solo en esta lucha, ya que ese miedo es un sentimiento que hermana y une a toda la humanidad, aunque por vergüenza la libremos en silencio. Habla con tu gente, pide ayuda, ábreles tu corazón y muestra tu parte más vulnerable.

No necesitas gustar, no necesitas hacerlo bien, no necesitas tener más herramientas que el taller de un mecánico ni ser la mejor versión de ti. Necesitas tratarte con decencia y respeto, y llevar la vida que quieres realmente, de forma honesta y congruente.

Solo desvinculándote del resultado, renunciando al subidón del logro y el aplauso de los otros podrás conquistar lo que Fritz Perls recogió en este poema como la única forma de amor real (con otros y contigo mismo):

> Yo soy yo,
> tú eres tú.
> Yo no estoy en este mundo para cubrir tus expectativas,
> y tú no estás en este mundo para cubrir las mías.
> Falto de amor a mí mismo si por agradarte me traiciono,
> te falto de amor a ti cuando, en lugar de aceptarte tal y como eres, te pido que seas como yo deseo.
> Si nuestros caminos coinciden en la vida, será maravilloso,
> si no, nada podrá hacerse, porque:
> tú eres tú,
> y yo soy yo.

Este poema recoge todo lo que yo intento ser como persona, y también mi filosofía como terapeuta. En lo primero lo consigo mucho menos que en lo segundo, por desgracia.

Sin embargo, frente a la angustia del no control, hay una cosa que sí depende en exclusiva de ti, y son tus valores elegidos, cómo te tratas a ti mismo y asumir la responsabilidad y autonomía de decidir cómo quieres posicionarte ante cada cosa que te ocurre, actuando de forma coherente con ello sin importar el resultado.

Tus resultados se ven condicionados por tus capacidades y factores externos. Cuánto gustas a otros depende del criterio y las movidas de los demás. Tu compromiso, congruencia y lealtad a ti mismo están determinados por tu elección.

La seguridad y el amor propio que tengas dependerán de la congruencia de tu verdad interna. Tu salud mental, tu bienestar y tu felicidad también.

Recuerda que vivir la vida con congruencia te aportará algo que va mucho más allá de manejar la ansiedad, la autocrítica u otro tipo de síntomas y conductas disfuncionales; te permitirá sentirte más cómodo con quien eres, vivir menos asustado, manejar las cosas y tus relaciones con otros sin el sesgo de las expectativas, y sobre todo sentirte más libre para elegir lo que realmente quieres y más feliz, entendiendo la felicidad como lo hacemos los psicoterapeutas humanistas: un estado de satisfacción y calma, sin conflictos internos, y no la alegría y el subidón del pensamiento positivo y la sociedad de consumo.

Personalmente, a pesar de saberlo, es algo que me cuesta aplicar y recordar. Me han hecho mucho daño cuando me han rechazado, ignorado o atacado, y mi voz crítica recuerda esas heridas y su dolor, así que a veces brama furiosa para tratar de protegerme, sin darse cuenta del daño que me hace y lo mal que me trata. Durante años me llevó a volverme un yonqui de la seducción, un esclavo de gustar a los demás, fustigándome con una crítica y angustia brutal cada vez que no conseguía ligarme a la tía de turno, aunque esta no me importara realmente un carajo más allá de como instrumento de validación. Mi miedo al dolor me llevó a tratarme de la misma forma que quienes me acosaron en el colegio y, sin darme cuenta, elegí convertirme en mi propio abusón.

Tras dos terapias (una de ellas inacabada), he ido aprendiendo a calmar ese miedo, a sanar esa herida y, en especial, a ser consciente de cómo me trato. Sigue sin gustarme una parte de mí, sigo teniendo miedo a que los demás no les valga lo que soy, pero, a pesar de eso, lo intento, no sé con qué grado de éxito, pero sí de esfuerzo.

Estoy profundamente orgulloso de ello.

Me ha costado perdonarme muchas cosas en las que me traté mal y me dio igual mi dolor. En las que me exploté y me convertí en un medio para conseguir algo y no un fin. En las que me prostituí para gustar a los demás.

Seguro que tú también tienes que hacerlo. Haz examen de conciencia, no desde el juicio y la culpa moralista, sino desde tratar de entenderte y mirarte. Venga, que yo lo he hecho primero, de capullo a capullo.

Mas allá de la técnica psicológica, la consciencia y lo que da una terapia, lo que me ayuda es examinar mi propio dolor e intentar verme con amor, por eso (y porque soy algo vago, supongo, y estoy deseando terminar de escribir este puto libro que se me ha atragantado más de lo que esperaba), no puedo sino repetirte lo que ya decía en mi libro anterior: «Me quiero» es la razón para enfrentar todos los dolores, es la fuerza que nos hace levantarnos siempre, es el combustible del cambio, es el bálsamo de todas las heridas, es el refugio ante todas las desgracias, es la espada que empuñamos en la batalla.

Espero que decidas quererte tanto como para que esto te ayude a intentar conquistar eso que decía Carl Rogers: «Lo que soy bastaría si lo fuese honestamente».

Le ruego a Dios que lo consigas.

También en Booket: